W0053479

Zwischen der Steppe einerseits und dem Garten andererseits, das heißt zwischen Kargheit und Fülle, Ödnis und üppigem Reichtum haben sich seit alters her Geschichte und Kulturgeschichte der Türken ereignet.

Im Jahre 2006 erhielt der türkische Schriftsteller Orhan Pamuk aus Istanbul den Nobelpreis für Literatur. Er war der erste Türke, dem diese Ehre zuteil wurde. Der Blick ist frei geworden für die Erzählweise und Dichtung eines Landes, das bisher weitgehend im Abseits stand.

Die repräsentative Auswahl und Blütenlese der Anfänge und Reifung türkischer Literatur mit ihrem kulturgeschichtlichen Hintergrund bilden einen Einstieg in den tausend Jahre alten Kosmos der türkischen Sprachen und Literaturen. Sie sind die Ergänzung und Erweiterung des im Allitera Verlag erschienen Buches »Die Laute Osmans. Türkische Literatur im 20. Jahrhundert« von Wolfgang Günter Lerch.

Wolfgang Günter Lerch, Jahrgang 1946, studierte Germanistik, Philosophie und Islamkunde. Er unternahm zahlreiche Reisen in den Orient und begleitete archäologische Explorationen, vor allem in die Türkei und nach Syrien. Seit 1978 ist er als Redakteur bei der FAZ für den Bereich Nordafrika und Naher Osten zuständig. Zahlreiche Buchveröffentlichungen zum Thema Islam, im Allitera Verlag sind bisher erschienen: »Die Laute Osmans« (2003), »Händler, Mullahs, Autokraten« (2003) und »Der Islam in der Moderne« (2004).

Wolfgang Günter Lerch

Zwischen Steppe und Garten

Türkische Literatur aus tausend Jahren

Weitere Informationen über den Verlag und sein Programm unter:
www.allitera.de

Bibliografische Information Der Deutschen Bibliothek
Die Deutsche Bibliothek verzeichnet diese Publikation
in der Deutschen Nationalbibliografie;
detaillierte bibliografphische Daten sind im Internet
über ‹http://dnb.ddb.de› abrufbar.

Juli 2008
Allitera Verlag
Ein Verlag der Buch&media GmbH, München
© 2008 Buch&media GmbH, München
Umschlaggestaltung: Kay Fretwurst, Spreeau
Herstellung: Books on Demand GmbH, Norderstedt
Printed in Germany
ISBN 978-3-86520-324-3

Inhalt

Eine Vorbemerkung

Im Jahre 2006 erhielt der türkische Schriftsteller Orhan Pamuk aus Istanbul den Nobelpreis für Literatur. Er war der erste Türke, dem diese Ehre zuteil wurde, und der zweite Muslim (1988 hatte der ägyptische Autor Nagib Machfus, Jahrgang 1911, die Auszeichnung der schwedischen Akademie erhalten). Dieser Schritt war eine Zäsur, deren Bedeutung für die Weltliteratur – von der türkischen gar nicht zu reden – kaum überschätzt werden kann. Die bis dahin von vielen für im Grunde epigonal, ja ganz randständig gehaltene Literatur der Türken – gemeint sind damit zunächst einmal die Menschen, die in der heutigen Türkei leben – ist durch diese Preisverleihung endgültig auf dem Parnass der großen, Erdteile und Kulturen überspannenden Erzählkunst angekommen, für die kein Geringerer als Johann Wolfgang von Goethe den Begriff »Weltliteratur« erfand. Damit aber ist der Blick nicht nur frei geworden für die Erzählweise und Dichtung eines Landes, das bisher weitgehend im Abseits stand, sondern sogar für eine raum-zeitliche Kulturwelt, die vom Balkan bis in die Mongolei reicht und eineinhalb Jahrtausende umfasst. Es ist die Sprach- und Literaturwelt aller Türken im weiteren Sinne, der sogenannten Turkvölker, über die in unseren Breiten immer noch wenig bekannt ist.

Zwischen der Steppe (bozkir) einerseits und dem Garten (bahçe) andererseits, das heißt zwischen Kargheit und Fülle, Ödnis und üppigem Reichtum haben sich seit alters her Geschichte und Kulturgeschichte der Türken ereignet. Aus den Steppen Mittelasiens sind sie einstmals aufgebrochen, als Nomaden und Krieger zuerst, wurden dann sesshaft, eroberten oder schufen sich, nach persischen Vorbildern, ihre betörenden Gärten. Von ihren Wohnsitzen im Altaigebiet und aus den rauen Ebenen an den Flüssen Orkhon und Selenga, in der heutigen Mongolei, sowie am Jenissei in Sibirien, wo auch die ersten Sprachdenkmäler des Türkischen bezeugt sind, stießen sie nach Westen vor und suchten die Oasen, das Fruchtland, das heißt: das bessere, sicherere Leben in der zivilisierten Welt. Mit den in der dekorativen alttürkischen Runenschrift auf steinernen Stelen niedergelegten Inschriften am Orkhon (»Orhon abideleri«) beginnt denn auch um etwa 730 nach Christus die schriftlich überlieferte Literatur der Türken, mögen diese von dem Dänen Vilhelm Ludwig Thomsen in den achtziger Jahren des 19. Jahrhunderts entzifferten Sprachdenkmäler, die von der Herrschaft Bilgä Kagans und Kül

Tigins, der damals mächtigen Türken-Khane, zeugen, auch noch so einfach im sprachlichen Duktus sein. Frühere Sprachdenkmäler des Türkischen sind bis heute nicht gefunden worden, und es könnte sein, dass es sie auch nicht zu finden gibt.

Auch der Kernraum des Osmanischen Reiches und das geografische Zentrum der modernen Türkei, das herbe, aber so faszinierende Anatolien oder »Land des Sonnenaufgangs«, ist noch heute vom Landschaftsbild her weitgehend steppenhaft geprägt. Die nach Osten hin stetig auf etwa zweitausend Meter ansteigende Hochfläche ähnelt insofern der zentralasiatischen Heimat der Türken. Doch mit dem höchsten Glanz und der höchsten Prachtentfaltung des Osmanentums assoziieren wir, andererseits, nicht umsonst den Garten – man denke nur an die ausgepichte, beeindruckende Gartenkunst, die zur Zeit des Sultans Ahmet III., das heißt im ersten Drittel des 18. Jahrhunderts, in Konstantinopel / Istanbul blühte. Die Epoche heißt bis heute bei den Türken *Lâle devri* (Tulpenzeit) und ist eine Art türkisches Rokoko, verspielt und betörend. Ihren literarischen Ausdruck fand sie in einer besonderen Richtung der höfischen Poesie (divan edebiyati), in der Gärten und Blumen, Rosen (gül) und Tulpen (tülbend) zumal, auch wichtige Bestandteile des poetischen Gewebes der Dichter ausmachen. Als das sprichwörtlich gewordene poetische »Schlaraffenland« dieses Genres schufen oder besangen die bis heute in der Türkei hoch angesehenen Dichter Nabi (1642–1712) und Nedim (gest. 1730) die »Gärten von Saadabad«, das heißt jenes Flecken Erde, »an dem das Glück wohnt«, und Hayrabad, den Platz, an dem man es sich gut und wohl sein lässt, wo es einem gut geht. Ein osmanisches Shangri-La sozusagen.

Gefördert wurde diese menschenfreundliche, obzwar auch ziemlich artifizielle osmanische Anakreontik (rindlik), dieses islamische Carpe diem, nicht allein durch die poetologischen Anschauungen, Vorgaben und praktischen Muster der persischen Vorbilder in der Dichtung, etwa eines Hafis aus Schiras (14. Jh.) oder Dschami aus Herat (15. Jh.), sondern auch durch die orientalischen, natürlich auch im Koran aufscheinenden Paradies-Visionen, die seit alters her den üppig blühenden Garten als Landschaft jenseitiger Seligkeit vor dem inneren Augen haben. Den Garten Eden, den Garten von Iram, die Hängenden Gärten der Semiramis, den von gesunden Rindern überquellenden Weidepferch (pardaesha, paradeisos) der zarathustrischen Perser. Nicht zuletzt die einschlägigen Passagen im Koran, in denen das Paradies (cennet) als ein wahrer »Zaubergarten Klingsors« mit dem Paradiesfluss Kauthar geschildert wird, zeugen davon, dass der Islam das übernahm. So erklärt sich der Titel »Zwischen Steppe und Garten« des vorliegenden Buches. Von der Unbehaustheit und Wildheit der Steppe, die freilich nicht kulturlos war, zur Zivilisation, vom Schweren zum Leichten sozusagen führt der Weg. In den nachfolgenden Essays, die keine Literaturgeschichte sein wollen, werden wir auf die literarischen Kontexte, die unser Titel nur anreißen kann, noch ausführlicher eingehen.

Viele Türken außerhalb der Türkei leben noch immer in steppenartigen Gebieten. Man vergisst sehr leicht, dass die Bewohner der heutigen Türkischen Republik, zu denen auch aus den ehemaligen Gebieten des Osmanischen Reiches stammende oder aus dem Kaukasus und anderen Regionen nach Istanbul oder Anatolien geflüchtete Muslime gehören, nur eines von zahlreichen Turkvölkern bilden, deren Verbreitungsgebiet vom Balkan und von Bessarabien und der Krim über die Wolgaregionen bis nach Ostsibirien und Westchina reicht. Das Türkische ist sprachlich, literarisch und kulturell ein Kosmos für sich. Dieses Bewusstsein haben heute die meisten Türken, ohne dass man heutzutage die unselige Ideologie eines aggressiven Pantürkismus oder gar Panturanismus wieder aufleben lassen müsste. Ihm hatte schon Mustafa Kemal Atatürk (1881–1938) abgeschworen, der Gründer der modernen Türkei, nicht zuletzt wegen der katastrophalen Erfahrungen, welche die Osmanen unter der zwiespältigen Herrschaft mancher panturanistisch gesinnten Jungtürken vom Schlage eines Enver Pascha gemacht hatten. »Yurtta sulh, cihanda sulh« – Frieden zu Hause, Frieden in der Welt – lautete Atatürks privates Motto und politisches Credo.

»Einheit in Vielfalt« ist denn auch eine zuerst literarisch und kulturell zu verstehende Formel, der sich die folgenden Beiträge über türkische Literatur und über türkische Autoren verpflichtet wissen. Weltpolitische Umwälzungen und die Globalisierung haben vor einer halben Generation dazu beigetragen, dass sich die türkischen Völker nach Jahrzehnten der Trennung durch den Eisernen Vorhang zwar wieder nähergekommen sind; doch immer stärker zeichnet sich ab, dass gerade die Vielfalt und auch das Unterscheidende und Unterschiedliche jeweils ihr Recht fordern. Dies gilt nicht zuletzt für die Literatur, wo unterschiedliche Traditionen ebenso eine Rolle spielen wie die Unterschiede zwischen den einzelnen Turksprachen und Dialekten selbst, die in mancherlei Hinsicht größer sind, als man es früher behauptete. Ein neuer Pantürkismus ist gewiss nicht im Entstehen, wohl aber ein Gefühl der Zusammengehörigkeit, das in der gemeinsamen Sprachherkunft und Kultur gründet. Die sprachliche Situation der turksprachigen Literaten außerhalb der Türkei ist nach dem Ende der kommunistischen und russischen Herrschaft noch immer recht komplex. Während die Autoren Aserbaidschans vergleichsweise geringe Umstellungsschwierigkeiten zu bewältigen hatten, verhält es sich bei usbekischen oder kasachischen Autoren schwieriger. Hier wirkt die lange Prägung durch das Russische noch stark nach. Auch der bedeutendste kirgisische Autor, Tschingis Aitmatow (Cengiz Aytmatov, 1928–2008), schrieb in Russisch.

Die folgenden Beiträge werden dem Kenner wenig Neues sagen. Sie sind für ein breiteres Publikum in Deutschland gedacht, das vielleicht Lust hat oder bekommen wird, sich in der Zukunft intensiver in den Kosmos der türkischen Sprachen und Literaturen einzuleben. Das kleine Werk kann als Ergänzung und Erweiterung meines Buches »Die Laute Osmans. Türkische Literatur im 20. Jahrhundert« angesehen werden, das 2003 im Allitera Verlag erschienen ist. Der damals mehr diskursiven, zusammenfassenden Darstellung von Prosa und Lyrik (im Anhang auch ein wenig des Dramas) folgt nun eine mehr selektive Auswahl und Blütenlese der Anfänge und Reifung türkischer Literatur. Kulturgeschichtliche Abschweifungen stehen dabei bisweilen mehr im Vordergrund als rein literarhistorische oder ästhetische Bemühungen; denn es geht dem Autor mehr darum, die türkische Kultur anhand von früheren Autoren, aber auch von deren Umfeld zu verstehen. Der Verfasser ist Journalist, nicht Wissenschaftler, verfügt daher nicht über die Kompetenz, die Möglichkeiten und die Zeit, ein grundlegendes Standardwerk über dieses Thema zu schreiben. Eine konsistente Geschichte der osmanischen und türkischen Literatur in deutscher Sprache steht noch aus, diese muss der Zukunft überlassen bleiben.

Ein früher Dichter-Philosoph der Türken
Yusuf Has Hacib aus Balasagun

Im fernen Zentralasien, wenige Kilometer östlich der kirgisischen Hauptstadt Bischkek, dem ehemaligen Frunse, liegen die Ruinen von Balasagun in der prallen Mittagssonne. Bis zum Mai liegt Schnee auf der kahlen Ebene, die den Bergen des Ala Tau vorgelagert ist, doch in diesen Tagen prangt die Natur in frischem Grün. Hoch steht das Gras und wiegt sich leise im Wind. Eine kleine Gruppe amerikanischer und europäischer Touristen verliert sich auf dem weitläufigen Gelände, in dem der konische Steinstumpf eines einstmals mächtigen Minaretts als Blickfang wirkt. Etwas mehr als zwanzig Meter ragt er noch in die Höhe. Ursprünglich war dieses gewaltige Minarett wohl mehr als vierzig Meter hoch und gehörte zur Freitagsmoschee von Balasagun oder Balgasun, wie andere mittelalterliche Quellen den Namen dieser verwunschenen Stadt Zentralasiens schreiben, durch deren Geschichte wir soeben schreiten. Möglicherweise ähnelte seine ursprüngliche Form den berühmten Minaretten von Buchara und Chiwa, etwa dem legendären Kalyan-Minarett, das in Bucharas altstädtischem Zentrum noch heute als Landmarke aufragt.

Einen Steinwurf vom Minarett entfernt sieht man Ruinen der Stadt, die einst etliche Tausend Einwohner gehabt haben mag. Die aus dem Grün emporblickenden Mauerreste lassen keinen geordneten Eindruck vom früheren Zustand der Häuser und Wege dazwischen entstehen, erst recht nicht der ganzen Stadt; zu groß sind die Zerstörungen, die Zeit und Mensch hier in den vielen Jahrhunderten seither angerichtet haben.

Immerhin sind die Ruinen von Balasagun der Regierung der noch jungen Republik Kirgistan ein kleines, aber schmuckes Museum wert. Seine Exponate helfen dem Besucher weiter. Eine freundliche Kirgisin mittleren Alters, die sogar gut Englisch spricht, erläutert auf Wunsch alles Wissenswerte zu den Fundstücken, als da sind: Reste von Häusern, Gebrauchsgegenstände aller Art, Keramik, Waffen. Am meisten jedoch spricht sie über Yusuf Has Hadschib (im heutigen Türkisch »Hacib« geschrieben), dessen auf bloßer Fantasie beruhendes Konterfei man groß in dem Museum sehen kann. Er war sozusagen der »Star« unter den Gelehrten von Balasagun, die sich ansonsten wohl nur theologischen Studien hingaben. Yusuf hingegen tat etwas anderes, und er tat mehr. Er war wohl ein Philosoph, auch wenn man diese absonderliche Gattung Mensch in dieser entlegenen Gegend unserer Erde vielleicht zu allerletzt vermuten mag. Und vielleicht wäre er selbst erstaunt gewesen, wenn man ihn so angeredet hätte. Denn er sah sich vornehmlich als Poet.

Balasagun, heute verlassen und nur gelegentlich Objekt touristischer Begierden, war einmal für kurze Zeit die Hauptstadt des ersten türkischen Reiches in Mittelasien unter dem Banner des Islams. Die Herrschaft lag damals, im 11. Jahrhundert nach Christus, in den Händen der Familie der Karachaniden (karahanlilar hanedani), der »Dynastie der Schwarzen Fürsten«, die als erste türkische Dynastie der Region überhaupt vom Schamanismus, Manichäismus oder Buddhismus abgelassen und den Glauben Mohammeds, des islamischen Propheten, angenommen hatten. Die Stadt Balasagun, an einem Seitenweg der Großen Seidenstraße gelegen, blühte unter den Karachaniden auf, sodass bald auch die Kultur dort eine neue Chance erhielt. Die Seidenstraße war zu jener Zeit der wichtigste Handelsweg der Welt; auf ihr, das heißt zu Lande, vollzog sich ein großer Teil des west-östlichen Warenverkehrs. Das brachte den Völkern dort für viele Generationen einen relativen Wohlstand. Erst die Entdeckung der Seewege nach Indien und Ostasien durch die Portugiesen (und Spanier) bedeuteten Jahrhunderte später Verfall und Verarmung der gesamten Kultur der Seidenstraße. Und auch räuberische Überfälle nomadisierender Stämme, die immer wieder in die fruchtbaren Oasen Mittelasiens drängten, trugen das Ihre dazu bei.

Die Karachaniden dehnten ihre Herrschaft zeitweilig bis nach Kaschgar und in die Oasen von Turfan aus, in das heutige Singkiang, wo sie die alten türkisch-uigurischen Reiche mit ihrer hohen Schriftkultur beerbten. Diese Städte und Oasen liegen heute im äußersten Westen Chinas; dort blieb Kaschgar das islamische Zentrum der Uiguren[1], eines Turkvolkes mit osttürkischer Sprache, das sich heute gegen die Chinesen und ihren übermächtigen assimilatorischen Einfluss zur Wehr setzt. Die Uiguren waren zu jener Zeit die Repräsentanten türkischer Hochkultur, eine Zeitlang wurden die osttürkischen Sprachen und Dialekte in der uigurischen Schrift geschrieben, die ihrerseits als Vorbild zur Herausbildung der mongolischen Schrift diente. Nicht nur die großartigen Höhlendarstellungen von Bäzäklik im Turfangebiet zeugen von der hohen Kultur dieser manichäischen oder buddhistischen Türken, sondern eine ganze Reihe von alten Städten, die bis in das Siedlungsgebiet der Dunganen reicht, der muslimischen Chinesen der Region.

---

[1] Die Uiguren stehen auf der Liste der bedrohten Völker weit oben.

Die islamische Dynastie der Karachaniden regierte schließlich vom Ende des 10. Jahrhunderts an bis in das 13. Jahrhundert hinein. Im Jahre 1212 wurde sie ein Opfer der mongolischen Kara Qitai, die ungefähr zur selben Zeit nach Westen aufbrachen wie die Heere Dschingis Khans. Von diesem Zeitpunkt an war auch so etwas gesetzt wie ein dialektisches Verhältnis zwischen Türken und Mongolen, das sich zwischen Feindschaft und Symbiose hin- und herbewegte – für Jahrhunderte.

Die genauen Lebensdaten von Yusuf Has Hadschib, unserem Philosophen, der auch ein Dichter war, sind unbekannt. Als wahrscheinliches Geburtsjahr gilt vielen das Jahr 1018. Doch wissen wir immerhin, dass er in Balasagun geboren wurde und dort auch sein Werk begann. Dieses Werk ist die erste bis heute bekannte türkische Dichtung nach der Annahme des Islams durch die Türken. Doch nicht türkische, sondern vornehmlich westliche Gelehrte sind es gewesen, die im 19. Jahrhundert als Erste das Augenmerk einer breiteren gebildeten Öffentlichkeit auf diesen Geist und seine Dichtung gelenkt haben: der russische Turkologe Wilhelm Radloff (1837–1918) und der Ungar Armin Vámbery (1836–1913). Beide gelten heute zu Recht als Pioniere der Turkologie als strenger Wissenschaft. Vor allem Radloff, der in Deutschland studiert hatte, genießt auf dem Gebiet der türkischen Philologie den Ruf eines Bahnbrechers der Forschung. Wir werden ihm bald wieder begegnen. Er war neben seiner Tätigkeit als systematischer Entschleierer der türkischen Sprachen auch ein Sammler von Sprachmaterial, der vom sibirischen Barnaul aus durch Mittelasien und das südliche Sibirien streifte, um volks- und sprachkundlichen Stoff für die Wissenschaft zu sichern und aufzubereiten.

Wenn etwa die Kirgisen oder die Kasachen heute ihr monumentales Epos um den Helden Manas in den Mittelpunkt ihrer Nationwerdung stellen können (wie später noch näher ausgeführt wird), dann verdanken sie das zu einem nicht geringen Teil dem deutsch-russischen Turkologen Radloff. Dabei gehörte Radloff zu den wenigen Orientalisten, die sich gegenüber den islamkundlichen Elementen ihrer Wissenschaft ganz uninteressiert zeigten, er war vor allem Philologe und somit an Sprachdenkmälern interessiert. In die eigentliche Islamwissenschaft wollte Radloff nicht eintauchen. Ebenso wenig interessierten ihn theologische Fragen und Streitereien der islamischen Sekten und Schulen. Doch gehört das Studium der Arbeiten Radloffs noch heute zu den Voraussetzungen all jener, die sich um die Erforschung der in einem weiten Raum verstreuten türkischen Völker bemühen. Natürlich haben sich nach ihm noch etliche andere Gelehrte, europäische wie türkische, um die Erforschung dieses Literaturdenkmals und seines Autors verdient gemacht. Erinnert sei etwa an Reşit Rahmeti Arat (1900–1966), dessen Arbeiten über das »Kutadgu Bilig« in die dreißiger und vierziger Jahre des vorigen Jahrhunderts fallen.

Die türkischen Literaturgeschichten bezeichnen den Autor Yusuf Has Hadschib einmal als Dichter (şair), dann wieder als Schriftsteller (yazar). Wahrscheinlich ist beides berechtigt. Das Werk Yusufs, das unter allen Türkvölkern berühmt gewordene »Kutadgu Bilig«, ist als mittelalterliches Sprachdenkmal des Türkischen jedenfalls von kaum zu überschätzender Bedeutung. Doch noch mehr mag das für den Inhalt gelten, denn er ist es, der uns dazu veranlasst, den Autor als einen Philosophen zu bezeichnen. Dies ist insofern interessant, als die Türken nicht gerade als ein Volk von Philosophen bekannt sind. Eine Geschichte der türkischen Philosophie im ausdrücklichen Sinne lässt sich bis heute kaum schreiben, woran auch verkrampfte Versuche, dies zu tun, wenig ändern.

Unter einem Philosophen verstehen wir ja nicht zuletzt jemanden, dem eine philosophische Haltung zueigen ist, der nicht nur bestimmte Fragen auf ganz bestimmte Weise stellt, sondern sie auch in ganz bestimmter Weise und mit einem ganz bestimmten Ziel beantwortet. In der Moderne ist das Bestreben der Philosophen, die Frage nach dem menschlichen Glück – und wie man es denn erlange – aufzuwerfen, unter dem Schwergewicht der erkenntnistheoretischen und ontologischen Fragestellungen oft untergegangen. Wissen, Wissenschaft, Fakten, Logik und anderes haben die Weisheit und vor allem das Streben nach ihr – so die ursprüngliche Bedeutung des Wortes »Philosophie«, Liebe zur Weisheit – in den Hintergrund treten lassen. Und doch haben frühere Zeiten gerade solche Weisheit, die auf das Glück der Menschen zielte, als den Inbegriff und den Endzweck des Philosophierens selbst angesehen.

Nach der Mitte des 11. Jahrhunderts zog Yusuf wohl an den Hof des Herrschers, der nach Kaschgar an den Westrand des Tarimbeckens verlegt worden war. Dort lag nun die neue Hauptstadt des Reiches, das sich im Westen bis Buchara und Samarkand, im Osten bis nach Urumtschi erstreckte. Nach der Abfassung seines Literaturwerkes wurde der Gelehrte und Höfling Yusuf sozusagen befördert. Er bekam den Titel eines »Has Hadschib«, was man mit »Ober-Hofmarschall« übersetzen könnte. Zwischen 1069 und 1070 vollendete er das »Kutadgu Bilig«, das dem Karachanidenherrscher Tabgatsch

Burachan Abu Ali Hassan Bin Sulaiman Arslan Karachan gewidmet ist. Dieser soll das Werk auf das Höchste goutiert und den Autor sofort dafür belohnt haben.

Das »Kutadgu Bilig« ist ein Buch, das – wörtlich übertragen – vom »Glück verheißenden Wissen« handelt. Es soll vor allem dem Herrscher zu seinem Glück verhelfen, enthält jedoch viele allgemeine Lebensregeln, in Verse verpackt. Der Dichter setzt ein mit den Versen:

> Sözüm söyledim men bitidim bitig
> Sunup iki ajunni tutgu elig.
> Kitab ati urdum Kutadgu Bilig
> Kutadsu oliglika tutsu elig …

> Mein Wort habe ich gesprochen, das Buch geschrieben,
> Eine Hand ist es, die sich in beide Welten streckt und reicht,
> Glück verheißendes Wissen habe ich das Buch genannt,
> Glück bringe es dem Leser, nimm es in die Hand …

Die junge türkisch-islamische Kultur beginnt mit ihm, sich literarische Gattungen und Inhalte der »klassischen« islamischen Kultur anzueignen. Wie Mehmet Fuad Köprülü (1890–1966), gewiss einer der Patriarchen der türkischen Turkologie, feststellt, zeigt der Text des Werkes, dass eine nicht unbedeutende Menge von arabischen und persischen Wörtern in das Türkische eingedrungen ist, in dem das Werk verfasst wurde. Ursache dafür ist natürlich der Übertritt der Karachaniden zum Islam. Den Türken blieb gar nichts anderes übrig, als auf diese Weise in den Sog der beiden wichtigsten Sprachen des Islams zu gelangen, des Arabischen, weil es die Sprache des Korans, des *hadith* (der Traditionswissenschaft) und der theologischen Wissenschaften (tafsir, fiqh) war, sowie des Persischen, weil in ihm die Poesie und der Sufismus aufblühten. Von der islamischen Mystik (tasavvuf) ist denn auch unser Philosoph und Dichter nicht ganz unbeeinflusst geblieben.

Das »Kutadgu Bilig« umfasst mehr als 6500 Verse, in einem Uigurisch oder Osttürkisch, das uns heute auch einen annähernden Einblick in das Alttürkische zu geben vermag, wie Annemarie von Gabain es in ihrer Grammatik seinerzeit dargestellt hat. Sein Original wurde wohl mit Sicherheit in jener uigurischen Schleifen-Schrift verfasst, aus der sich später die mongolische Schrift entwickelte[2],

---

[2] Dieses Manuskript liegt heute in Wien.

doch sind aus späteren Jahrhunderten auch zwei Handschriften in arabischen Zeichen überliefert, eine in Kairo und eine andere in Fergana in Mittelasien. Das »Kutadgu Bilig« ist ein lehrhaftes Werk, das man im weitesten Sinne zu den damals beliebten Fürstenspiegeln rechnen kann. Das waren poetische, manchmal auch in Prosa verfasste, doch immer wieder von Versen und philosophischen Reflexionen unterbrochene Werke, die eine Ethik für den gerechten und weisen Herrscher bieten wollten. Im Persischen kannte man früh die Gattung des »Pendname«, des moralischen Ratgebers. Die bekanntesten Fürstenspiegel des mittelalterlichen Orients waren das »Siyasatname« (»Buch von der Politik«) des bekannten, von den siebener-schiitischen, »ketzerischen« Assassinen ermordeten Wesirs Nizam al-Mulk, eine Anleitung zur Staatskunst, die man entfernt mit »Il Principe« von Machiavelli vergleichen könnte, und das »Qabusname« des Fürsten Qabus Ibn Wuschmgir, ein Fürstenspiegel aus dem nordost-iranischen Grenzgebiet zwischen Chorassan und Transoxanien.

Yusuf Has Hadschib ist also Ethiker. Doch welche Ethik verkündet er im »Kutadgu Bilig« seinem Fürsten? Es ist eine Mischung aus islamischen Lehren und Vorstellungen, wie sie sich auch bei antiken Philosophen wie Platon und Aristoteles finden. Wir können jedoch auch vermuten, dass noch manche Anklänge an das Nomadenleben unter den türkischen Khanen der Vergangenheit und ihrer Führerschaft lebendig waren. Sie bilden die Grundlage für eine im Glauben wurzelnde idealistische Ethik des Geistes und des Maßes. Dabei ist schwer herauszufinden, wie sehr die damals schon hochentwickelte hellenisierende Philosophie des Islams, die schon einen al-Kindi (9. Jh.), al-Farabi (10. Jh.)und Ibn Sina (Avicenna, 11. Jh.) hervorgebracht hatte, auf unseren Ethiker einwirkte. Man hat behauptet, Yusuf Has Hadschib sei ein Schüler des großen mittelasiatischen Philosophen und Weisen Ibn Sina gewesen. Köprülü setzt den Begriff »Schüler« (talebe) in Anführungszeichen und schreibt dazu, etwas mehr als dreißig Jahre nach dem Tod dieses Denkers habe es in Transoxanien etliche »Schüler« Ibn Sinas gegeben. Zum Zeitpunkt der Abfassung des »Kutadgu Bilig« sei Ibn Sina gerade einmal 32 oder 33 Jahre tot gewesen, was die Hypothese einer Schülerschaft bekräftigen könne. Festlegen will Köprülü sich aber nicht, sondern begnügt sich mit der Feststellung, das Denken Ibn Sinas sei eben nicht nur im westlichen, sondern auch im östlichen Turkestan bekannt gewesen. Davon kann man ausgehen.

Natürlich ist die im »Kutadgu Bilig« vertretene und geforderte Ethik theistisch. Etwas anderes war gar nicht möglich zu jener Zeit. Es ist ein ganzes Bündel von Werten und Tugenden hohen und höchsten Anspruchs, das da aufgefächert wird. Zunächst darf der Mensch niemals vergessen, dass er in Gottes Hand steht, dass er von Gott abhängig ist. Damit hängt eine innere Haltung zusammen, welche die Christenheit als Memento mori bezeichnet hat. Der Mensch, besonders der Herrscher, soll niemals vergessen, dass er sterblich ist und im Jenseits Rechenschaft ablegen muss über seine Taten. Wichtig ist, dass er dem Verstand traut und das Wissen fördert, auch bei seinen Nachkommen. In jeder Angelegenheit soll man nach der Wahrheit suchen und sich um reine, saubere Gedanken bemühen. Niemals darf ein Mensch, der diesen Namen verdient, sich zum Sklaven der weltlichen und vergänglichen Genüsse erniedrigen. Außerdem soll man die Zunge im Zaum halten, nicht gewalttätig sein, nicht stehlen, nicht lügen, alkoholische Getränke meiden, nicht ungerecht sein, Klatsch und üble Nachrede abweisen, Tugend und Ehre anstreben, sich in Geduld üben, immer Gerechtigkeit anstreben, die Frauen und die Kinder ehren und ihnen mit Zärtlichkeit und Verständnis gegenübertreten. Wer dann noch offenen Sinnes und Herzens ist, die Bräuche und Traditionen achtet und fördert, wird das Glück erlangen »im Diesseits wie im Jenseits«.

Formal ist das Werk eine allegorische Unterhaltung (heute würde man von »Diskurs« sprechen) von vier fiktiven Personen, die zu jeweils eigenen Themen Stellung beziehen oder diese in Rede und Gegenrede repräsentieren. Der Herrscher Kün-Togdi repräsentiert in diesem »Diskurs« das richtige Gesetz (yasa), der Wesir Ay-Toldi das Glück (kut, saadet), Ögdülmüş, der Sohn des Ministers, steht für den Verstand (ukuş, akil); Odgurmuş schließlich, der Bruder von Ögdürmüş, spricht über das Jenseits (ahiret) und wie man es erlangt.

Wer diesen ethischen Kanon studiert, wird zunächst erstaunt sein über die Fülle von überzeitlichen Tugenden und Verhaltensweisen, die von Yusuf Has Hadschib verlangt wird. Auch tausend Jahre nach seinem Wirken wird man einen Tugendkanon wohl kaum wesentlich anders aufstellen. An den Islam erinnert merkwürdig wenig, im Grunde nur, dass man sich der Abhängigkeit von seinem Schöpfer bewusst sein soll und so leben, dass man das Jüngste Gericht und das Jenseits (ahiret) nicht vergisst. Auch die Forderung, alkoholische Getränke zu meiden, deutet auf den Einfluss der islamischen Religion hin. Trotzdem können wir den Autor als einen wichtigen Erzieher im Geiste der neuen Religion ansehen. Die Karachaniden hatten als konvertierte Dynastie das größte Interesse daran, die Ethik des Islams unter ihren Untertanen weiter zu festigen, lebten und herrschten sie doch im Grenzgebiet des *dar al-islam*. Man geht kaum fehl, wenn man vermutet, dass Yusuf durchaus den Versuch unternahm, die alten, unter den türkischen Nomaden hochgehaltenen Tugenden mit der Hochreligion des Islams zu verbinden. Dass er immer wieder davon spricht, das Wissen und die Erkenntnis seien wie Fackeln (mesale), die die Nacht erleuchteten, ist nicht nur gut muslimisch, sondern erinnert auch daran, dass Yusuf bestimmt die philosophischen und ethischen Vorstellungen von Platon und al-Farabi kannte. Dem Verstand wird breite Aufmerksamkeit gewidmet, denn er ist es, der rechte Einsicht und Erhellung gewährt. Im karahanidisch-türkischen Original lauten die Verse:

Ukuş ol yula teg karanku tüni
Bilig ol yarukluk yarutti sini ...

Der Verstand ist wie eine Fackel in der Dunkelheit der Nacht,
Das Wissen ist ein Licht, das Dich erleuchtet allzeit ...

In manchen türkischen Arbeiten, die sich mit der Dichtung von Yusuf Has Hadschib beschäftigen, werden – wohl auch aus Nationalstolz – die größten Namen der Kulturgeschichte bemüht, um den Rang des Dichter-Philosophen zu erläutern, Staatsutopisten wie Thomas Morus und so weiter. Doch dessen bedarf es gar nicht. Der Islam hat auf diesem Felde eine eigene Tradition des gerechten Herrschers entwickelt und diese in eigenen Schriften und Traktaten, wie eben den zahlreichen Fürstenspiegeln, abgehandelt. Seit alters her gilt zum Beispiel Süleyman (Salomon) als der Inbegriff des ethisch vollkommenen Menschen, als gerechter Herrscher, weiser Denker und vorbehaltlos Liebender. Die von dem Dichter-Philosophen Yusuf Has Hadschib in seinem »Kutadgu Bilig« verlangten Tugenden wirken alles in allem erfrischend allgemeinverbindlich und säkular.

Als wir die Ruinen von Balasagun verlassen, reichlich belehrt über seinen größten Weisen, beginnt einer der Fremden über die Vergänglichkeit alles Menschlichen zu räsonieren. So erstaunlich es ist, inmitten der kirgisischen Steppe auf die Überreste einer einstmals so glanzvollen Stadt zu stoßen, so erstaunlich ist es auch, in welchen historischen Dornröschenschlaf dieses wichtige Zentrum zentralasiatischer türkischer Kultur versunken war. Diese Zeit ist jedoch vorbei. Das moderne Kirgistan, dessen Bildung der nationalen Identität in vollem Gange ist, hat den ungeheuren Wert dieses historischen Bezugspunktes und auch des Dichter-Philosophen von Balasagun entdeckt. Und von Bischkek aus strahlt dies aus auf die Nachbarvölker der Kasachen und Uiguren, die vor ganz ähnlichen Problemen stehen. Auch in Kasachstan bemüht man sich um jedes noch so geringe Element alttürkischer Geschichte und Kulturgeschichte, um die eigene Identität sowie den inneren Zusammenhalt zu festigen, und den Uiguren, die heute unter Pekings Herrschaft leben müssen, dient das versunkene Reich der Karachaniden zur Behauptung ihrer Eigenart als osttürkisches Volk gegenüber den übermächtigen Han-Chinesen. In der Türkischen Republik, die zwischen nationaler Abgrenzung und der Öffnung gegenüber Europa hin- und herschwankt ist die Beschäftigung mit der mittelasiatischen Vergangenheit ohnehin schon lange populär.

Der Sänger der Oghuzen
Das Buch des Dede Korkut als Gemeinbesitz der Turkvölker

Kulturen und deren Literaturen ohne einen mythischen Helden und das zu ihm gehörige Heldenepos, welches seine Taten feiert, gibt es nur selten. Was den Angelsachsen »König Artus« mit seinem Sagenkreis bedeutet und den Germanen die »Edda«, den Finnen ihre »Kalevala« und den Deutschen ihr »Nibelungenlied«, dazu den Persern ihr »Schahname« oder »Königsbuch«, das ist das »Kitab-i Dede Korkut« für die Mehrzahl der türkischen Völker. Es ist ein frühes türkisches Sprachdenkmal, ein rundum »archaisches« literarisches Werk im Sinne von Ursprünglichkeit; und außerdem eine geistige Klammer, die bis heute dazu beiträgt, die türkischen Sprachen und Völker innerlich zusammenzuhalten. Es gehört zur Gattung des »destan«, der ruhmreichen Heldenerzählung, und genießt in der modernen Türkei – wie in anderen Ländern desselben Kulturkreises– hohes Ansehen. In der alten türkischen Epik kommt ihm an Bedeutung allein das »Manas« gleich, ein archaisches Heldenepos auch dies, das aber mehr dem osttürkischen Sprach- und Kulturgebiet zuzuordnen ist, das heißt den Völkern der Kirgisen und Kasachen, als den westlichen Türken, für die stellvertretend die historische Stammesföderation der Oghuzen (dokuz oguz) stehen mag. Auf diese Stammesföderation, die ihre Heimat östlich des Kaspischen Meeres, am Fluss Syr Darya und weiter nach Osten hin zum Amu Darya hatte, geht ein großer Teil der heutigen westtürkischen Völker zurück. Außerdem ist das »Manas« mit seinen schätzungsweise 50 000 Versen viel umfangreicher als das »Dede Korkut«, das es *nur* auf ein paar tausend Verse bringt. Zudem besingt das »Manas« den Namengeber des Epos selbst als Kämpfer und Helden, während »Dede Korkut« der Name des Sängers ist, der selbst die Taten anderer, die Begebenheiten aus dem Umkreis oghuzisch-türkischer Kämpfer feiert. Dieser wohl unbekannte Sänger tat das unter den Oghuzen auf der *kopuz*, der türkischen Laute, die man heute als *saz* bezeichnet.

Beiden Epen gemeinsam ist, dass sie dem türkischen Nomadentum entsprossen sind und von der zu jener Zeit noch recht oberflächlichen Islamisierung der türkischen Stämme zeugen, obschon dies Letztere von manchen türkischen Wissenschaftlern anders gesehen wird. Auch die Türken sind eben der Versuchung erlegen, ihre antiken Epen besonders herauszustellen, als es seinerzeit, das heißt in den Jahren der Gründung der Türkischen Republik, um die

Schaffung eines »echt türkischen« Nationalbewusstseins und des dazugehörigen Unter- oder Überbaus ging. Sowohl das »Manas« als auch der »Dede Korkut« spielen augenblicklich auch bei der Nationenbildung der jungen Turkrepubliken im Kaukasus und in Mittelasien wieder eine wichtige Rolle. Das gilt auch in einem sprachgeschichtlichen Sinn, denn die Sprecher der einzelnen Turksprachen wollen die eigenen Sprachen besser verstehen und sie, wenn das möglich ist, auch zu einem »Gesamttürkischen«, einer Art Grundsprache für alle Turkvölker, vereinheitlichen. Auch geht es darum, Neologismen auf einer echt türkischen Grundlage zu schaffen und einen gemeinsamen türkischen Wortschatz zu erstellen, an dem alle Sprecher von Turksprachen teilhaben können.

Die wissenschaftliche Erforschung des »Dede Korkut« beginnt erst im 19. Jahrhundert, doch inzwischen sind bereits zahlreiche kritische Ausgaben des Werkes erschienen, in Aserbaidschan – dessen Bewohner sich dieser Dichtung besonders verbunden wissen – alleine vier, in der Türkischen Republik sogar sieben. Die Initialzündung gaben freilich europäische Gelehrte. So entdeckte der deutsche Orientalist Heinrich Friedrich von Diez, ein Freund Goethes, im Jahre 1815 bei Durchsicht der Dresdener Manuskriptbestände eine der bis heute grundlegenden Handschriften des »Kitâb-i Dedem Qorqud ala lisân-i taife-i oghuzân«, das ist: »Buch des Dede Korkut in der Sprache der Oghuzen«. H. Achmed Schmiede, deutscher Turkologe und Übersetzer, hat den Text dieser Dresdener Handschrift nicht allein im arabisch geschriebenen Faksimile publiziert, sondern auch in lateinischer Umschrift; außerdem legte er 1995 eine Übersetzung des gesamten Werkes ins Deutsche vor. Im Jahre 1958 hatte Joachim Hein in der renommierten Bibliothek Manesse schon einmal eine Gesamtübertragung des »Dede Korkut« veröffentlicht. Beide legten ihren Übertragungen natürlich auch die andere Handschrift zugrunde, die von dem Werk existiert, das von dem Italiener Ettore Rossi 1950 in der Vatikanischen Bibliothek entdeckte Manuskript. Die seinerzeit von Diez gefundene Handschrift ist offenbar die Abschrift eines älteren Manuskriptes, das verloren gegangen ist.

Für die deutsche, im Juni 2004 verstorbene Turkologin Petra Kappert bedeutete das Buch von Dede Korkut schlicht das »älteste und wichtigste Sprachdenkmal in westtürkischer Sprache«, vor allem natürlich des Oghuzischen, einer frühen Form der heutigen westtürkischen Sprachen, deren wichtigste das Türkeitürkische, das Azeri (Aserbaidschanische) und das Turkmenische sind. Sie datiert die von Diez gefundene Handschrift auf die zweite Hälfte des 16. Jahrhunderts und vermutet, dass sie im Osmanischen Reich entstanden ist. Über den Verfasser, eben jenen Dede Korkut, der bisweilen auch Korkut Ata (Vater Korkut) genannt wird, ist so gut wie nichts bekannt. Die Überlieferung sieht in ihm den Meister der oghuzischen Barden, die seit alters her als *ozanlar*, fahrende Sänger, oder *kopuzcular*, Spieler des Kopuz, bezeichnet werden. Die Lebenszeit dieses Barden, wenn er denn überhaupt eine Person und historisch in irgendeiner Weise konkret fassbar ist, ist ebenso unbekannt. Theorien, die das Alter dieses Epos auf zweitausend Jahre und noch viel mehr ansetzen, können getrost ins Reich der Fantasie verwiesen werden. Vieles spricht dafür, dass das Dede-Korkut-Epos frühestens zu jener Zeit entstand, da die Oghuzen mit der islamischen Schriftkultur bekannt wurden und selbst zum Islam übertraten. Das ist etwas mehr als tausend Jahre her. Die zum Glauben Mohammeds konvertierten türkischen Nomaden-Krieger-Stämme gelangten in die Zentren des Islams, nach Bagdad vor allem, wo sie zunächst als eine Art Prätorianergarde der schutzbedürftigen Kalifen auftraten. Doch im 11. Jahrhundert überrannten sie als Seldschuken den Orient, ergriffen in Bagdad die Herrschaft, drangen bis nach Anatolien vor, wo sie die Dynastie der Seldschuken von Rum begründeten, und schufen jenes türkische Substrat, das seither in dieser Region des Islams seinen Einfluss geltend macht, in Gestalt zahlreicher Dynastien, deren bedeutendste ohne Zweifel die der Osmanen gewesen ist. Ihr Reich bestand von 1299 bis 1923. Mit dem epochalen Sieg des Seldschuken-Sultans Alparslan im Jahre 1071 über den byzantinischen Kaiser Romanos Diogenes bei Mantzikert oder Malazgird in Ostanatolien, beginnt die türkische – letztlich oghuzische – Geschichte Kleinasiens. Manches spricht dafür, dass die in der heutigen Gestalt überlieferte Dichtung des Dede Korkut, sozusagen die Endredaktion, auf jene Epoche der Wanderung und Eroberung im ostanatolisch-aserbaidschanischen Siedlungsraum zurückgeht, wobei die oghuzischen Barden – oder wer immer sich hinter diesem Dede verbergen mag – mancherlei älteres Sagengut aus Mittelasien weitergetragen haben werden. Über diese große Wanderung aus Mittelasien, die hier ihren Niederschlag gefunden hat, schreibt Petra Kappert: »Die erste große Völkerbewegung Innerasiens, ausgelöst durch den Druck der Mongolen auf die dortigen Turkvölker, vertrieb die in Stämmen organisierten Oghuzen seit dem 10. Jahrhundert in großen Scharen nach Westen, über den Oxus, und brachte sie in enge Berührung mit islamischen, besonders iranischen Staaten. Zu diesem Zeitpunkt setzt auch die allmähliche Islamisierung der

Clans ein, die bis dahin – als Nomaden – weitgehend dem Schamanismus (bzw. Naturreligionen) angehangen hatten.« Und zum
Inhalt der Dichtung meint sie weiter: »... dass bereits in der alten,
zentralasiatischen Heimat der Stämme, im 10. und 11. Jh., ein großer Teil der Episoden des Dede Korkut entstanden sein mag.« Während der Westwanderung und in den dann von ihnen besiedelten
und beherrschten Gebieten zwischen dem anatolischen Hochland,
Aserbaidschan und Westiran seien dann zusätzlich neue Elemente
in die Dichtung aufgenommen worden. In »Dede Korkut« selbst vermutet sie »die sagenumwobene Gestalt eines berühmten Schamanen
aus der Frühzeit der Oghuzen«. Man sieht, die Fragen und Schwierigkeiten, die sich um dieses alttürkische Epos ranken, ähneln denjenigen, die seit vielen Generationen auch die »Ilias«, die »Odyssee«
und ihren Schöpfer Homer betreffen.

Vor allem mit der »Odyssee« hat man denn den »Dede Korkut«
auch des öfteren verglichen. Dies nicht allein wegen der darin vor-
kommenden Abenteuer der Stämme auf ihrer Westwanderung,
sondern auch wegen der Motivik. So tritt in einem der Gesänge eine
sagenhafte Figur auf, die einäugig ist und bemerkenswerte Ähnlichkeiten mit dem allseits bekannten Riesen Polyphem aus der Odyssee
aufweist. Diese Ähnlichkeiten in sagenhaften oder mythologischen
Überlieferungen sind in der Vergangenheit immer wieder ein inter-
essantes Objekt der Spekulation, aber auch der vergleichenden
Mythenforschung gewesen. Es ist aufschlussreich zu sehen, dass
auch die alte türkische Epik sich in solche Strukturen des Archety-
pischen – um mit C. G. Jung zu sprechen – einfügt. Jedenfalls müssen die oghuzischen Khane, deren Taten und Abenteuer das Werk
besingt, manches durchstehen, was dem Leser aus anderen Epen
bekannt vorkommt. Petra Kappert macht zu Recht darauf aufmerksam, dass sich in den Rivalitäten zwischen einzelnen Helden auch
lange zurückliegende Kämpfe und Streitereien zwischen den oghuzischen Stämmen und ihren Führern ausdrücken. Ein Antagonismus
zwischen den westlichen und östlichen Oghuzen scheint auf. Auch
dies ist wohl ein Handlungsstrang, der in vielen Heldenliedern,
die germanischen eingeschlossen, auftritt. Auf einen Unterschied
macht freilich H. Achmed Schmiede aufmerksam, wenn er betont,
dass die Gesänge des »Dede Korkut« auch humorvolle Stellen enthalten, die sonst üblicherweise nicht zu solchen Heldenepen passen.
Und er hebt auch hervor, dass manche der türkischen Helden trotz
bisweilen martialischer Gesinnung, die in ihren vielen Prahlereien
zum Ausdruck kommt, gegebenenfalls auch bereit sind, zurückzu-

stecken. Für die Mentalität der Türken hält er das für konstitutiv. Und noch etwas anderes erwähnt Schmiede besonders: dass wir es beim »Dede Korkut« mit einem Werk zu tun haben, das innerhalb der türkischen Kultur auch die Brücke schlägt zwischen Sunniten und Aleviten, beziehungsweise der Bektaschi-Tradition.

An sich gelten die Türken – und zwar Seldschuken wie Osmanen – historisch als die Retter und Bewahrer des orthodoxen Sunnitentums im Islam, standen sie doch in stetem Kampf gegen die aufbegehrenden und rivalisierenden schiitischen Denominationen dieser Religion, seien dies die Zwölferschiiten oder die »Siebener« (Ismailiten), deren Schoß alle heterodoxen schiitischen Gruppierungen entsprossen sind – bis hin zu den Extremisten (gulat). Das siebener-schiitische, heterodoxe Alevitentum, eine Ali-Verehrung ohne Religionsgesetz, wie es Haci Bektaş Veli und sein späterer »Nachfolger« Balim Sultan[3] lehrten, hat schamanistische Traditionen aufgenommen und beibehalten, wie sie sicher bei den Oghuzenstämmen in Mittelasien herrschten und wie sie, islamisch überwölbt oder gewendet, gerade von den turkmenischen Nomadenföderationen weitergetragen wurden. Es waren dies Nomaden, die entweder in Aserbaidschan, der antiken Atropatene, ansässig wurden, oder aber – in Gestalt der Dynastien vom Schwarzen und Weißen Hammel (Kara und Ak Koyunlu) – im Südosten Anatoliens und im Nordirak heimisch wurden. Die sunnitischen Osmanen führten blutige Kriege mit den in Iran herrschenden Safawiden, die zwar ebenfalls türkischer Herkunft waren, aber das Schiitentum angenommen hatten. Zunächst in seiner heterodoxen Form, wie bei den kämpferischen Kizilbaş, dann in seiner rechtsförmigen Form der Zwölferschia, die bis heute in Iran vorherrscht. Die Osmanen konnten diese Schiiten zwar dezimieren oder teilweise verdrängen, nicht aber vernichten. Noch heute haben Führer der alevitischen Gemeinden in der Türkei einen »Dede«. Diese Gemeinden spielen die *saz*, die türkische Laute, und singen ihre religiösen Hymnen und Dichtungen dazu.

Von der literarischen Form her ist das »Dede Korkut« nicht einheitlich. Poesie wechselt sich mit Prosa ab, Verse mit erzählerischen Passagen. Auf das recht umfangreiche Proömium folgen insgesamt zwölf Episoden oder Gesänge, die nicht in allen Handschriften durchgängig vorhanden sind. Auch das spricht dafür, dass schon die Aufzeichner auf lückenhaftes mündliches oder schriftliches Materi-

---

[3] Mindestens ein Jahrhundert nach ihm, beide Persönlichkeiten geben noch viele Rätsel auf.

al angewiesen waren. Im Proömium wird bereits zu Beginn deutlich, dass es sich um ein islamisches Werk handelt oder wenigstens handeln soll. Das zeigt nicht allein die Basmala-Formel, die über jedem islamischen Manuskript geschrieben steht (»Im Namen Gottes des allbarmherzigen Erbarmers«), sondern die Einleitung selbst macht es deutlich, in der darauf hingewiesen wird, dass alles menschliche Tun nur gelingen kann, wenn es unter dem Signum des Glaubens steht. Nachdem der Sänger die Person Korkuts aus dem Stamm der Bayat eingeführt hat, heißt es gleich:

> Ohne Allahs Name kann kein Werk gelingen,
> Wem der Allmächtige nicht spendet, der wird niemals reich,
> Unheil erleidet nur, wem es bestimmt ist,
> Niemand stirbt vor seiner Todesstunde,
> Wer tot ist, wird auch nicht wieder lebendig …

Dann folgen Weisheiten und Lebenserfahrungen, die sowohl Sitten der Oghuzen als auch allgemein menschliche Erkenntnisse thematisieren. Etwa:

> Das Wild kennt die Weide, auf der es einmal äste …
> Das Pferd kennt den schweren und den leichten Reiter …
> Die Mutter weiß, wem der Sohn entstammt …

Am Ende des Proömiums schließlich taucht etwas auf, das in der Heldenepik recht selten vorkommt, ein gewisser sarkastischer Humor, der sich die Frauen zum Opfer wählt. Andererseits zeigt sich, dass die Frau zu jener Zeit unter den Türken doch noch freier angesehen war als später, da islamische Sitte und Moral das Bild der Frau in der Gesellschaft prägten. Schmiede bringt die Essenz unseres Sängers in deutsche Reime:

> Der Weiber gibt es vielerlei:
> Die eine lässt dich gelb anlaufen,
> Die andere wirft alles über den Haufen,
> Wieder eine ist des Hauses Stütze,
> Und der vierten Gemeinheit
> Bringt dich in Hitze …

Petra Kappert hat sich in ihrer Arbeit[4] ebenfalls dieser Passage gewidmet und sie folgendermaßen zusammengefasst:

---

[4] »Das Dede-Korkut-Epos in seinem historischen Kontext«, Hamburg 2000

»Chan, der Sänger spricht:
Viererlei Arten von Frauen gibt es.
Erstens die alles vergiftende Klasse,
zweitens die Unruhe stiftende Rasse,
drittens des Hauses Ehre,
und viertens, was immer du sagst,
die Ordinäre.

Des Hauses Ehre ist so beschaffen: Wenn aus der Steppe oder Wüste
ein Gast ins Haus kommt und der Gatte nicht daheim ist, setzt sie
ihm Speise und Trank vor, ehrt ihn, umsorgt ihn und entlässt ihn
dann. Sie ist vom Geschlechte Aischas und Fatimes[5]. Mein Chan, ihre Kinder mögen zunehmen. Deinem Herd mögen nur solche Frau-
en beschieden sein!
  Wir kommen nun zu der alles vergiftenden Klasse. Kaum am
Morgen aufgestanden, schlingt sie schon, noch bevor sie sich Hände
und Gesicht gewaschen hat, gierig neun Kuchen und einen Eimer
Joghurt in sich hinein, bis ihre Augen gesättigt sind, stemmt dann
ihre Arme in die Seiten und sagt: Verderben über dieses Haus! Seit
meiner Heirat bin ich noch nicht einmal satt geworden, hat mein
Gesicht nicht gelacht, mein Fuß keine Sandale und mein Antlitz
keinen Schleier gesehen (…) deinem Herde mögen solche Frauen
fernbleiben!
  Wir kommen nun zu der Unruhe stiftenden Rasse. Früh steht
sie auf, und bevor sie sich noch Hände und Gesicht gewaschen hat,
hat sie sich schon von diesem oder jenem Winkel des Zeltes in eine
andere Ecke stoßen lassen, hat gezetert und gemault. Vom Morgen
bis zum Mittag ist sie ausgegangen und am Nachmittag erst wieder heimgekehrt. Und was sieht Sie? Ein diebischer Köter, ein fettes
Kalb hat ihr Haus durcheinandergebracht, der Pfau ihren Hühner-
stall, die Kuh ihr Dach beschädigt (…) deinem Herde mögen solche
Frauen fernbleiben!
  Wir kommen nun zu denen, die, was du auch sagen magst, ordinär
sind. Kommt zu solcher aus der Steppe oder Wüste ein braver Mann
ins Haus und ist der Gatte daheim und er sagt zu ihr: Steh auf, hol
Brot, damit wir essen! Auch dieser hier soll essen! (…) Was sollen
wir machen?, sagt die Frau. In diesem elenden Haus gibt es weder
Mehl noch Fleisch. (…) Damit schlägt sie mit der Hand auf ihr Hin-
terteil, bückt sich und wendet ihrem Mann ihren Rücken zu. (…)

[5] Lieblingsfrau und eine der Töchter Mohammeds.

26

Mein Chan, auch vor ihnen behüte dich Allah. Eurem Herde bleibe solches Weib fern!«

Es wäre reizvoll, an dieser Passage herauszuarbeiten, wie sich das Leben zwischen Jurte, Stallungen und Steppe im allgemeinen abgespielt hat und welchen Wert schon islamische ethische Vorstellungen dabei hatten. Von letzterer Frau übrigens behauptet unser Sänger, sie stamme vom Esel des Propheten Nuh (Noah) ab.

Doch nun zum eigentlichen Inhalt, den Geschichten des Epos. Auf das Proömium folgen zwölf Gesänge, die folgende Titel tragen:

Die Geschichte von Bughadsch Khan, dem Sohn Dirse Khans.
Die Plünderung von Salur Kazans Haus.
Die Geschichte von Bamsi Beyrek, Kam Böres Sohn.
Die Geschichte von der Gefangennahme Uruz Begs, des Sohne
  von Kazan Beg.
Die Geschichte von Ducha Kocas Sohn Deli Dumrul.
Die Geschichte von Kanli Kocas Sohn Kanturali.
Die Geschichte von Kazilik Kocas Sohn Jeghnek.
Wie Basat den einäugigen Riesen Depegöz tötete.
Die Geschichte von Bekils Sohn Emran.
Die Geschichte von Uschun Kocas Sohn Segrek.
Wie Salur Kazan gefangen wurde und sein Sohn Uruz ihn befreite.
Wie die Tasch-Oghuzen sich gegen die Itsch-Oghuzen erhoben
  und Beyrek zu Tode kam.

Am Ende des Werkes steht also ein Gesang, der ohne jeden Zweifel Machtkämpfe innerhalb der oghuzischen Stämme aufgreift, wie überhaupt der Kampf das Elixier dieser Menschen zu sein scheint. Bis heute traut man ja den Türken besondere militärische Fähigkeiten und Tugenden zu, während andere Völker, deren Recken in ihren literarischen Überlieferungen nicht weniger martialisch daherkommen, damit nicht mehr in Verbindung gebracht werden. Dennoch wäre es, wie wir gesehen haben, verkehrt, in diesem volkstümlichen Epos immer nur ein Destillat archaischen Heldentums und ewigen Kampfgeschreis zu sehen. Gerade in letzter Zeit hat es den Anschein, als fasziniere das »Dede Korkut« die Türken in aller Welt mehr durch seine ethnografischen und ethischen Bezüge aus einer archaische Epoche als durch die eherne Tapferkeit seiner Helden.

Dass sich die türkischen Philologen angesichts der revolutionären Eingriffe, die im 20. Jahrhundert in die türkische Sprache vorgenommen wurden, besonders für den Wortschatz und die Sprachebene des »Dede Korkut« interessieren, liegt auf der Hand. Da knüpft man an Tendenzen der zwanziger und dreißiger Jahre an, in denen es ihnen darum ging, das vom Arabischen und Persischen überformte osmanische Türkisch zu *reinigen*. Da bot sich das Studium der alten Epen förmlich an. Und in jüngster Zeit ist noch etwas anderes hinzugekommen: Man interessiert sich bei den Sprachwissenschaftlern für die alten Epen, weil man so etwas wie eine gemeintürkische Sprache schaffen will, eine Art türkischer *koine*, mit deren Wortgut und Grammatik sich alle Turkvölker miteinander verständigen könnten. Gerade das Oghuzische, wie es im »Dede Korkut« Verwendung findet, bietet dafür nach der Meinung von Sprachwissenschaftlern gute Ausgangspunkte, und zwar wegen seiner *mittleren* Stellung zwischen dem Osttürkischen und den Dialekten des Westens.

Das Epos von Manas
Kirgisiens Held von Krieg und Frieden

Auf dem modern gestalteten zentralen Platz von Bischkek, der Hauptstadt des unabhängigen Kirgistans oder Kirgisiens, steht ein pathetisches Reiterstandbild. Pferd und Reiter wenden dem Nationaltheater den Rücken zu, was aber nichts Negatives heißen soll. Ganz im Gegenteil: Der Reiter hat auch und gerade mit Literatur zu tun. Es ist der Recke Manas. Bei ihm handelt es sich um den wichtigsten Helden und Namengeber des nationalen Versepos der Kirgisen, das immer mehr zur geistigen Gründungsurkunde des jungen, erst seit 1991 unabhängigen Staates Kirgistan wird. Das »Manas« beherrscht ganz und gar das gegenwärtige kirgisische Kulturleben, im Rundfunk und im Fernsehen finden seit den frühen neunziger Jahren Lesungen statt, auch auf den Theaterbühnen, wobei eine durchgängige Rezitation dieser mittelasiatischen Heldensagen einige Zeit in Anspruch nehmen kann. Denn 50 000 Verse – so die übliche Angabe über die durchschnittliche Mindestlänge des Werkes – wollen erst einmal gelesen sein. Vom Umfang her ist das »Manas« das umfassendste Heldenepos und Dichtwerk der Welt, länger und ausladender als »Ilias«, »Odyssee« und noch eine Reihe anderer Epen zusammen. Nimmt man alle Varianten und Zusätze hinzu, so soll das Epos insgesamt sogar einen Umfang von nahezu einer halben Million Versen haben. Und seine Erforschung und textkritische Bearbeitung steht in Vielem wohl erst am Anfang.

Im Kapitel über das Epos von »Dede Korkut« haben wir das Manas-Epos schon kurz gestreift und ihm eine ähnliche Bedeutung für die Gesamtheit der türkischen Völker zugeschrieben wie dem Werk des oghuzischen Sängers. Freilich ist das »Manas« unter den Osttürken bekannter als bei denen im Westen. Seine Erforschung durch westliche, jedenfalls fremde und nichtmuslimische Gelehrte, die später von einheimischen Gelehrten abgelöst wurden, hat eine ähnliche Geschichte wie die des »Dede Korkut«. Es war vor allem der russische Turkologe deutscher Abkunft Wilhelm Radloff, der seine Studien der sibirischen Turksprachen auch auf die Volksepik ausdehnte und dabei auf das »Manas« stieß, das ihn sogleich besonders anzog. Radloff, in Berlin geboren, hatte in Deutschland, überwiegend in Jena, studiert und die Methoden der exakten Philologie in seiner russischen Heimat durchgesetzt. Er gilt bis heute als einer der großen Pioniere der Turkologie, sogar in der

Türkei hat man ihm und seinem Werk schon vor einiger Zeit eine Gesamtdarstellung gewidmet, deren Autor Ahmet Temir ist[6]. Was W. Barthold, gleichfalls ein Russe deutscher Abstammung, für die Erforschung der Geschichte der Turkvölker in Mittelasien geleistet hatte, vollbrachte Radloff nämlich für die Sprachen und die Volksliteratur der Türken. Ihm kam entgegen, dass er – nach Aufenthalten in St. Petersburg und Kazan – jahrelang im zentralen Sibirien, in der Stadt Barnaul, einen Posten innehatte; er nutzte ihn zu Ausflügen und Reisen in die Umgebung, um dort sein Material zu sammeln. Im Jahre 1885 veröffentlichte Radloff seine »Proben der (türkischen) Volksliteratur, Band V«, die freilich nicht ohne Vorarbeiten denkbar gewesen sind. Diese führen zurück zu einem russischen Beamten namens Franel, der das Gebiet der Großen Horde verwaltete und im Jahre 1849 über einen Helden Manas und seinen Sohn Semetey berichtete. Sieben Jahre nach Franel, 1856, entdeckte Çokhan Valihanov, ein kasachischer Prinz aus der Mittleren Horde, das »Epos von Manas« (Manas destani) und publizierte in der geografischen Zeitschrift »Iswestija« 1861 einen Artikel darüber. Darin schrieb er unter anderem[7]: »Bei den Kirgisen, die in steilen, unzugänglichen Bergen leben, gibt es ein Epos (eine Sage). Es ist das Epos von Manas, das der Epoche des Nogai angehört. Dieses Epos ist eine kirgisische Enzyklopädie, die in Bezug auf einen Kreis von Tapferen die gesamte Mythologie der Kirgisen, ihre Märchen und alle ihre Traditionen versammelt. Für die Kirgisen ist das eine Sache wie die Ilias für die alten Griechen. In diesem Epos finden sich Schilderungen der Lebensformen der Kirgisen, der Sitten, der Moral und der religiösen Vorstellungen, ihres Wissens über Geografie und Medizin sowie ihrer Beziehungen mit anderen Völkern.« Diese Zusammenfassung Velihanovs beschreibt Inhalt und Bedeutung des »Manas« schon sehr gut.

Radloff schrieb über das »Manas«: »Ein Epos ist eine poetische Widerspiegelung des ganzen Lebens und aller Bestrebungen des Volkes.« Und er spezifizierte: »Der Kirgise schätzt in seinen Liedern nicht irgendeine wunderschöne oder grausame Märchenwelt, sondern er besingt in ihnen sein eigenes Leben, seine eigenen Gefühle und Strebungen, jene Ideale, die einem jeden Menschenwesen inne sind. Die Zuhörer genießen in diesen Liedern nicht das Mächtige

---

[6] »Türkoloji tarihinde Wilhelm Radloff devri. Hayati, ilmî kişiligi, eserleri«, Ankara 1991
[7] Zitiert nach Abdülkadir Inan, 1972

und das Übernatürliche, sondern das Natürliche und real Existierende.« Auch das »Manas«, dessen Entstehung in Kirgisien ziemlich willkürlich auf das Jahr 995 festgelegt wurde, damit man im Jahre 1995 eine Tausendjahrfeier begehen konnte, ist heute ein Werk, in dem auch Islamisches vorkommt; man geht jedoch kaum fehl, wenn man annimmt, dass dies nur ein dünner Firnis ist, unter dem sich das – von Radloff so charakterisierte – reale und handfeste Leben der Steppennomaden aus dem Altai verbirgt. Und kein Geringerer als Tschingis Aitmatow, der größte zeitgenössische Schriftsteller Kirgisiens, bemerkt: »Das Manas-Epos ist die Höhe des geistigen Reichtums des kirgisischen Volkes.« Aitmatow lässt keinen Zweifel daran, dass die Epik dieses uralten Werkes auch auf sein Schreiben Einfluss ausgeübt hat. Auch Tschingis Aitmatow ist im besten Sinne volksnah, das heißt wirklich »dem Volk nahe«, besonders in seinen Mythen und Sagen, seinem Aberglauben, seinen Leiden, Kämpfen und Sehnsüchten, die er ebenso literarisch gestaltet wie das Leben der Kirgisen mit der Natur.

Am Leitfaden der Geschichte des Helden und Herrschers Manas erfährt der Leser und Hörer, wenn auch durch die Legende hindurchgegangen, vieles über das wechselhafte Schicksal des Kirgisenvolkes. Dessen Wanderung ist ebenso signifikant und wichtig für das Selbstverständnis wie im Falle der Oghuzen. Die Kirgisen – wie auch die Kasachen, die ihnen stammverwandt sind – bewegten sich von der Urheimat der Türken im Raum des Altaigebirges und des Hochlandes von Pamir weg nach Westen, zuerst zum Fluss Jenissei, dann in die Hochebene von Talas und zum See Issyk Kul, die beide noch heute so etwas sind wie das geografische Herz Kirgisiens. Hier entstand auch das Zentrum Tokmak, die frühere Hauptstadt aus der Epoche vor dem Einbruch der Moderne. Manas führte sein Volk nach der Zerstreuung durch feindliche Khane dorthin, sozusagen in das »Gelobte Land«. Zum historischen Hintergrund dieser Wanderungen gehört aber vor allem, dass türkische Stämme dem Druck der mongolischen Kara Kitai und Kalmücken aus dem Osten auswichen, jedenfalls wenn es klüger und aussichtsreicher war, ihnen nicht mit der Waffe entgegenzutreten. Dies taten die Helden, die Dschigiten, natürlich auch, wovon das »Manas« gebührend zeugt. Doch macht das Wandern der zentralasiatischen Nomaden auch ohne diesen Druck geradezu die immer wiederkehrende geschichtliche Konstante der nomadisierenden Völker in dieser Region der Erde aus. Man kann die gesamte Geschichte Zentralasiens als unausgesetzte – freiwillige oder durch Krieg erzwungene – Wanderung darstellen. Für die Zukunft sowohl der Kirgisen als auch der Kasachen, die nach dem Zusammenbruch der Sowjetunion überraschend zu einer nationalen Eigenstaatlichkeit gefunden haben, bildet das »Manas« weitaus stärker die Grundlage für die Bildung der nationalen Identität als der Islam, denn im Unterschied etwa zu Usbekistan, einem Hort islamischer Hochkultur, war der gelehrte Islam unter Kaschen wie Kirgisen immer vergleichsweise schwach entwickelt. Die letzten Ails (Dörfer) wurden erst im 19. Jahrhundert zum Islam bekehrt. Im »Manas« sind denn auch islamische Elemente mit dem ursprünglichen Schamanismus der türkischen Völker vermischt. Ein besonders eindringliches Beispiel dafür sind die zahlreichen Träume, von denen »Manas« und die anderen Helden, vor allem auch die Frauen, zu berichten wissen und die von den Schamanen – in islamischem Gewand: den Derwischen – ausgelegt werden.

Angesichts des Umfanges dieses Riesenwerks ist kaum anzunehmen, dass das »Manas« auf einen oder zwei Volksbarden zurückgeht, sondern es dürfte in des Wortes wahrster Bedeutung ein Jahrhundertwerk sein, das heißt eine Volksdichtung, an der die Jahrhunderte mitgewirkt haben. Gewiss ist der Verlauf der Handlung – Leben und Taten des Manas und seines Clans – aus einem Guss, doch Ergänzungen und Ausschmückungen späterer Zeiten haben die Dichtung zu ihrem enormen Umfang anschwellen lassen. Das ist angesichts der spontanen Fabulierlust, von der viele Volkstraditionen der Sprache und Literatur leben, auch nicht verwunderlich.

Es gibt mittlerweile geraffte Fassungen des »Manas«, die den Hauptgehalt bewahren, einen Einblick in sein Wesen geben und dennoch vom Ausmaß her zu bewältigen sind. In der Türkei hat Abdülkadir Inan (1889–1976) im Jahre 1972 eine gekürzte Version in modernem Türkisch vorgelegt, und zwar im Rahmen der Publikationen des Ministeriums für Kultur und Tourismus. Diese Reihe war auf insgesamt tausend sozusagen klassische Werke der türkischen Literatur angelegt. Inans Fassung gliedert die fünf Teile des Epos in sieben Kapitel. Er beginnt mit einer kurzen Schilderung des Raubzuges des kalmückischen Khans Alevke gegen die Kirgisen. Es folgt die Geburt des Manas, der angesichts der Einleitung, in der die Gefahr für die Kirgisen ausgemalt wird, schon alle Zeichen des künftigen Retters erkennen lässt. Es schließen sich an: die Kämpfe Sooruk Khans gegen die Kirgisen; der Besuch und Aufenthalt Almambets bei Er Gökçe, dem Führer der Kiptschaken; die Ankunft Almambets bei Manas, der so etwa wie dessen Blutsbruder wird; letzte Kämpfe der Recken. Die Erzählung schließt mit dem Tod des Manas.

In diesem Heldengedicht wimmelt es, neben Manas, nur so von Dschigiten, das heißt Kämpfern, die natürlich auch die alten türkischen Titel tragen, die man für Helden im Repertoire hat: *alp, er, kahraman, bahadir, yigit* etc. Die Frauengestalten treten als Mütter und zu Verheiratende auf, doch insgesamt – ähnlich wie im »Dede Korkut« – mehr als Gefährtinnen der Männer und Recken denn als ihre inferioren Anhängsel. Sie handeln bisweilen auch auf eigene Faust. Dies entspricht der Tradition der Nomadenvölker, die sich auch unter der Herrschaft des Islams oft noch erhalten hat. Man versteht, warum nicht nur Nationalisten und Panturanisten, sondern auch Modernisten aller Art häufig auf dieses etwas andere Frauenbild zurückgreifen wollen, als es die islamische Sitte bietet.

Hier in kurzen Worten und großen Zügen der Gang der Handlung:

Manas ist der Sohn des lange kinderlosen Kirgisenfürsten Dshakyp Khan (Yakup), der nach der Niederlage gegen die Kalmücken im Altai lebt. Da hat er einen Traum, den die Weisen des Stammes so deuten, dass er einen Sohn und den Helden der Kirgisen bekommen werde. Dessen künftige Mutter Tschyjyrdy isst vor der Geburt das Herz eines Tigers, was auf die Stärke und Unbesiegbarkeit des Helden hinweist. Dann wird Manas in der Jurte geboren. Als Wunder empfinden die Kirgisen, dass er in beiden Händen Blutklumpen hält. Dshakyp befindet sich bei den Herden, als er die Nachricht von der Geburt erfährt. Er lässt einen *toj* abhalten, ein Gelage, um die Geburt des Sohnes zu feiern. Bei diesem Fest wird geschmaust und getrunken, Reiterspiele und Ringkämpfe finden statt. Ein Derwisch gibt dem Neugeborenen den Namen Manas. Manas wächst zu einem kräftigen jungen Kämpfer heran. Als die Kalmücken die Herden der Kirgisen rauben, setzt er ihnen im Namen seines Vaters nach und besiegt sie. Die Herden bringt er zurück. Das Ziel Neskars, des Khans der Kalmücken, Manas zu töten, bevor er ihm gefährlich werden kann, ist kläglich gescheitert. Manas tötet den Fürsten der Kalmücken. Freilich ist die Gefahr noch nicht beseitigt, denn die Kara Kitai und die Chinesen aus Beidshin, werden immer aggressiver. Auf einem Kuriltay wird Manas von den vierzig Tschoros zum Khan sämtlicher Kirgisenstämme gewählt. Er gewinnt Kanikey zur Frau und Almambet zum Milchbruder. Beide sind dem Manas im Grunde ebenbürtig, Kanikey ist eine stolze, freiheitsliebende Kirgisin, Almambet so gut wie ein Zwilling des Manas, der ihm in absoluter Treue zur Seite stehen wird. Man jagt und kämpft zusammen, man begegnet einem Riesen und einem einäugigen Wesen (wieder eine Ähnlichkeit mit dem »Dede Korkut«), man ordnet das Leben der Kirgisen und führt sie zu Wohlstand, bis es schließlich zur Schlacht mit den Kitai kommt. Nach wechselnden Hin und Her des Kriegsglücks siegen die Kirgisen, weil ihnen Almambet in letzter Minute auf seinem edlen Ross geschwind zu Hilfe eilt. Manas wird zum Retter des Kirgisenvolkes, ist aber verwundet. Er stirbt an dieser Wunde und legt das künftige Geschick der Kirgisen in die Hände seines Sohnes, der erst ein Jahr alt ist: Semetey. Seine Gemahlin errichtet ein Mausoleum für Manas, das die Kirgisen bei Talas verehren. Der Sohn wird ein Held wie sein Vater und gibt die Heldenkraft wiederum an seinen Sohn weiter. So wirkt sie im Volk der Kirgisen bis heute.

Natürlich kursieren auch in Kirgisien selbst Kurzfassungen des »Manas«. Ich selbst besitze ein Exemplar, das die wichtigsten Stationen diese Heldenlebens mit Holzschnitten und Gemälden illustriert. Der beigefügte kurze Text ist darin nur Erläuterung des Hintergrunds für die jeweilige Darstellung. Der Band erschien zur sogenannten Tausendjahrfeier des Epos im Jahre 1995, aus deren Anlass auch ein wissenschaftliches Symposion über das »Manas« in Kirgisien selbst stattfand. Die Illustrationen stammen von dem Maler Theodor Herzen, einem Russlanddeutschen, der sich ganz als Kirgise fühlt und sich, zusammen mit seiner Frau, einer Russin, dem kirgisischen Erbe künstlerisch verpflichtet hatte. Beide lebten in Bischkek, als ich sie traf, und wurden von den Kirgisen mit allergrößter Hochachtung behandelt.

Niemand kann heute die einsamen Hochebenen Kirgistans durchstreifen, niemand in den Jurten einkehren, niemand an den Ufern des Issyk Kul, des »warmen Gewässers«, entlangwandern, ohne an Manas zu denken, eine Gestalt der Literatur, welche die Türken des Ostens allerdings zu ihrem Stammvater überhaupt gemacht haben.

Der Zauberer mit den alten Wörtern
Über Mahmud aus Kaschgar

In Kaschgar bin ich niemals gewesen. Doch der Name der geheimnisvollen Stadt verfolgt mich seit meiner Kindheit, seitdem ich Sven Hedin und Wilhelm Filchner las, später dann Sir Aurel Stein und Albert von le Coq. Es ist ein magischer Name, der Träume von fernen und gefährlichen Abenteuern weckt. Als es die klassische Seidenstraße noch gab, über die der größte Teil des transkontinentalen Handels abgewickelt wurde, war Kaschgar ein wichtiger Knotenpunkt auf dem Weg nach Osten wie nach Westen. Wenn die Karawanen nach Osten ziehen wollten, machten sie in Kaschgar halt, um zu entscheiden, welchen Weg sie von dort an einschlagen wollten, den südlichen oder nördlichen; denn es galt, die schreckliche Wüste Takla Makan zu umgehen, den sanderfüllten, abflusslosen »Ort ohne Wiederkehr« – so lautet nämlich der türkische Name dieser Wüstenei. Im Süden verlief die Route über Chotan, im Norden über Urumtschi und die türkisch geprägten Turfan-Oasen hinein nach China. Vor tausend Jahren hatten dort die türkischen Uiguren ein machtvolles Reich gegründet, dessen Kultur bald erblühte, und zwar so sehr, dass selbst nach seinem Fall die Uiguren noch eine Zeit lang als Gelehrte und Schreiber bei Hofe dienten, obschon anderen Herren. Immer war dieses Gebiet auch ein Zankapfel zwischen den türkischen Völkern, ihren mongolischen Vettern und dem Reich der Mitte, das sich am Ende durchsetzte.

Heute befindet man sich auch in Kaschgar schon in China. Zum Leidwesen der dort lebenden Uiguren, die das Osttürkische sprechen und häufig noch mit arabischen Buchstaben schreiben, und sich von den übermächtigen Han-Chinesen stark unter kulturellen Druck gesetzt sehen. Die politischen Verhältnisse sind nicht einfach dort, manches ist mit der Lage in Tibet zu vergleichen. Von Kaschgar aus, einer Stadt des Islams nach wie vor, mit Moscheen und Basaren, die freilich, wie man hört, zunehmend von sozialistischen Blockbauten umstellt werden, widerstehen die Osttürken auf ihre Weise dem chinesischen Imperialismus und der kulturell-sprachlichen Hegemonie Pekings. Gelegentlich kommt es zu Gewalttaten, und auch nur dann interessieren sich die internationale Presse und die sogenannte Weltöffentlichkeit für diese abgelegene Region, die man früher einmal Ostturkestan nannte. Durch den Zusammenbruch der kommunistischen Sowjetunion, die zur Unabhängigkeit der Völker Westturkestans geführt hat, sind auch die Uiguren in gewisser Weise wieder beflügelt worden in ihrem Streben nach Eigenständigkeit, mindestens aber nach Selbstbehauptung in einem alles dominierenden Staatsverband. Wie gut die Chancen dafür stehen, ist schwer einzuschätzen. Aber die Han-Chinesen erscheinen schon rein zahlenmäßig übermächtig. Ein Modus Vivendi muss auf Dauer gefunden werden, wenn die türkische Bevölkerung Singkiangs überleben will. In letzter Zeit hat sich ein in Amerika residierenden Weltkongress der Uiguren etabliert mit dem Ziel, auf die politische und kulturelle Unterdrückung der Menschen zwischen Kaschgar und Urumtschi aufmerksam zu machen. Dessen Vorsitzende, die Uigurin Rebiya Kadeer, hat in ihren Memoiren »Die Himmelsstürmerin«[8] beredtes Zeugnis von der schwierigen Lage dieser Osttürken gegeben.

Für die Türken überall in der Welt, für ihre Sprachen und Literaturen ist Kaschgar schon deshalb von überragender Bedeutung, weil von dort ein Mann kam, ohne dessen Wirken es eine türkische Literatursprache (oder -sprachen) und eine türkische Hochliteratur wahrscheinlich gar nicht gegeben hätte: Mahmud aus Kaschgar oder, wie die Türken ihn nennen, Kaşgarli Mahmut. Ohne ihn gäbe es wohl auch keine wissenschaftliche Beschäftigung mit den türkischen Sprachen und Dialekten, unter den Türken selbst so wenig wie unter den Nichttürken, die dieses Metier betreiben, den Turkologen. Insofern ist Mahmud aus Kaschgar auch der Stammvater der gesamten Turkologie, das heißt die systematische Beschäftigung mit Sprachen und Sitten der Turkvölker, zu deren Spezialgebieten neben der Lexikografie und Grammatik natürlich auch die Literatur in den türkischen Sprachen und insbesondere den Dialekten zählt. Deren Zahl ist beträchtlich.

Die Lebenszeit und das Wirken von Mahmud aus Kaschgar führen wieder zurück in die Epoche der uns schon bekannten Karachanidendynastie, die in Balasagun und eben in Kaschgar ihre wichtigsten kulturellen und politischen Zentren hatte. Die exakten Lebensdaten dieses Forschers und Autors sind unbekannt, doch war er ein Zeitgenosse des Yusuf Has Hacib, mit dessen Person und Werk wir schon Bekanntschaft geschlossen haben. Sein Vater hieß Hussein, denn er nennt sich Mahmud Ibn-i Hüseyin, und er stammte wahrscheinlich sogar aus der Familie der Dynastie selbst. Fest steht, dass er sein grundlegendes und umfangreiches Werk im Jahre 1072 in Bagdad,

[8] München 2007

der Hauptstadt des abbasidischen Kalifats, zu schreiben begann und es zwei oder drei Jahre später dem zu jener Zeit herrschenden abbasidischen Kalifen al-Muqtadi Bi'llah vorlegte. Sein Titel ist bereits Programm: »Divanü Lugât it-Türk«, das heißt: »Sammlung der türkischen Sprachen« (und Dialekte, könnten wir hinzufügen), eine erste umfassende Enzyklopädie der türkischen Sprache und ihrer linguistischen Vielfalt gewissermaßen.

Mahmud verfasste dieses Werk in einem Augenblick, da die Türken zwar immer mehr Macht im Islam zu erhalten begannen, aber gerade dadurch auch immer stärker unter den Druck der beiden übermächtigen Kultursprachen Arabisch und Persisch und ihrer kulturellen Ausprägungen gerieten: das Arabische war und ist die Lingua sacra der Religion und Theologie, deshalb für jeden Muslim unentbehrlich, und das Persische galt als die höfische Sprache und mehr und mehr auch als die Sprache der hohen Poesie, seitdem sie unter der Dynastie der kunstsinnigen Samaniden von Buchara im 10. Jahrhundert, unter Dichtem wie Rudaki, ihre Wiederauferstehung erlebt hatte.

Mahmud aus Kaschgar konnte nicht wissen, wie sich die Entwicklung der türkischen Sprache in künftigen Jahrhunderten gestalten würde, deshalb müssen gerade die modernen Sprachreformer und Veränderer des Türkischen ihm auf ewig dankbar sein, konnten sie doch zu Beginn des 20. Jahrhunderts an sein überliefertes Sprachmaterial von vor annähernd tausend Jahren sinnvoll anknüpfen. Es ist denn auch kein Zufall, dass das Werk seit 1908, vor allem aber seit 1915 / 18 immer mehr in den Blick der nationalen Reformer und Modernisierer geriet und die Türkische Sprachgesellschaft (Türk Dil Kurumu) es zwischen 1939 und 1943 in fünf Bänden publizierte, unter der Federführung von Besim Atalay. Danach kam es immer wieder zu Neuauflagen, die das Interesse der Sprachforscher auf sich zogen. Es ist außerhalb der Türkei immer noch fast unbekannt, in welchem Ausmaß das moderne Türkisch heute Resultat gewaltiger kulturrevolutionärer Eingriffe vor allem in den dreißiger und vierziger Jahren des vorigen Jahrhunderts geworden ist – ein Prozess, der für die Literatur natürlich ebenfalls von ungeheurer Bedeutung war und bis heute andauert.

Mahmud aus Kaschgar zeigt in gewisser Weise ungewollt etwas Einmaliges: dass es Fortschritte – hier auf dem Gebiet der Sprache – geben kann, wenn man tief in den Brunnen der Vergangenheit hinabsteigt. Denn die Sprachreformer des vorigen Jahrhunderts griffen oft auf sein Werk zurück, wenn es galt, echt türkisches (öz

Türkçe) Wortgut zu entdecken, das man an die Stelle der aus dem Arabischen und Persischen stammenden Wörter des in Jahrhunderten danach entstandenen, geschliffenen, gebildeten Osmanisch setzen konnte. Freilich intensivierten die Sprachreformer dabei auch manche Anstrengungen, die schon gegen Ende des 19. Jahrhunderts unternommen worden waren. Das »beredte Türkisch« (fasih Türkçe) oder Hochosmanisch enthielt, wie bekannt ist, bis zu fünfundsiebzig Prozent nichttürkische Wörter, eine Folge der vollkommenen Einbettung der Türken in die islamische Schriftkultur und später natürlich ein Resultat und Erfordernis der politischen und kulturellen Führung dieser Kultur durch die Osmanen. Die Türkische Sprachgesellschaft »bediente« sich während des Aufbaus der jungen Türkischen Republik, sofern sie nicht Neologismen schuf, bei den anderen Türksprachen, und natürlich beim Alttürkischen und seinen verschiedenen Ausformungen, in jener Sprachform, die Mahmud mit seinem *divan* übermittelte.

Als Mahmud von Kaschgar sein Werk schrieb, bildete die türkische Welt bereits einen Kosmos für sich. Geografisch erstreckte sie sich von der Region der Wolga (Itil) im Westen, wo die türkischen Wolga-Bolgaren siedelten, bis zu den Siedlungsgebieten der Mongolen im Osten. Im Süden waren vor allem die oghuzischen Stämme aus Transkaspien ins Wandern geraten und hatten sich in der Welt des Islams niedergelassen, wo sie die Religion Mohammeds und deren Schriftkultur annahmen. Natürlich ist auch der »Divan Lugât it-Türk« in arabischen Zeichen und in den erläuternden Texten auf Arabisch verfasst. Es ging ihm, wie Mahmud selbst schreibt, unter anderem auch darum, den Arabern die türkische »Sprache und Gewohnheit« nahezubringen. Er zitiert Sprichwörter (atasözler), bekannte Verse und Doppelverse (koşuk) aus überlieferten sprachlichen Traditionen der zentralasiatischen Türken.

Als Mahmud in Bagdad zu schreiben begann, hatte gerade der türkisch-seldschukische Sultan Alparslan im Osten Anatoliens bei Malazgird (Mantzikert) die Byzantiner besiegt (1071). Die türkischen Stämme begannen ihren militärischen wie politischen Siegeszug auch im westlichen Teil des *dar al-islam,* der über so mächtige Reiche wie diejenigen der Seldschuken und Mamelucken schließlich in die über sechshundert Jahre währende Herrschaft des Osmanenreiches mündete.

Mit dem Sprachgut transportierte der Autor auch Sitten und Gebräuche der Türken in ihren Siedlungsgebieten. Der Diwan Mahmuds ist deshalb auch nützlich für die Ethnografie und andere Wissensgebiete der Turkologie. Zwar dürfen wir Mahmud aus Kaschgar gewiss nicht als den ersten Turkologen im modernen Sinne bezeichnen, doch ihr Urahn, dem diese Wissenschaftler alle Dank schulden, ist er allemal. Und gerade heute, da man in der Türkei den Versuch unternimmt, ein für alle Turkvölker in irgendeiner Weise verständliches Idiom herauszuarbeiten, dürfte dem Mann aus Kaschgar wieder neue Bedeutung zukommen. Inwieweit ein solches Unternehme Erfolg verspricht, darüber kann trefflich gestritten werden.

Nichttürkische Turkologen mag dies weniger interessieren, da sie nicht existenziell davon betroffen sind und der Zugang ihrer Wissenschaft zu den türkischen Quellen ursprünglich ein anderer war. Europäische Gelehrte hatten das Osmanische Reich, nicht Mittelasien als den Inbegriff türkischer Macht und Kulturentfaltung vor Augen, sodass ihre Beschäftigung mit allem Türkischen dort, also zunächst gerade nicht in Mittelasien ansetzte; erst später widmeten sich die europäischen Turkologen auch den Türken Mittelasiens und Sibiriens, wobei russische oder deutsch-russische Gelehrte wie der uns nun schon vertraute Wilhelm Radloff oder auch Wilhelm Barthold (1869–1930) mit seinem Standardwerk »Turkestan Down to the Mogol Invasion« eine wichtige Rolle spielten.

Mehr noch als der fast allen bekannte Joseph von Hammer-Purgstall, ein Zeitgenosse Goethes, der sich um osmanische Geschichte und Dichtung verdient machte, kann der Franzose François de Mesgnien-Meninski (1623–1698) als eigentlicher Begründer der europäischen Turkologie gelten, da er die erste gründliche Grammatik des Osmanischen mit europäischen, lateinischen Äquivalenten publizierte. Ein etwas späterer Zeitgenosse Meninskis, dessen Wirken für die Erschließung der türkischen Kultur existenziell gewesen ist, war Dimitrie Cantemir (1673–1723), Hospodar der Moldau und Bessarabiens, der als Jugendlicher als Geisel an den Sultanshof zu Istanbul / Konstantinopel kam[9] und dort die türkische Sprache perfekt erlernte. Nach seiner Rückkehr in die Heimat widmete er sich türkischen historischen Studien, schrieb über osmanische Geschichte und über die Charaktere und Taten der jeweiligen Sultane. Herausragender noch ist jedoch seine Bedeutung als Sammler und Überlieferer türkischer Musik, und zwar der Militärmusik ebenso wie der Kunstmusik, die unter einem Mevlevi-Komponisten wie Itri ihren Höhepunkt erreichte. Wir werden davon noch hören.

[9] Ein zu dieser Zeit relativ häufiges Schicksal.

Im 19. Jahrhundert entwickelte sich die Turkologie, analog zu den anderen Philologien, endgültig zur strengen Wissenschaft, für die Namen wie Hermann Vámbery, Vilem Thomsen oder Matthias Alexander Castrén genannt sein mögen, im 20. Jahrhundert dann W. Bang-Kaup und Nicholas Poppe.

Es ist hier nicht der Ort, eine kleine Geschichte der Turkologie zu liefern. Doch sollen wenigstens einige türkische Namen dieser Wissenschaft hier erwähnt werden, späte Nachfolger des Mahmud aus Kaschgar, ohne deren wissenschaftliche Tätigkeit auch die türkische Literatur anders aussähe und auch anders eingeschätzt werden müsste. Zu einem wichtigen Zentrum turkologischer Forschung entwickelte sich im 19. Jahrhundert die Universität von Kazan, an der Wolga, wo einheimische Gelehrte wie Şehabettin Mercani oder Kayyum Nasiri wirkten. In der Türkei selbst waren es Mehmet Fuad Köprülü (1890–1966), vielleicht der bekannteste von ihnen, der in seiner »Türk Edebiyati Tarihi« der alten türkischen Literatur breiten Raum einräumte. Köprülü hat auch über den zentralasiatischen mystischen Dichter Ahmet Yesevi gearbeitet oder über die anatolische Volksmystik eines Yunus Emre im 14. Jahrhundert[10], die ohne Beziehungen zu den mittelasiatischen Sufis kaum vorstellbar ist. Noch heute werden geschätzt Reşid Rahmeti Arat (1900–1964), der uns schon im Zusammenhang mit der epischen Dichtung der zentralasiatischen Türken begegnet ist, wie auch Abdülkadir Inan (1889–1976), der sich insbesondere mit dem Manas-Epos beschäftigt hatte.

Sie alle – und natürlich auch ihre zahlreichen Schüler – sind fleißige Jünger Mahmuds aus dem fernen und heute kulturell so bedrohten Kaschgar gewesen, die sich seinen sprachlichen Impetus und seine schöpferische Akribie zum Vorbild genommen haben. Mahmud aus Kaschgar ist insofern tausend Jahre jung geblieben. Und auch für die Uiguren bleibt er eine der zentralen Gestalten ihrer uralten Überlieferung und Geschichte.

[10] »Türk edebiyatinda ilk mutasavviflar« – »Die ersten Sufis in der türkischen Literatur«, Istanbul 1919

Die Frühlingskasside des Ömer Nef'i
Ein Höhepunkt osmanischer Anakreontik und Panegyrik

Des osmanischen Hofdichters Ömer Nef'i Werk »Kaside-i bahariye« oder »Frühlingskasside ist zweifelsohne der Glanzpunkt jener als klassisch geltenden anakreontischen Dichtung am Sultanshof, in deren Mittelpunkt die Lebensform des *rindlik* steht, das heißt eine poetisch erfüllte und überhöhte Form des Lebensgenusses, ein türkisches Carpe Diem, das eine höhere Art des Wohlseins ausdrückt und gewiss nicht mit strengen Auslegungen des Islams konform geht. Das Poem ist, unter anderem, eine grandiose Feier des Epikuräertums, der Lebenslust. Diese Art von Dichtung, die schon etliche Generationen zuvor in dem ebenso bedeutenden Hofpoeten Mahmud Abdülbâki, genannt Bâki (gest. 1600), und anderen einen ersten Höhepunkt erreicht hatte, folgte nicht nur den persischen Vorbildern, etwa einem Hafis mit seinem in Persisch gedichteten berühmten »Sakinameh« oder »Schenkenbuch«, sondern zeugte auch von der relativen Liberalität, welche sich die Hofdichter auf dem Höhepunkt des Osmanischen Reiches in ihrer Lebensführung zueigen machen konnten, wenn auch der jeweilige Dichter nicht immer das praktizierte, was er in seinen Gedichten so glühend besang. Denn in erster Linie handelte es sich um Kunst, die bestimmte ästhetische Formen entwickelt hatte und weitertrug. Ömer Nef'i jedenfalls wurde nicht das Opfer freigeistigen Lebensgenusses und seiner Propagierung in der Poesie, sondern seiner satirischen Lästerzunge, das heißt in letzter Konsequenz der Politik. Doch davon später.

Die Kasside (qasida) gehört, zusammen mit dem Ghasel (ghazal), zu jenen beiden klassischen poetischen Grundformen, welche die Osmanen, wie alle islamisierten Völker, von den Arabern und später auch den Persern übernahmen. Schon in der altarabischen Beduinendichtung, die in die Zeit vor dem Propheten Mohammed zurückweist, war das Ghasel, ein Gedicht von nur wenigen Doppelversen, meistens der (unglücklichen, tragischen) Liebe gewidmet, während die Kasside in oft ausufernder Länge sich anderen Themen widmete, dem Lobpreis des Stammes, des Scheichs oder, später, des Herrschers. Die Kasside, das Zweckgedicht, wurde die typische Gedichtform für die im islamischen Orient allseits verbreitete Panegyrik, mit der die Poeten, sofern sie nicht ohnehin ein Staatsamt innehatten, ihren Lebensunterhalt bestreiten mussten, nicht im Osmanischen Reich allein, sondern auch in Persien, dessen Dichterkönige spätestens seit dem

15. Jahrhundert auch für die Türken zu Vorbildern wurden. Und eine Panegyrik, ein Lobgedicht auf den osmanischen Sultan und Kalifen, ist denn auch die Frühlingskasside des Ömer Nef'i. Sie ist freilich in ein poetisches Gewand eingehüllt, welches das zunächst nicht vermuten lässt. Das lange Gedicht wurde so berühmt, dass osmanische Komponisten (bestekar), es vertont haben. Man hört es noch heute gesungen in Funk und Fernsehen oder auf der Bühne.

Dieses einschmeichelnde Werk lässt kaum ahnen, welch bewegtes Leben der Dichter hatte, und vor allem, welch trauriges und grausames Ende er fand.

Ömer Nef'is genaues Geburtsdatum ist unbekannt. Die einschlägigen Lexika (etwa »Necatigil«, »Özkirimli«) geben meistens das Jahr 1572 an. Fest steht nur das Todesdatum des Dichters: Er wurde am 27. Januar des Jahres 1635 hingerichtet. Ömer Nef'i stammte aus der Stadt Erzurum in Ostanatolien, wo er die theologische Laufbahn einschlug. Er wurde ein ranghoher Religionsgelehrter und Höfling, bei dem sich schon früh die dichterische Begabung zeigte. Wer in der höfischen Poesie (divan edebiyati) reüssieren wollte, musste den persisch-arabischen Wortschatz, die nach Längen und Kürzen ausgerichtete Prosodie des Aruz, die Versmaße wie Redschez oder Remel oder Mutaqarib sowie die Metaphern und vertrackten Sprachspiele und Bilder der arabischen und persischen Vorbilder und ihrer Poetiken vollkommen beherrschen. Erst dann konnte er zum Meister und Dichterkönig (melik üş-şüara) werden. Nef'i wurde es im Laufe der Zeit und errang überragendes Ansehen.

Im Jahre 1602, als Ahmet I. den Kalifenthron bestieg, kam der Dichter nach Konstantinopel / Istanbul. Als religiöser Verwaltungsbeamter, zuerst in Edirne als Vorsteher der religiösen Stiftung an der Muradiye, dann als Oberaufseher jener Steuerbehörde, welche die Kopfsteuer von den Nichtmuslimen erhob, fand er Zeit genug, seiner Dichtkunst zu frönen. Drei Anthologien, die man Diwan nennt, sind von Ömer Nef'i überliefert, eine in türkischer Sprache, eine in Persisch und schließlich eine Sammlung jener Gedichte, die ihm besonders lagen, aber auch zum Verhängnis wurden. Sie trägt den Titel »Siham-i kada« – etwa: Schicksalspfeile oder auch Lästerpfeile. Es sind spitze satirische Gedichte auf das Hofleben und auf Höflinge, auf Heuchelei und Machtmissbrauch. Selbst die Person des Sultans wird, wenn auch hier und da versteckt, nicht ganz ausgespart. Denn Ömer Nef'i war nicht nur ein begnadeter Panegyriker – der beste, wie die Türken bis heute sagen –, sondern auch ein bissiger Satiriker, dessen Lästerzunge gefürchtet war und ihm mancherlei Ermahnungen und Ultimaten durch den Sultan selbst eintrug. Er muss der geborene Satiriker gewesen sein, denn er konnte sich offenbar nicht zusammennehmen, wenn ihn sein Drang zum Spott übermannte. Dabei hatte er den Padischah und Großherren höchstpersönlich zum Gönner, jenen Murad IV., der als einer der letzten Sultane als großer Kriegsherr hervortrat und den Persern endgültig die Herrschaft über Bagdad und das Zweistromland, Mesopotamien, entriss.

Diesem Herrscher ist denn auch die »Frühlingskasside« gewidmet. In ihren Versen sind Panegyrik und Anakreontik auf gekonnte Weise vermischt. Im langen Aufgesang des Gedichtes erzeugt Nef'i eine betörende Frühlingsstimmung, eine verfeinerte Lebenslust, die sogar sein Vorbild Bâki noch übertrifft. Beim lauten Lesen dieser Verse im Versmaß Redschez, lang-lang-kurz-lang, wird man nicht allein in den verlockenden Rhythmus dieser Zeilen hineingeworfen, sondern glaubt auch, den warmen und freundlichen Frühlingsmorgen körperlich zu spüren. Im allgemeinen kommen Natur und Naturerlebnis in der osmanischen Dichtung nur in Form einer künstlichen Natur vor, künstlich im Sinne von Gartenkunst, modellierter Natur als Ausdruck imperialen und höfischen Ordnungssinnes. Das Naturverständnis und Naturgefühl der europäischen Romantik, der poetische Subjektivismus gar sind unbekannt. Doch bei Nef'i vermeint man so etwas wie ein emotionales Herangehen an die erwachende Natur zu verspüren, das sich von bloßer Künstlichkeit unterscheidet. Der gesamte Aufgesang ist diesem sinnlichen Einfühlen in die Natur und der daraus folgenden Hochstimmung, einer gewissermaßen ätherischen Trunkenheit gewidmet, die auch den Genuss des Alkohols, des Weines (mey), umschließt, dazu Musik und Liebe. Dies alles waren (und sind) Greuel in den Augen orthodoxer oder orthopraktischer Hüter von Gesetz und Moral. Der Dichter war selbst Theologe, doch ist es ein offenes Geheimnis, dass in der osmanischen Türkei – die von der hanafitischen Rechtsschule geprägt war – manches etwas lockerer gesehen wurde als anderswo, vor allem natürlich bei Hof. Hinzu kommt freilich eine Doppeldeutigkeit, die den Reiz dieser Dichtung zusätzlich erhöht; denn der Leser oder Hörer kann auch im Unklaren bleiben, ob hier etwas Wirkliches oder doch nur Künstliches dargestellt wird. Die Weinmetaphern sind, wie auch die Liebesmetaphern, sinnlich-konkret und übersinnlich-mystisch deutbar. Dies gilt schon für die persischen Vorbilder, wie etwa bei dem berühmten Hafis. Am Hofe las man freilich auch manches anders, gehörte insbesondere der Verstoß gegen das Alkoholverbot des Islams zum Alltag vieler Herrscher, nicht allein der Osmanen, sondern auch der Safawiden oder der indischen Moguln. So konnte man den »Wein« als Metapher, aber auch realistisch interpretieren.

Wir lesen zunächst den Aufgesang:

Esti nesim-i nevbahar	Es wehte sanft die Frühlingsbrise,
Açildi güller subh-i dem	Am Morgen erblühten Rosen,
Açsün bizim de gönlümüz	So möge unser Herz sich öffnen,
Meded saki sun cam-i Cem	Erbarmen, Schenke, kredenze den Weltenbecher!

Der Wonnemonat ist wieder gekommen,
Die Luft – ein einziger Duft nach Ambrosia,
Eine Paradieseswelt im Paradies,
Jeder Winkel ein einziger Garten Eden.
Die Zeit der Rose ist die rechte Lebenszeit,
Der rechte Augenblick für Lust und Wonne,
Der Liebenden festlichster Tag
Ist diese glückverheißende Jahreszeit.
Aufs Neue sollen die Becher kreisen,
Leer seien die Schänken, die sonst übervoll,
Tanzen sollen die vom Weine Trunkenen,
Während die Musikanten ihre Weisen spielen.
Zu jener Zeit, da am Morgen wie am Abend
Das Weinhaus den Garten beneiden muss,
Ist selbst der Hüter der Kaaba entschuldigt,
Wenn er trunken ist und einen Liebsten herzt.
Was sollen da erst die Mittellosen machen,
Die Landstreicher und die Leichtfuß-Brüder?
Wenn die schönen Knaben die Pokale reichen,
Ist's eine Schande, nicht zu trinken.
Wenn der Geliebte da ist und der Becher Dschems,
Wenn so der Augenblick des Lachens gekommen ist,
Gehört zu den Weisen und Wissenden,
Wer ohne Reue und mit Lust genießt.
Den Genuss macht jener Freigeist erst vollkommen,
Der trunken ist und freudig erregt,
In einer Hand den Becher, gleich der Tulipan,
In der anderen des Geliebten Ringellocke.
Sei großzügig, Schenke, ziere dich nicht,
Reiche uns den Wein, denn es bleibt nicht so.
Gefüllt seien Krug und Becher allezeit,
Auch der Pokal bleib' niemals leer.

Jeder neu aufgeblühte Rosenzweig
Hält ja das Weinglas in der Hand,
Sei gütig, öffne auch du dich und lache,
Du Zypressengleicher mit dem Rosenmund.
Sei nicht so heikel, gib nur immer her,
Lass den Becher kreisen und gräme dich nicht.
Dem Gesetz des ständigen Kreislaufs in der Natur
Gehorch auch du, und zwar immerzu.
Der Wein ist Prüfstein der Liebenden,
Aufruhr des Herzens, Labsal der Seele,
Das Kapital des alten Magiers,
Die Zier des Gastmahls mit dem Götzen
Der Wein ist's, der den Geist recht leitet,
Der das Herz der Liebenden froh macht,
Zerstörerisch wie ein Sturzbach und Wasserfall
Fegt er den Staub der Trauer aus den Herzen.
Einem reißenden Feuerbrand gleicht der Wein,
Einer Tulpe in einem Becher aus Glas
Oder einer taubenetzten Rosenknospe,
Die im morgendlichen Zephyrhauch erblüht.
Erbarmen, Schenke, reich uns den Wein,
Den Becher Dschems und Keichosraus,
Kredenze einen auf den andern folgend,
Damit die Trauer aus den Herzen schwindet.
Freisinnig Liebende sind wir,
Doch Gefangene des Weins sind wir,
Leichtlebig und verliebt sind wir,
So verweigere uns nicht die Ehre,
Ein Glas reiche uns um Gottes willen,
Einen Becher wegen dieses Mondgesichtigen …

Wir unterbrechen an dieser Stelle die Lektüre, denn nun ist ein Punkt erreicht, an dem sich der Dichter dem eigentlichen Zweck dieses »Zweckgedichtes« zu widmen beginnt, dem Panegyrus, das heißt dem Lob des Herrschers. Dieser Punkt des Umschlags, an dem der Aufgesang sein Ende erreicht, heißt – getreu den persischen poetologischen Vorbildern – Ort des Übergangs (gürizgah). Übergang eben von der Einleitung zur inhaltlichen Mitte des Gedichts. Im anakreontischen Teil spielt Ömer Nef'i mit allen poetischen Versatzstücken, welche die dichterische Tradition dem Dichter bereitstellt. Keine der verwendeten Metaphern ist im eigentlichen Sinne originell oder gar des Dichters eigene Erfindung; etwas Eigen-Schöpferisches im Sinne westlicher Dichter, gar westlicher »Original-Genies« wird aber von ihm in seiner Dichtertradition auch gar nicht erwartet. Die höfische Poesie der Osmanen ist, wie die der Perser und Araber, auf weite Strecken objektiv, sie verwendet vorgegebene poetische Elemente, die von Dichtergeneration zu Dichtergeneration weitergegeben werden. Die Subjektivität und der dichterische Rang eines Poeten entscheiden sich an der Art und Weise, wie er mit den vorgegebenen Formen und Metaphern umgeht. Die im Aufgesang gefeierte epikuräische Lebenslust (rindlik) ist ein Geschöpf der großen persischen Dichter, allen voran Mohammed Schams al Din Hafis', welche die auch von Nef'i verwendeten Bilder längst vorgeprägt haben. Der »Weltenbecher«, eigentlich Becher Dschems (cam-i Cem), entschleiert seinem Besitzer alle Geheimnisse der Welt, lässt ihn die Welt in ihren Einzelheiten erkennen und bezieht sich auf den legendären König Dschemschid. Rose und Pokal, Weinhaus und Wein, der Geliebte, der schlank wie eine Zypresse ist und in dessen Haarlocke (zülf) man sich verstrickt und verliert – das alles sind die üblichen, vertrauten Metaphern. Zu ihnen gehört auch der Götze, ein sprachliches Bild für den Geliebten, natürlich der Schenke (saki), der im Weinhaus oder im Freien den Wein kredenzt, und auch der alte Magier (pir-i mughan). Dieser Letztere kann seine Herkunft aus Persien nicht verleugnen, denn mit dem Magier ist der alte Zarathustrier gemeint, das heißt ein Nichtmuslim, der sich nicht an das Weinverbot des Islams zu halten hatte und Wein ausschenken durfte. Zu jener Zeit, da die persischen Dichterkönige ihre Werke verfassten, gab es nicht wenige Zarathustrier im Lande Iran, das islamische Recht erkannte sie als »Schutzbefohlene an wie Juden und Christen. Immer wieder kehrt bei Hafis jenes Bild wieder, wie die Trinker und Epikureer die Schenke des Zarathustriers oder auch des Christen aufsuchen, die sich in den Ruinen eines zerstörten Klosters (harabat) befindet. Das Verbotene tat man eben außerhalb der muslimischen Hemisphäre, wo es nicht auffiel; es übte da seinen besonderen Reiz aus, ist aber bei Nef'i zur reinen Metapher geworden, denn Zarathustrier und »alte Magier« gab es nicht im Osmanischen Reich.

Im Grunde ist dieses Kasside nicht übersetzbar. Jener frühlingshafte Reiz der poetischen Stimmung, die im Hörer und Leser Lebenslust stimuliert, die Assoziationen von Wärme und Milde, von Helligkeit und Sinnenbetörung erweckt, kommt nur im Original wirklich zum Ausdruck. Man muss die Frühlingskasside laut lesen, wenn man das erfassen will – oder sie als Komposition hören. Etwa jene berühmten Verse, in denen die Mittellosen und Leichtlebigen

angesprochen werden: »Ya neylesün biçareler, alüfteler avareler …«
In diesem Vers halten sich in der Buchstabenfolge Konsonanten
und Vokale, respektive Umlaute, weitgehend die Waage, was ihre
Sprachmusik zusätzlich berückender macht.

Doch nun wollen wir weiterlesen im Gedicht:

> Bis ich, um den König der Könige zu preisen,
> In die Hand nehme Tafel und Feder:
> Diese glänzende Sonne der Herrschaft,
> Dieser Held und Ritter des Reiches,
> Gastlich wie Dschem, freigebig wie Hatem,
> Gepriesen von den Völkern aller Arten,
> Auf einem Apfelschimmel der Zeit reitend,
> Der Schrecken von Rum und Sansibar,
> Vom Glück gesegnet bei der Jagd,
> Mit den Insignien Bahrams und Feriduns,
> Der Herrscher aus osmanischem Geschlecht,
> In dessen Gestalt alles enthalten ist,
> Die Frömmigkeit Omars, des Arabers,
> Doch auch die Macht von Parwiz, dem Perser,
> Der glückliche Sultan Murad,
> Der Kronen verleiht und Länder erobert,
> Sowohl Padischah als auch tapferer Held,
> Von der Pracht Dschems, günstig geboren,
> Ein Herrscher von glücklicher Geburt,
> Die Zierde der Krone wie die des Throns.
> Von starkem und unerschütterlichem Geschick,
> Dem Alexander gleich und auch dem Joseph.
> Ist er ein Schah, der die Welt ziert,
> Ein Vollmond, der die Erde schmückt,
> Ein Bahram ohne jede Furcht und Tadel,
> Oder eine Sonne voller Huld und Ehre?
> An Charakter dem Dschemschid gleich,
> Dazu dem Helden Rostam ähnlich,
> Wie Jesus auch, der Sohn Mariens,
> Herzensgut und Glück verheißend …

An dieser Stelle unterbrechen wir wieder, denn sie ist der Höhepunkt
des Panegyrus. Eine wahre Kette von Vergleichen liefert uns der
Dichter, bevor er uns – den nachgeborenen Lesern und Hörern – den
Namen dessen verrät, den er preist: Murad. Der damalige Rezipient,

der Sultan natürlich vor allem selbst, war in die poetische Prozedur eingeweiht, und Ömer Nef'i folgt auch da ganz dem persischen Vorbild, wenn man die einzelnen Epitheta, die den Herrscher zieren, betrachtet. Murad ist der »König der Könige« (schahinschah), ein Herrschertitel, den schon die altpersischen Großkönige der Achaimeniden trugen. Auch der König Dschemschid taucht wieder auf, dazu Hatem, eine Gestalt, die in frühislamischer Zeit sprichwörtlich wurde. Es ist der arabische Dichter und Ritter Hatim al Ta'i, das heißt aus dem Stamm der Ta'i, dessen Großzügigkeit und Ritterlichkeit zur Legende wurde und oftmals besungen in vielen Sprachen des Islams. Er gilt als der perfekte Araber, weil er die Tugenden der Mannhaftigkeit (muruvva), der jugendkräftigen Entschlossenheit (futuvva) und der Tapferkeit (schadscha'a) in seiner Person vereinigte.[11] Dass Sultan Murad sowohl Rum als auch Sansibar in Schrecken versetzt, bedeutet eben: die ganze Welt. Rum ist ursprünglich Griechenland-Byzanz, jetzt aber im Zeichen des Islams das Osmanische Reich, und Sansibar steht für die exotische Menschenwelt, denn es ist die Welt der Schwarzen. Zengibar, zencibar ist das Land der dunklen Menschen oder *zenc* (zandsch auf Arabisch). Murad ist jedoch auch Herr über Arabien, wofür der Name Omar steht, und Persien, das im Gedicht vertreten wird durch Parwiz, eigentlich Chosrau Parwiz, einen der größten Herrscher des sassanidischen, vorislamischen Iran. Wir können es als Andeutung sehen, dass der türkische Sultan über Ketzer herrscht, denn gerade Murad IV. führte mit den Persern Krieg um den Besitz des Iraks. Die Perser aber waren ja Schiiten und die wichtigsten Konkurrenten und Rivalen der Osmanen. Der Vergleich mit Omar ist insofern noch diffiziler und feinsinniger als er sich auf Omar Ibn al Chattab beziehen kann, einen der berühmtesten frühislamischen Feldherrn und Helden, der ein Gefährte des Propheten Mohammed war, aber auch auf den Kalifen Omar II. aus der Dynastie der Omaijaden, der als besonders fromm geschildert wird. Und natürlich dürfen auch noch andere Heroen nicht fehlen: Bahram und Rostam, die wichtigsten Protagonisten jener Heldenerzählung, die das persische »Schahname« oder »Buch der Könige« von Firdausi (gest. 1030) feiert. Den Höhepunkt bildet dann der Vergleich des Herrschers einmal mit Alexander (Iskender), den auch der islamische Orient ins Herz geschlossen hat, und zweites mit Joseph (Yusuf) und Jesus (Isa),

---

[11] Noch Goethe identifizierte sich in seinem »West-östlichen Diwan« mit der Gestalt des Liebhabers und Dichters Hatem, dem männlichen Gegenstück zu seiner »Suleika«, Marianne von Willemer.

dem Sohn der Maria. Sultan Murad, so der Gehalt des Panegyrus, ist nicht nur tapfer wie die Helden der bisherigen Geschichte, vor dem Islam wie danach, sondern auch eine Verkörperung der religiösen Tugenden, für die Jesus steht, jener Prophet des Korans, der Wunder tut. Und Joseph gilt als Abbild vollkommener Schönheit, denn in der 12. Sure des Korans, die ihm gewidmet ist, schneiden sich die Frauen in die Finger, weil sie von seiner Schönheit geblendet werden.

So erscheint der Herrscher aus dem Osmanenhaus als Inbild aller guten Eigenschaften, die ein Sultan ebenso wie ein frommer Muslim haben muss. Mit der Realität hat das, wir sagten es schon, wenig bis nichts zu tun, es ist ästhetische Gestaltung von Vorgegebenem und Erwartetem. Natürlich war dies eine Lobhudelei, die nach heutigen Maßstäben – und bisweilen auch schon den damaligen – unerträglich anmutet. Murad IV. war ein fähiger Herrscher und tüchtiger Krieger wohl einer der letzten seines Geschlechtes – aber ein Heiliger war er gewiss nicht. Keiner unter den 37 Sultanen, die das Haus der Al-i Osman hervorgebracht hat, war das. Und die Panegyrik scherte sich auch einen Teufel darum, ob der angesungene Herrscher schwach oder stark war, tugendhaft oder ein Schlingel. Die ganze Gattung des Herrscherlobs geht auf die ersten Jahrhunderte islamischer Kultur zurück, auf die Zeit der Abbasiden von Bagdad und auf die iranischen Dynastien, an deren Höfen die meisten Dichter wirkten und von denen sie lebten. Als Lohn für den Panegyrus winkten dem verfasser Zahlungen, ein Ehrenkleid und wachsendes Ansehen sowie Einfluss bei Hofe. Diese Poeten lebten von ihrem Wort-Handwerk. Bisweilen pflegten sogar die Herrscher selbst die Dichtkunst, was bei den Osmanen sogar fast die Regel war. Kaum einer der großen Sultane, der nicht unter einem Dichternamen auch Verse geschmiedet hätte – zum Teil nicht einmal schlechte.

Der epikuräische Lebensgenuss, der in dieser Ode beschworen wird, wurde in den Generationen nach Ömer Nef'i endgültig zum festen Bestandteil des höfischen Dichtens, vor allem in der sogenannten Tulpenzeit (Lâle devri) im ersten Drittel des 18. Jahrhunderts. Auch der berühmte Hofdichter Nedim, der just in jenem Jahr 1730 starb, als die Tulpenzeit zu Ende ging, gehört zu jenen, die diese Thematik poetisch beherrschten, so mit seinem berühmten Gedicht:

Meine Brust hat heute durchbohrt
Ein Jüngling, Kastagnetten spielend,
Rosenwangig und mit einem Antlitz,
Das der Sonne gleicht ...

Unter dem Sultan Ahmet III. wurde die Gartenkunst besonders gefördert, mehr und mehr verließen die Großen des Reiches auch ihre Paläste und Residenzen, um Ausflüge in die Natur zu unternehmen, natürlich nicht im Sinne unserer europäischen Romantik, sondern in der Form dieses stilisierten Lebensgenusses, der wohl auch ein Stück weit religiös geprägt war: man war auf der Suche nach mystisch inspirierter Gelassenheit und innerer Harmonie (huzur), die man in diesem Lebensstil und -umfeld zu finden hoffte. Und Poesie und Wein gingen eine Ehe ein. Bis in die erste Hälfte des vorigen Jahrhunderts hinein dauerte es, bis der Lyriker Yahya Kemal Beyatli (1884–1958), der letzte Klassizist und »Aufheber« der Diwan-Lyrik, in seinem Gedicht »Der Tod der Epikuräer« (»rindlerin ölümü«) Abschied von dieser abgehobenen, eskapistischen Geisteshaltung nahm:

Im Garten, wo das Grab des Hafis liegt, wuchs eine Rose,
Die täglich neu erblühte mit einer Farbe wie Blut.
Nachts weinte die Nachtigall, bis der Morgen anbrach,
Mit einer Weise, die das alte Schiras heraufbeschwor.

Der Tod ist sorgenloses Frühlingsland für jeden Weisen,
Jahrelang schwebt seine Seele, wie Weihrauch, umher.
Und auf seinem Grab, unter kühlen Zypressen,
Blüht eine Rose morgens, singt nachts eine Nachtigall.

Was das Gedicht Nef'is auszeichnet, ist seine poetische Qualität, die in späteren Jahrhunderten nicht mehr zu halten war und unter den letzten Osmanensultanen vollends zur bloßen poetischen Leerform und Formel herabsank, sodass die Literaten, die nach Erneuerung strebten, dagegen rebellierten und die Panegyrik schließlich aus der bedeutenden Literatur und ihrem Kanon verbannten. So steht Ömer Nef'is Frühlingskasside als ein Kunstwerk für sich und sollte auch nur so und nicht anders aufgenommen werden. Zum Schluss sei der Hinweis erlaubt, dass solcherart Dichtung durch ihren extrem artifiziellen Charakter im Keim etwas enthält, was man später in Europa unter dem Stichwort L'art pour l'art zusammenfasste. Dafür bieten aber auch, wie man an der Frühlingskasside sieht, schon osmanische Traditionen eine gewisse Grundlage. Doch der Einfluss der europäischen Dichtung, der literarischen Moderne, begann in der Endphase des Osmanischen Reiches mächtig zu werden.

Aufbruch in die Zukunft, Vorboten der Moderne

Autoren des Tanzimat

Die Moderne begann für die Türken nicht mit Mustafa Kemal Atatürk, sondern mit den Tanzimat, den Reformen im 19. Jahrhundert.
Über den Erfolg und die Wirkung dieser nur teilweise verwirk-
lichten Neuordnung können die Historiker streiten; man kann aber
kaum leugnen, dass in diesem Zeitalter, das knapp hundert Jahre vor
Atatürk begann, wichtige Veränderungen im Reich der Osmanen
stattfanden, die außerhalb der Türkei noch immer zu wenig bekannt
sind. Diese Veränderungen waren umso bemerkenswerter, als das
Reich sie unter ständigem Druck von außen bewältigen musste: Er
kam von den Briten und Franzosen, vor allem jedoch von den Russen und Habsburgern, den traditionellen Feinden der Osmanen. Die
Briten waren in ihrer Haltung gegenüber dem »kranken Mann am
Bosporus« – ein pejorativer Ausdruck, den Zar Nikolaus I. prägte –
höchst ambivalent. Unter Premierminister Gladstone kippte die von
Disraeli vertretene positivere Haltung gegenüber der ottomanischen
Türkei. Schließlich beerbten die Preußen dann das Deutsche Reich
durch ihre Vorzugsstellung unter Sultan Abdülhamit II. die übrigen
Europäer in dem zerfallenden Reich der Osmanen. Unter Wilhelm
II. führten sie das Wort, freilich mit Wunsch und Willen des Sultans. Da aber war die Tanzimat-Zeit schon lange vorüber, hatte Abdülhamit[12] seinen autokratischen Kurs durchgesetzt und viele Re-
formansätze wieder durchkreuzt.

Die Periode der Tanzimat dauerte exakt von 1839 bis 1877, als der
frisch auf den Thron gekommene Abdülhamit, Sohn des Abdülmecit, sie im Grunde begrub, ohne ihre Wirkungen allerdings auf
Dauer abwürgen zu können. Er setzte die Verfassung von 1876 alsbald wieder außer Kraft und schickte das Parlament nach Hause. Die
freiheitlichen Bestrebungen, der Ruf nach Modernität und Wandel
konnten wohl abgeschwächt werden, waren aber nicht wirklich zum
Verstummen zu bringen. Die türkisch-osmanischen Dichter und
Literaten, von denen viele auch Journalisten waren[13], hatten daran großen Anteil. Viel zu selten wird gewürdigt, was Autoren wie
Ahmet Midhat Efendi, Ziya Pascha, Ibrahim Şinasi, Muallim Naci,
Ali Suavi, Şemsettin Sami, Samipaşazade Sezai, Recaizade Mahmut

---

[12] In europäischen Quellen Abdulhamid geschrieben.
[13] Zu dieser Zeit ein ganz neuer, an Europa orientierter Beruf.

Ekrem und andere Autoren des Tanzimat in dieser Hinsicht geleistet haben. Eine Ausnahme macht da nur Namik Kemal, dessen Ruhm und Ruf als politischer und literarischer Erneuerer sogar ins ferne Ausland gedrungen ist. Sein bekanntestes Drama »Das Vaterland oder Silistra« wurde immerhin schon früh ins Deutsche übertragen.

Auch die Epoche der Tanzimat, bewirkt durch die beiden Reformerlasse 1839 und 1856, fiel freilich nicht vom Himmel. Ich möchte, was das komplexe Verhältnis der osmanischen Elite zum Westen und zur Aufklärung angeht, den Begriff der »osmotischen Veränderung« oder des »osmotischen Drucks« einführen. Konstantinopel/Istanbul erlebte nicht, was Alexandria und Kairo erlebten: die schockartige Bekanntschaft mit einer anderen, moderneren Welt durch das aggressive Eindringen eines Eroberers, in diesen Fällen General Bonapartes. Dazu waren die Verhältnisse zu verschieden. Die Hauptstadt am Bosporus lag Europa näher, die rumelischen Provinzen gar in der unmittelbaren Nachbarschaft zu jenen mitteleuropäischen Reichen und Ländern, in denen sich Aufklärung oder aufgeklärter Absolutismus ausbreiteten. Nicht zu unterschätzen ist auch das ausgeprägte Renegatentum bei den Osmanen, das seit dem 18. Jahrhundert dazu führte, dass immer wieder zum Islam konvertierte ehemalige Christen aus Frankreich oder dem Habsburgerreich (der Graf von Bonneval, Ibrahim Müteferrika oder Ömer Pascha Latas) hohe und wichtige Posten im Reich einnehmen und von daher ihre modernisierende Wirksamkeit entfalten konnten. Hinzu kamen individuelle Bemühungen, wie etwa das Interesse von Sultan Selim III. an europäischer, vornehmlich französischer Kultur. Er war der erste Stichwortgeber für Reformen auf dem Sultansthron. Kaum war die Französische Revolution ausgebrochen, drangen ihre Ideen zumindest an den Osmanenhof, wo ein Mann wie Selim nicht unbeeinflusst blieb. Er war einer der begabtesten Herrscher der Osmanen überhaupt. Selim bestieg den Thron just im Jahre 1789, als die Revolution in Paris ausbrach. Schon 1793 schuf er mit der Nizam-i cedide die erste »Reformbewegung«, die freilich zunächst nur das osmanische Heer betraf. Es waren dann vor allem die Sultane Mahmud II. (1808–1839), Abdülmecit (1839–1861) und Abdülaziz (1861–1875), die jene Epoche sichtbar prägten, vor allem Abdülmecit, in dessen Regierungszeit die beiden Tanzimat-Erlasse (tanzimat firmanlari) fielen. Mahmud, der Peter dem Großen nacheiferte, starb tragischerweise kurz vor der Herausgabe des ersten Tanzimat-Edikts im Jahre 1839, des Hatt-i şerif von Gülhane. So trat

Abdülmecit seine Herrschaft mit einem Paukenschlag an, dem Willen und Versprechen, das Reich zu modernisieren, Institutionen an Haupt und Gliedern zu reformieren – gegen den Widerstand vieler religiöser Kreise, vor allem der *ulema*, der Religionsgelehrten, und der *softalar*, der Theologiestudenten in den Medresen. Abdülmecit hatte das Glück, dass er in Mustafa Reşit Pascha einen kongenialen Großwesir fand, der sich energisch für die Reformen einsetzte. Im Jahre 1856 wurde ihr erlahmender Elan noch einmal im zweiten Tanzimat-Edikt bekräftigt, dem »Hatt-i hümayun« oder Erhabenen Sendschreiben des Sultans. Modernisierung des Reiches, Zentralisierung, Gleichstellung der religiösen Minderheiten (milletler), vornehmlich der Christen, Besserstellung der Frau, Öffnung des geistigen Lebens und des Bildungswesens nach Westen – das waren gigantische Vorhaben, von denen jedes einzelne schon ein Übermaß an Anstrengung erfordert hätte. Im Vordergrund des zweiten Erlasses stand die prinzipielle Gleichheit aller männlichen Untertanen des Sultans, unabhängig von der Konfession.

Es ist bis heute strittig, wie erfolgreich die Tanzimat gewesen sind. Als Abdülhamit II. sie abwürgte, als er das Parlament nach Hause schickte und die Verfassung aufhob, als er den verbannten, brillanten früheren Großwesir Midhat Pascha im arabischen Taif liquidieren ließ, hatte sich das Reich gewiss verändert, wenn auch die Intellektuellen unzufrieden mit dem langsamen Tempo waren. Die Verwirklichung der Tanzimat litt stark darunter, dass westliche Mächte Pressionen ausübten, dass vor allem der Zar das Osmanische Reich aggressiv bedrohte. Der äußere Druck und die ständigen Gebietsverluste dienten schließlich Abdülhamit als Argument, die Politik der Öffnung sei eben des Teufels. Und die konservativen *ulema* bestärkten ihn in dieser Auffassung und Argumentation; die »Fremden« seien an allem schuld, man dürfe sich nicht länger ihren Wünschen fügen.

Mittlerweile entfalteten die Schriftsteller und Dichter eine lebhafte Aktivität. Die Epoche der Tanzimat bringt die Konsolidierung des Zeitungswesens in der Türkei. Und nicht allein das: Fast alle bedeutenden Autoren sind auch selbst als Publizisten tätig. »Ceride-i havadis« (»Zeitung der Neuigkeiten«), »Takvim-i vekayi« (»Kalender der Vorkommnisse«), »Tasvir-i Efkar« (»Schilderung der Gedanken«) – dies die Namen der bekanntesten Blätter, die ihre Wirkung etwa seit der Mitte des Jahrhunderts bis zu dessen Ende entfalteten. Die erste Zeitung war im Jahre 1831 herausgekommen.

Zu den wichtigsten Zeitungsschreibern avancieren Ziya Pascha,

Şinasi, etwas später auch Namik Kemal. Wie in der französischen Revolution erkennen die *literati* der osmanischen Reformbewegung den propagandistischen Wert des Journalismus. Doch damit nicht genug: Es entstehen auch neue literarische Gattungen, die der türkisch-osmanischen Literatur bisher unbekannt waren, der Roman und das Drama, aus dem Westen übernommen; insbesondere die beiden Dumas und Dickens, dann auch Shakespeare und die französischen Klassiker wirken als Vorbilder.

Şemsettin Sami, von Herkunft eigentlich Albaner mit ursprünglichem Namen Sami Frasheri, macht den Anfang mit seinem Werk »Taaşşuk-i Talaat ve Fitnat« (»Die Liebe von Talaat und Fitnat«), erschienen 1872 als erster Roman der osmanisch-türkischen Literatur überhaupt. Es ist eine Liebesgeschichte, die in dieser Form völlig neu war und von Generationen türkischer Autoren nachgeahmt wurde, wenn man so will eine Imitation und Übertragung der klassischen Liebesdichtungen des Islams[14] in die bis dahin wenig geachtete, ja bisweilen sogar verachtete Prosa, die damit ihre Emanzipation als ernstzunehmende Kunst begann. Bis dahin war die Liebe zwischen Mann und Frau, wie in der persischen Literatur auch, vornehmlich im Versepos behandelt worden, und da ganz unter religiös-mystischen Gesichtspunkten, die mit den sich wandelnden realen Lebensverhältnissen der Menschen nichts mehr zu tun hatten. Und natürlich gehörte auch das Thema Frau, das traditionelle Verhältnis der Geschlechter, gehörten Liebe und Ehe zu den wichtigsten Fragen eines solchen gesellschaftlichen Aufbruchs überhaupt. Der Roman und sein Thema wurden nachgeahmt. Dieses Genre des Liebesromans erreichte seinen ersten Höhepunkt im Jahre 1900 in dem Meisterwerk »Aşk-i Memnu« (»Verbotene Liebe«) von Halit Ziya Uşakligil.

Şemsettin Sami (1850–1904) ist eine der interessantesten und vielseitigsten Gestalten der Tanzimat-Literatur, obwohl die Qualität seiner Werke hinter der anderer Schriftsteller zurückbleibt. Doch war er ein äußerst anregender Denker, vielsprachig und in vielen Fächern beschlagen. Er stammte aus der berühmten skipetarischen Frasheri-Familie, auch seine Brüder Abdyl und Naim Frasheri erwarben literarischen und wissenschaftlichen Ruhm. Auf dem Gymnasium von Yanya[15], jener griechischen Stadt, welcher man die lange osmanische Vergangenheit noch am deutlichsten ansieht, erwarb er

---

[14] Leyla ve Mecnun, Yusuf ve Zuleiha, Hüsrev ve Şirin etc.
[15] Heute Ioanina im Epirus.

eine klassische, westliche Bildung, lernte Altgriechisch, Französisch und Italienisch; in Medresen studierte er darüber hinaus Arabisch und Persisch. Mit etwas über zwanzig kam er nach Istanbul, wo er sofort reüssierte: Neben dem Schreiben seines Romans war er journalistisch tätig, schrieb für die Zeitungen »Ibret« (»Das Muster«) und »Hadika« (»Der Garten«). Später gab er selbst Blätter wie »Sabah« (»Der Morgen«) und »Tercüman-i Şark« (»Dolmetscher des Ostens«) heraus sowie die Zeitschriften »Aile« (»Die Familie«) und »Hafta« (»Die Woche«). Besonders in den letzteren setzte sich Sami für eine verbesserte Stellung der muslimischen Frau in der Gesellschaft ein. Er schrieb drei Theaterstücke und übertrug »Les Miserables« (»Sefiller«) von Victor Hugo und »Robinson Crusoe« von Daniel Defoe ins osmanische Türkisch. Desgleichen interessierte er sich für sprachwissenschaftliche Bestrebungen. Diese betrafen einmal seine Muttersprache, das Albanische, für das er ein Alphabet entwarf, aber auch das osmanische Türkisch, um dessen Modernisierung und Fortentwicklung er sich mit einem gewissen wissenschaftlichen Eifer bemühte. Seit etwa 1880 beschäftigte ihn dieser Problemkreis, etwa die Frage, wie das türkische Schriftsystem, das heißt das Schreiben mit den arabischen Zeichen, zu vereinfachen sei. Diese Forderung, ebenfalls eine indirekte Folge der Tanzimat-Reformen, war schon seit etwa 1865 immer wieder einmal erhoben worden. Sami publizierte dazu seinen Traktat »Lisan-i Türk-i Osmani« (»Die osmanisch-türkische Sprache«). Gerade als Sprachwissenschaftler leistete Sami hervorragende Arbeit. Eine absolute Pioniertat war sein enzyklopädisches Werk »Kamus ül-alam« (»Der Ozean des Wissens«), das 1889 in sechs Bänden erschien und die erste wirkliche Enzyklopädie, gemeint als Mittel der Aufklärung, darstellte. Sami leistete im Osmanischen damit das, was im Arabischen ungefähr zur selben Zeit der Familie al-Bustani im Libanon gelang: eine erste kompakte Sammlung von säkularem Weltwissen.

In der Bündelung all dieser vielfältigen und vielseitigen Bestrebungen erwies sich Şemsettin Sami als ein typischer Tanzimat-Intellektueller. Dies umso mehr, als ihm als dem Angehörigen einer Minderheit Reformen besonders am Herzen lagen. Zwar war er Muslim, aber albanischer Nationalität, und in der »Rilindja«, der albanischen Nationalbewegung, hat Sami bis heute einen ebenso festen Platz wie in den türkischen Tanzimat. Diese Doppelgesichtigkeit, dieses Janusköpfige, macht ihn zu einem besonders bezeichnenden Charakter dieser Periode. Einerseits war er Osmane, kümmerte sich um das künftige Schicksal des Reiches, schrieb in dessen Staatssprache, dem osmanischen Türkisch; andererseits war er Repräsentant einer Minderheit, wenn auch keiner religiösen. Sami musste als Intellektueller und Autor eine schwierige Gratwanderung unternehmen zwischen der Loyalität zum Reich und zur Dynastie einerseits sowie den Erwartungen des albanischen Volkes andererseits. Seine Haltung in diesem Konflikt kommt vielleicht am besten in jenem Geist zum Tragen, den die sogenannte Liga von Prizren im Jahre 1878 zum Ausdruck brachte. Damals kamen albanische Politiker und Intellektuelle in dieser Stadt in der Bayraktar-Moschee zusammen, um aus Anlass des Berliner Kongresses, der nach dem Russisch-Türkischen Krieg den Balkan neu ordnen sollte, ihre Haltung gegenüber dem Kongress, gegenüber dem Sultan und den eigenen nationalen und kulturellen Bestrebungen abzuklären. Dabei spielten die Frasheri-Brüder eine herausragende Rolle. Das Fazit der Liga kann man ungefähr so zusammenfassen: Die Albaner sind bereit, für ihre nationale Sache zu fechten, bleiben aber im Zweifel der osmanischen Option verpflichtet, das heißt, bevor man sich auf nationalistische Abenteuer mit ungewissem Ausgang einließ, war man eher bereit, Untertan des Sultans zu bleiben. Schon damals spielte der albanisch-serbische Gegensatz eine große Rolle.

Wie schwer es selbst für einen moderaten Tanzimat-Intellektuellen wie Şemsettin Sami war, die Klippen der Staatsräson erfolgreich zu umschiffen, zeigt die Tatsache, dass ihn der Herrscher zweimal in die innere Verbannung schickte, einmal nach Tripolitanien in Libyen; dann, zu Beginn der neunziger Jahre, stellte ihn der notorisch misstrauische Sultan Abdülhamit im Istanbuler Stadtteil Erenköy unter Hausarrest.

Diese Schicksal traf übrigens fast alle Tanzimat-Literaten. Es gilt auch für den eigentlichen Star dieser Literatur, der ihr Wesen noch perfekter verkörperte als Şemsettin Sami: Ibrahim Şinasi. Dieser Journalist, Bühnenautor und Prosaist wurde Vorbild für die ganze Generation und auch für die Generation danach. Das Werk eines Namik Kemal etwa ist ohne ihn nicht vorstellbar. Verfasste Şemsettin Sami den ersten türkischen Roman, so schrieb Şinasi das erste Bühnenstück der türkischen Literatur, das an westlichen Vorbildern ausgerichtet ist: »Şair Evlenmesi« (»Die Heirat des Dichters«), in dem ebenfalls das traditionelle Geschlechterverhältnis thematisiert wird, analog den modernen Entwicklungen in Europa, die zumindest an den Intellektuellen und den höheren Kreisen des Reichs nicht unreflektiert vorübergingen. Eigentliches Thema ist die traditionelle, ausgehandelte Heirat (Zwangsheirat). Das Stück kam 1857 als Fortsetzungsgeschichte in der Zeitung, dann als Buch heraus und machte Şinasi mit einem Schlag bekannt.

Der Dichter ist 1826 in Istanbul geboren. Er wurde zunächst Beamter, dann Mitarbeiter des Wesirs Mustafa Reşit Pascha. Seit 1860 war er Mitherausgeber der Zeitung »Tercüman-i Ahval« (»Der Dolmetscher der Zustände«), seit dem Sommer 1862 alleiniger Herausgeber von »Tasvir-i Efkar« (»Die Schilderung der Gedanken«). Drei Jahre später ging Şinasi ins Exil nach Paris, wo er sich schon als Student des Finanzwesens und der Mathematik aufgehalten hatte. Doch diesmal hatte der Aufenthalt politische Gründe. Er übergab die Leitung seiner Zeitung dem blutjungen Namik Kemal, der gerade einmal fünfundzwanzig Jahre alt war. Als Şinasi 1969 nach Konstantinopel zurückkehrte, blieben ihm gerade noch einmal zwei Jahre des Schaffens: Er starb schon 1871 mit nur fünfundvierzig Jahren an einem Gehirntumor.

Behçet Necatigil schreibt in seinem Autorenlexikon den lapidaren Satz: »Mit Ibrahim Şinasi fängt die Tanzimat-Literatur an.« Dem ist als Kommentar kaum etwas hinzuzufügen. Mit ihm beginnen türkische Autoren recht eigentlich jenes aufklärerische, popularisierende Element in die Literatur hineinzutragen, die das sprachliche Äquivalent zu den gesellschaftlichen Reformen darstellt, wie sie diese, umgekehrt, weiter anregt und befördert. Hauptvehikel für Şinasi ist die Zeitung, doch versucht er auch in seiner Dichtung, die alten Formen mit neuen Inhalten und Begriffen zu füllen. Sowohl in seinen Poesien als auch in seiner Prosa ist die Tendenz deutlich erkennbar, die Sprache zu vereinfachen, damit der Schöpfer literarischer Werke einen größeren Kreis von Menschen erreiche.

Nicht von ungefähr ist »Die Heirat des Dichters« auch eine Komödie in einem Akt. Şinasi rührte damit nicht nur an ein heikles Thema, sondern schuf eine neue Gattung, die bisher in der gesamten islamischen Welt fast unbekannt gewesen war, jedenfalls was die eigenen Dichter betraf. Die türkische Literatur kannte bis dahin nur das Schattenspiel von Karagöz und Hacivat sowie das »Orta oynu«, ein volkstümliches Stück, das man als Schwank im weitesten Sinne bezeichnen könnte. Doch gedichtete Bühnenwerke, gar Dramen, hatte es bis dahin nicht gegeben. Nur selten einmal hatten sich europäische Schauspielgruppen zu Theateraufführungen am Sultanshof aufgehalten, insbesondere aus Italien, wo im 18. Jahrhundert unter dem Einfluss Carlo Goldonis gerade das volkstümliche Theater eine Renaissance und Überhöhung erfahren hatte. Doch dies blieb auf den engen Kreis des Sultanshofes begrenzt. Ein

Mann wie Şinasi muss allerdings gespürt und begriffen haben, wie sehr sich das Theater westlichen Zuschnitts zur Verbreitung wichtiger gesellschaftlicher und kultureller Botschaften eignete. Leider ist von seinem dichterischen Werk vieles verschollen. Doch gehört Şinasi zu jenen wenigen türkischen Literaten, die eigentlich von allen Schulen und Richtungen anerkannt werden; noch nicht einmal die grobe Einteilung in Links und Rechts spielt da eine Rolle. Das Thema der arrangierten Ehe ist bis heute nicht erledigt in der Türkei, sondern beschäftigt die Politiker noch immer; ja bisweilen ist das sogar noch unter jenen Türken der Fall, die schon lange im europäischen Ausland leben.

Sein jüngerer ehemaliger Mitarbeiter Mehmet Namik Kemal wurde sein eigentlicher Erbe, als Journalist, mehr aber noch als Schriftsteller. Er gilt heute als der eigentliche Dichter des Aufbruchs zu neuen Ufern im untergehenden Reich, als Ahnherr und Vordenker der nationalen Bewegung, als gefeierter Vorläufer der Jungtürken. Ich folge in seiner Darstellung im Wesentlichen den Arbeiten von Şükran Kurdakul, die Leben und Werk dieses literarischen Vorkämpfers und gesellschaftlichen Revolutionärs am besten zusammenfassen.

Namik Kemal, der mit 48 Lebensjahren nur drei Jahre älter wurde als Şinasi, wurde 1840 in Tekirdağ am Marmarameer in eine gebildete Famlie hineingeboren und starb 1888 in Istanbul, auf dem Höhepunkt des Abdulhamidschen Despotismus, den er – wie andere auch – immer als *istibdad* (Absolutismus) bekämpft und dafür sogar Verbannung und Exil auf sich genommen hat. Wie alle Poeten jener Tage erfuhr auch Namik Kemal zunächst eine Ausbildung in den Formen der höfischen Dichtung, die er schon als Jugendlicher meisterhaft beherrschte. Die klassische, mit Längen und Kürzen arbeitende osmanische Prosodie (aruz), dazu die verschiedenen traditionellen Gedichtformen – vom Ghasel bis zum Rubai, dem klassischen Vierzeiler – sowie die dazugehörigen poetischen Inhalte erschienen ihm freilich schon bald als überholt und künstlich. Die Poetik der Tanzimat-Literatur arbeitete erstmals in der Geschichte der türkischen Literatur den Gegensatz zwischen künstlicher Dichtung, sozusagen einem L'art pour l'art, wie es am Hof gepflegt wurde, und einer Dichtung, die den Bedürfnissen der Menschen und den Erfordernissen des realen gesellschaftlichen Lebens entsprach, heraus. Das war auch ganz im Sinne Kemals.

Auch bei Namik Kemal ist das publizistische Wirken vom literarischen zu unterscheiden. Die meisten Artikel wurden tagesaktuell verfasst, ein Teil seiner Werke wird aber noch viele Generationen lang Bestand haben. Dies gilt vor allem für einige seiner Gedichte, in denen er das Vaterland (vatan) feiert – einen Begriff, der bis dahin fremd war im islamischen Universalreich, aber die Massen begeisterte. Gemeint war ein osmanisches Vaterland als Hort der Freiheit aller Bürger. Bleiben wird er in der türkischen Literaturgeschichte denn auch wegen seines Dramas »Vatan yahut Silistre« (»Das Vaterland oder Silistra«), das vor dem Hintergrund der kriegerischen Auseinandersetzungen des Osmanischen Reichs mit Russland auf dem Balkan eine von Patriotismus und Freiheitsdrang strotzende Liebeshandlung mit Happy End bietet. Mag das Pathos jener Werke inzwischen auch etwas angestaubt wirken, so kann doch ihre fortschrittliche Tendenz in ihrer Wirkung kaum überschätzt werden. Und kaum ein türkisches Bühnenwerk ist auch so oft über die Bretter, die die Welt bedeuten, gegangen wie »Vatan yahut Silistre«. Bei seiner Uraufführung in Istanbul im armenischen Theater Beyoğlus, dem Europäerviertel, erregte es mit seinem Freiheitspathos einen Skandal, da es die Zuschauer auch nach der Vorstellung noch allzu sehr mitriss, wie der Sultan und die osmanischen Behörden meinten. Dem Dichter selbst trug dies die zeitweilige innerosmanische Verbannung nach Magosa (Famagusta) auf der Insel Zypern ein.

Die heute gängigen Fassungen von »Vatan yahut Silistre« enthalten auch jenes patriotische Gedicht Namik Kemals, das sein berühmtestes wurde und bis heute blieb. Die darin aufscheinende Freiheitssehnsucht können wir noch nachempfinden, viel weniger hingegen die fanatische, wohl auch religiös bedingte Opferbereitschaft, die allein aus der Zeit heraus zu verstehen ist. Das religiöse Martyrium beginnt sich freilich zu säkularisieren. Wir zitieren die ersten beiden Verszeilen und den Refrain auch im Original:

Vatan Şarkisi / Lied vom Vaterland

Amâlimiz efkârimiz ikbâl-i vatandir
Serhaddimize kal'a bizim hâk-i bedendir …

Unsere Hoffnungen und Gedanken gelten dem Glück des Vaterlandes,
Mit unseren Körpern als Festung schützen wir unsere Grenze,
Osmanen sind wir, das blutige Leichentuch ist unsere Zier,
Im Kampf als Märtyrer zu sterben, ist uns Wunsch und Begier,
Osmanen sind wir, das Leben geben wir, der Ruhm ist unser.

... Osmanlilariz cân veririz nâm aliriz biz.

Auf unserer Fahne prangt der Säbel rot von Blut,
Auf unseren Bergen oder Ebenen kennt man keine Todesfurcht,
In jedem Winkel auf unserer Erde ruht ein Löwe.
Im Kampf als Märtyrer zu sterben, ist unser Wunsch und Wille,
Osmanen sind wir, das Leben geben wir, der Ruhm ist unser.

Wer den Namen »Osmane« hört, erinnert sich der Furcht,
Die Größe unserer Ahnen ist der ganzen Welt bekannt,
Die Schöpfung hat sich nicht verändert, es ist dasselbe Blut.
Im Kampf als Märtyrer zu sterben, ist unser Wunsch und Wille,
Osmanen sind wir, das Leben geben wir, der Ruhm ist unser.

Lasst die Kanonen feuern, die Umgebung soll getroffen werden,
Geöffnet soll das Tor zum Paradies allen Brüdern sein, die ihr
    Leben geben.
Was auf der Welt hält uns, dass wir dem Tod entfliehen sollen.
Im Kampf als Märtyrer zu streben, ist unser Wunsch und Wille,
Osmanen sind wir, das Leben geben wir, der Ruhm ist unser.

Für ein modernes Bewusstsein ist dies starker nationalistischer und
militaristischer Tobak. Doch man muss die Situation bedenken,
sowohl in dem Drama, wo sich an dieser Stelle der Handlung die
Türken zur verlustreichen und blutigen Verteidigung der Feste von
Silistra in Bulgarien gegen die Russen rüsten, als auch bezogen auf
das Reich insgesamt, das von außen tödlich bedroht wird. Kemal
will den osmansichen Patriotismus fördern – damals ein ganz neuer
Begriff –, dem er gleichzeitig eine fast religiöse Konnotation gibt.
Das türkische Wort *vatan* (Vaterland) wird zunächst als Äquivalent
des französischen Wortes *patrie* verstanden – mit all jenem Pathos,
das auch während der Französischen Revolution zu ihm gehörte.
    Dass Namik Kemal freilich nicht nur politische und gesellschaft-
liche Abstrakta in seinen Werken berührte, zeigt sein Roman »Inti-
bah« (»Das Erwachen«), in dem er sich, wie Sami und Şinasi, des
Frauenthemas annimmt. Dieses wird seither von türkischen Autoren unentwegt bearbeitet, in den Romanen von Peyâmi Safa im
20. Jahrhundert ebenso wie in den Romanen und Erzählungen der
bedeutenden türkischen Schriftstellerinnen unserer Gegenwart,
wie Sevgi Soysal, Aysel Özakin, Tomris Uyar, Pinar Kür, Leyla
Erbil, Elif Shafak und Füruzan Selçuk, deren Romane und Erzählungen teilweise schon in europäische Sprachen übersetzt worden

sind. Auch dies begann bereits zur Zeit der Tanzimat. Und es treten auch jene ersten osmanischen Frauen an die Öffentlichkeit, die sich entweder zu »feministischen« Zirkeln zusammenschließen oder auch in der Literatur ihren Platz zu finden suchen, wie die bekannte Fatma Aliye Hanim (1862–1935), die man nicht zu Unrecht als erste osmanisch-türkische Feministin bezeichnet hat. Sie war Frauenrechtlerin, gleichzeitig jedoch eng verbunden mit Ahmet Midhat Efendi, einem späten Tanzimat-Autor, auf den wir noch eingehen werden. Allerdings wird zu zeigen sein, dass der Begriff Feministin nur sehr eingeschränkt auf dieses Autorin anzuwenden ist, sozusagen nur, wenn man die damaligen Umstände im Osmanischen Reich in Rechnung stellt, die sich, was die Stellung der Frau angeht, doch noch erheblich von jenem Milieu unterschied, auf das die europäischen Frauenrechtlerinnen trafen.

Die Karriere Fatma Aliye Hanims – wie einiger anderer Frauen der Oberschicht – macht jedenfalls deutlich, dass auch auf diesem Feld die revolutionäre Erneuerungsbewegung unter Kemal Atatürk nicht bei der Stunde Null anfangen musste, sondern auf Vorangegangenem aufbauen konnte. Unter den Autorinnnen gibt es darüber hinaus so etwas wie eine Zwischengeneration, die sich schreibend mit Themen und Werken einen Namen erwarb, die sich zwischen dem Aufbruch aus der Tradition und dem Ankommen in der Moderne bewegten: Halide Edip Adivar (1884–1964) etwa oder Halide Nusret Zorlutuna (1901–1984).

Fatma Hanim war die Tochter von Ahmet Cevdet Pascha (1822–1895), dem bekannten Politiker und Historiker. Obwohl sie selbstverständlich im Haremlik aufwuchs, das heißt in jenem ganz den Frauen vorbehaltenen Bereich des Hauses, erwarb sie im Laufe vieler Jahre eine umfassende islamisch-orientalische und westliche, vornehmlich französisch geprägte Bildung. Zudem eignete sie sich eine ungewöhnliche Weltkenntnis an, da sie jeweils an den Orten des noch immer territorial großen und ethnisch wie sprachlich vielfältigen Reiches lebte, in die ihr Vater versetzt wurde: Aleppo, Ioanina, Istanbul usw. Schon mit fünfzehn wurde sie mit den reformistischen Gedanken Ahmet Midhat Efendis bekannt. Dieser Tanzimat-Autor sollte der wichtigste Leitstern ihres Lebens werden. Immer wieder kehrte sie zu seinen Gedanken und Schriften zurück. Midhat war Journalist, Prosaist und auch Dramatiker. Nach ihrer Eheschließung mit Faik Bey drohte der Rückschlag: Ihr Mann hatte zunächst wenig Verständnis für ihre öffentlichen Interessen und literarischen Aktivitäten, verbot ihr eine Zeit lang sogar das Lesen

von Romanen. Es gelang Fatma Aliye freilich, ihren Gatten umzu-
stimmen, sodass er ihre Aktivität nicht länger behinderte, sondern
bisweilen sogar förderte. Das geschriebene Wort bedeutete ihr alles.
In den neu gegründeten Frauenzeitschriften warb sie, ganz im Sinne
ihres Vaters Cevdet Pascha, der ein ungewöhnlich weitsichtiger
Mann gewesen sein muss, für die Frauenbildung. Auch übersetzte
sie aus dem Französischen, Auszüge aus Romanen vor allem; bevor
sie begann, eigene Werke zu verfassen. Mit 62 Jahren verließ sie
zum ersten Mal die Heimat mit dem begehrten Ziel Paris.

Die eigentlichen literarischen Werke von Fatma Aliye Hanim[16]
sind vornehmlich von historischem Wert, der sich in dem von ihr
angestoßenen Prozess der Emanzipation darstellt. Der literarische
Wert ist epigonal, was auch kaum anders sein kann. Fatma Hanim
hat als Frau und als »weibliche literarische Persönlichkeit« ihre
Wirkung entfaltet, nicht als bedeutende Autorin. Dafür war die
Zeit in der osmanischen Türkei ebenso wenig reif wie anderswo. In
dem Roman »Udi« schildert sie das Schicksal einer Musikerin, in
»Muhadarat« (»Die Verschleierten«) aus dem Jahre 1892 die Erlebnisse einer jungen Frau, Fadile, die dem Elternhaus entflieht, um
doch am Ende wieder in es zurückzukehren. Im eigentlichen Sinne
emanzipiert sind Fatma Hanims Heldinnen noch nicht. Die Autorin kann jedoch als Modernistin bezeichnet werden, weil sie dafür
eintrat, Mädchen und Frauen eine Bildung und Ausbildung zukommen zu lassen wie den Männern. Im Übrigen muss berücksichtigt
werden, dass in jener Zeit, nimmt man die Gesamtbevölkerung als
Maßstab, allenfalls fünfzehn Prozent alphabetisiert waren, Frauen
so gut wie gar nicht. Natürlich war Fatma Aliye Hanim nicht die
einzige schreibende osmanische Frau, doch entfaltet sie wohl die
breiteste Wirkung in jenen Kreisen, für die ihre Schriften zugäng-
lich waren.

Doch kommen wir nun zu Ahmet Midhat Efendi (1844–1912), in
dem man einen der maßgeblichen Literaten und einflussreichsten
Intellektuellen jener Zeit überhaupt sehen muss. Außerdem war er
auch noch populär, das heißt nicht nur in den Salons der höheren
Kreise bekannt. Er war ein typischer Istanbuler Osmanli, obschon
er viele Ecken und Enden des Reiches zu sehen bekam, teils freiwil-
lig, teils unfreiwillig. Dabei war ihm die Karriere als Schriftsteller
und Mann des Geistes nicht gerade an der Wiege gesungen worden.

---

[16] Drei »Entwicklungsromane« um Frauenschicksale, die in den neunziger
Jahren des 19. Jahrhunderts herauskamen.

Da sein Vater starb, als er fünf oder sechs Jahre alt war, machte er zunächst eine Krämerlehre in dem berühmten, neben der Sultan-Valide-Moschee in Eminönü gelegenen ägyptischen Basar. Im Alter von zehn Jahren nahm sich ein Onkel seiner an und nahm ihn mit nach Vidin, eine Stadt auf dem Balkan, wo er in die Schule kam. Er vervollständigte seine Ausbildung in Istanbul, wohin die Familie 1859 zurückgekehrt war, dann in Nisch und in Rustschuk[17] dem Geburtsort, nebenbei bemerkt, des deutschsprachigen Literaturnobelpreisträgers Elias Canetti, der dort 1905 als Sohn spaniolischer Juden geboren wurde. 1878, nach dem Berliner Kongress, wurde Bulgarien formal unabhängig, doch zur Zeit von Canettis Geburt hatte der Sultan – obzwar nur noch sehr eingeschränkt –eine Art Patrimonie über diese Gegend (siehe dazu Canettis Werk »Die gerettete Zunge«).

Doch weiter mit Ahmet Midhat. Durch einen Aufenthalt in Bagdad lernte er kennen, wie es in den weniger entwickelten Provinzen des Reiches des Padischah aussah. Nach einer Zeit als Schreiber und Beamter in der Hauptstadt – dies war die zunächst übliche Karriere der Gebildeten – wurde er »freischaffender« Intellektueller, als Journalist bei den bekanntesten Blättern der Epoche, Autor, Begründer und Besitzer einer Druckerei – vornehmlich, aber nicht allein – seiner eigenen, zahlreichen Werke. Zu ihnen gehören neben den Zeitungsartikeln, auch Dramen, Erzählungen und Romane. Seine zeitkritischen Ansichten brachten ihm im Jahre 1873 die innere Verbannung nach Rhodos ein, das damals als Teil des Dodekanes noch zur Türkei gehörte. Ahmet Midhat fand dort noch mehr als in Istanbul Zeit für sein Schaffen, das ihn mit seiner stilistisch populär gehaltenen, inhaltlich aufklärerischen und lehrhaften Art zum wichtigsten Intellektuellen des Tanzimat, wenn auch nicht zum bedeutendsten Schriftsteller jener Ära machte. Fast alle seine Werke sind im Jahrhundert der Republik in neuen Bearbeitungen erschienen, was allerdings für etliche Tanzimat-Autoren ebenso gilt. So der Roman »Hasan Mellah« aus dem Jahre 1875, der exakt hundert Jahre später unter dem Titel »Denizci Hasan« (»Hassan, der Seefahrer«) erschien. Erst unlängst hat das angesehene Dergâh Yayinlari einen Band mit seinen Stücken herausgegeben, in denen – wie könnte es auch anders sein – die west-östliche Thematik ebenso im Vordergrund steht, wie in den übrigen Werken.

Vor einer abschließenden Bilanz der Tanzimat-Ära sei noch zwei-

---

[17] Heute Ruse in Bulgarien.

er Autoren gedacht, die im Reigen der Tanzimat-Literaten nicht fehlen dürfen: Samipaşazade Sezai (1860–1936) war ein Freund von Abdülhak Hamit Tarhan, dem das nächste Kapitel gelten wird, und Recaizade Mahmut Ekrem war ein Autor, der ganz im Tanzimat aufwuchs, Jahrgang 1847, aber schon 1914 starb, sodass er, anders als Sezai die Umgestaltung der osmanischen Türkei zur Republik, aber auch die Revolution von Schrift und Sprache unter Atatürk nicht mehr miterlebte. Beide publizierten Prosa und Stücke, bei denen sie sich um stilistische Einfachheit bemühten – ein Anliegen aller Tanzimat-Autoren, die auf breitere Resonanz in der Öffentlichkeit Wert legten. Recaizade Ekrem ist der geistige Vater der Bewegung »Servet-i Fünun« (Reichtum der Künste oder Wissenschaften), die sich seit 1891 um die gleichnamige Literaturzeitschrift scharte. Offiziell Lehrer am Galatasaray zu Istanbul, dem ersten westlich orientierten Gymnasium, trat er auch als der erste Literaturkritiker der Türkei hervor. Seine ästhetischen Anschauungen kreisten um den Begriff der Schönheit (güzellik), deretwegen Poesie gemacht werde. Es sei nicht primär die Aufgabe des Dichters, Moral und Ethik (ahlâk) zu predigen, dies sei nur eine der Aufgaben von Literatur. Ekrem setzte sich da durchaus von den Literaten des Tanzimat ab und wurde der Theoretiker der Neuen Literatur (Edebiyat-i cedide), die etwas andere Akzente setzte. Ausgiebig hat sich der Theoretiker Ekrem mit den verschiedenen Formen des Schönen beschäftigt, von der Schönheit der Natur (tabiat) über die Schönheit des Denkens bis hin zur Schönheit, die sich in der Dichtung wiederfinde. Daneben greift er Liebe und Trauer, Leben und Tod sowie andere metaphysische Themen in seinen Schriften auf. In seinen Gedichten, die mit der Sammlung »Naġme-i Seher« (»Morgenmelodie«) beginnen, hat er seine Vorstellungen ebenso verwirklicht wie in seinen vier Dramen, von denen zwei, »Afife Anjelik« und »Atala« (nach dem Roman Chateaubriands), westlich inspiriert sind, während die beiden anderen, »Vuslat« und »Çok bilen çok yanilir« (»Wer viel weiß, macht vieles falsch«) einheimische Sujets behandeln. »Vuslat« ist eine Liebesgeschichte, das zweite eine Komödie. Besonderes Aufsehen erregte Ekrem mit seinem Roman »Araba sevdasi« (»Kutschenliebe«), einer Geschichte über die verpasste und verfehlte Liebe eines jungen Mannes, Bihruz Bey, zu einer Hure, die immer in einem Wagen, einer Kutsche, durch Istanbul fährt und ihren fernen Geliebten am Ende demütigt. Solche Thematik war tatsächlich unerhört, aber gewiss von ausländischen Vorbildern wie der »Kameliendame« beeinflusst.

Die Tanzimat-Literatur ist Ausdruck, aber auch Motor der ersten wirklichen Modernisierung der Türkei gewesen und als solche ein hochinteressantes, in Deutschland noch zuwenig erforschtes Phänomen, gesellschaftlich, historisch, vor allem aber literarisch. Für die Dichter und Schriftsteller bedeutete der Tanzimat einen literarischen Paradigmenwechsel, denn mit den Reformen, für die sie sich einsetzten und deren allzu langsamen Fortgang sie auch kritisierten, änderte sich die Auffassung vom Schriftsteller vollständig. Seit den Tanzimat sind die meisten türkischen Autoren gesellschaftlich, oft auch politisch engagiert und verstehen sich als Vorreiter der Entwicklung. Dies gilt auch für »rechte« Autoren, keineswegs nur für »linke« – eine Unterscheidung, die auch in der Türkei in den vergangenen Jahren weitgehend obsolet geworden ist.

Und noch eine andere, bedeutsame Entwicklung wurde in der Tanzimat-Epoche eingeleitet: Die Modernisierung der spätosmanischen Türkei und dann, im 20. Jahrhundert, der Türkischen Republik vollzog sich weitgehend unter dem Einfluss der französischen politischen Geschichte und Ideengeschichte. Voltaire, Ernest Renan und Auguste Comte prägten im Allgemeinen die Vorstellungen der türkischen Intellektuellen von Verweltlichung und Verweltlichung ihres Landes. So war Französisch die erste Fremdsprache der allermeisten Tanzimat-Autoren, obzwar gegen Ende des 19. Jahrhunderts auch die Dramen Shakespeares populär wurden. Noch wichtiger aber wurde der Einfluss Molières auf das Theater. Und unter den Theoretikern der umwälzenden Reformen Kemal Atatürks herrschten auch französisch-positivistische Einflüsse vor. Im 20. Jahrhundert gaben sie dem Kemalismus eine gewisse dogmatische Härte und Intransigenz, die ebenfalls an die französische Staatsräson erinnert. Diese beginnen sich erst allmählich unter dem stetig wachsenden Druck einer Demokratisierung und Pluralisierung, welche die Zivilgesellschaft ausdifferenzieren, aufzulockern.

In krassem Gegensatz zu dieser Hinwendung zu Frankreich und seinen oft religionsfernen, ja sogar dezidiert atheistischen Aufklärern steht die Haltung der meisten Tanzimat-Schriftsteller zum Islam. Sie blieben der Religion treu, wenn auch oft nicht ihrem ganzen, in der Scharia[18] ausgeformten System. Ahmet Midhat Efendi begriff sich als ausgesprochener Apologet des Islams in der Auseinandersetzung mit dem fortschrittlichen Westen, den er bereist und auch in einem umfänglichen Werk beschrieben hatte.

[18] Türkisch: şeriat

Der Islam, recht verstanden und interpretiert, sei zu ähnlichen Entwicklungen imstande und habe das schon einmal in seiner langen Geschichte gezeigt. Auch Abdülhak Hamit Tarhan, ein später Erbe der Tanzimat-Literatur, dessen Lebenszeit und Werk freilich weit in die Zeit der Republik hineinreichen, vertrat vehement solche Ansichten. Nicht anders Namik Kemal, dessen Eintreten für das »Vaterland« und andere Termini der Moderne ihn nicht daran hinderte, mit Stolz auch auf die Geschichte des Islams zurückzublicken und über sie zu schreiben.

Spekulation muss bleiben, was geschehen wäre, wenn Abdülhamit nicht 1877 das Zeitalter der Tanzimat, wenigstens vordergründig, abgebrochen hätte, wenn es sich kontinuierlich hätte fortentwickeln können, nicht allein in der Literatur, sondern vor allem in der Gesellschaft. Es fällt auf, dass in den Wirren des Übergangs vom Osmanischen Reich zur Republik, dass vor allem im Ersten Weltkrieg radikale, auch rassistische pantürkische Töne im Komitee für Einheit und Fortschritt (Terakki ve Ittihad) aufkamen, denen am Ende die Armenier geopfert wurden. Das alles hatte mit den Tanzimat nichts zu tun, sondern im Gegenteil mit deren abruptem Abbrechen. Die armenische National- und Emanzipationsbewegung der Hintschakisten und Daschnakisten hätte sich anders entwickelt, wenn der Tanzimat-Reformismus kontinuierlich in Richtung auf eine konstitutionelle Zivilgesellschaft entwickelt worden wäre. Doch dies war mit dem Sultan Abdülhamit nicht zu machen. Die Literaten wurden entweder, wie Ahmet Hikmet Müftüoğlu oder Ziya Gökalp, Türkisten, die nach Mittelasien zu den türkischen Brüdern schauten, oder abgehobene Symbolisten, wie Ahmet Haşim und die ästhetische Schule des »Fecr-i Ati«. Sie entwarfen in ihren Gedichten berückende Bilder und Metaphern, die mit der gesellschaftlichen Wirklichkeit wenig zu tun hatten, aber einem gewissen L'art pour l'art verpflichtet waren. Auch dafür hatte es bekannte europäische wie türkische Vorbilder gegeben.

Diplomat und Dichter
Abdülhak Hamid Tarhan

Es gab einmal eine Zeit, da man unter jenen, die das politische Geschäft betrieben oder es nach außen für ihr Land zu repräsentieren hatten, hochgebildete, ja gelegentlich sogar schöpferische Männer fand. Es war für manche immerhin eine Ehre, das Amt etwa eines führenden Diplomaten ihres Landes mit der persönlichen Berufung und Verpflichtung zum Dichter und zum Dichtertum zu verknüpfen. Diplomat und homme de lettres war besonders in der französischen Nation eine durchaus verbreitete Mischung. Dort – und auch nur dort – ist sie es auch in der Regel bis heute geblieben, jedenfalls was die europäischen Nationen anbetrifft.

In der einstmals so fernen Türkei war sie es immer. Deren Dichter erhalten zwar – Orhan Pamuk ist da eher die Ausnahme – seltener Preise, weil man sie außerhalb des Landes nicht oder kaum kennt, aber ihre Diplomaten sind häufig hommes de lettres, was schon in osmanischer Zeit der Fall war. Im Osmanischen Reich und auch noch in der späteren Türkischen Republik hatte das wohl auch ein wenig damit zu tun, dass die Führungselite klein war, ein überschaubarer Kreis von Gebildeten *Paschas*, abgesehen davon, dass diese Elite seit Jahrhunderten ohnehin die Dichtkunst pflegte. Und auch bei den Franzosen ist das Ganze ja kein Zufall, weil die Erziehung auf den Eliteschulen in den Zöglingen ein Bewusstsein von der Größe der eigenen literarischen Tradition und von der Eleganz und Einmaligkeit der französischen Sprache kultivierte.

Französische Bildungseinrichtungen standen ja auch oft Pate, wenn es darum ging, im verlöschenden Osmanischen Reich ähnliche Institutionen zu schaffen. Vorbild der ersten osmanischen Gymnasien, welche die Medresen, die religiösen Ausbildungsstätten, ergänzten oder ersetzten, wurde das französische Lyzeum. Noch heute heißt das Gymnasium auf Türkisch: *lise*, nach dem französischen Wort. Der spätosmanische Zentralismus in Sachen Bildung und Ausbildung war ein weitgehend französisches Gewächs, in erster Linie natürlich in Konstantinopel / Istanbul, dem sich modernisierenden Zentrum des Reiches am Bosporus.

So nimmt es auch nicht wunder, dass Abdülhak Hamid Tarhan (1852–1934), einer der Schöpfer des Dramas als dichterischer Gattung in der Hochliteratur der Türkei, den wir hier vorstellen wollen, ein Mann gewesen ist, der ganz der französischen Kultur zugewandt war. Seine

Lehrmeister als Dichter waren denn auch – neben den osmanischen und persischen Klassikern, die jeder gebildete Türke beherrschte – die Klassiker der Franzosen, allen voran Jean Racine, Molière und Pierre Corneille. Alle drei wurden, zusammen mit Shakespeare, zu den Erweckern der modernen türkischen Dramatik, zuerst in spätosmanischer Zeit, dann in der Ära der Republik. Dies war ein gänzlich neuartiges Unterfangen für das Land und seine Literaten, denn der so reichen islamischen Literatur war bis dahin eine spezifische literarische Gattung des Westens ganz fremd geblieben: das Drama, die theatralische Dichtung. Diese Gattung hatte offenbar im Islam länger als tausend Jahre nicht Fuß fassen können – aus Gründen, die zur Spekulation herausfordern, weil sie bis heute unklar sind.

Man hat diesen türkischen Dichter, dem wir uns ausführlicher widmen wollen, gelegentlich mit Paul Claudel (1868–1955) verglichen, dem großen Franzosen, der als herausragende Figur des Renouveau catholique in seiner Heimat galt, zusammen mit François Mauriac und Georges Bernanos. Doch im Unterschied zu diesen beiden war Claudel Dramatiker. Die Gattung des Romans hat ihn wenig gereizt. Das ist schon die erste Gemeinsamkeit, die er mit dem Türken Abdülhak Hamid hat, den auch der Roman nicht interessierte. Des Weiteren muss man hervorheben, dass sowohl Claudel als auch Abdülhak Hamid große Meister der breit ausschwingenden Poesie waren, Claudel zum Beispiel in seinen »Fünf Große(n) Oden«, der Türke in seinen längeren Versdichtungen, etwa »Makber« (»Die Grabstatt«). Beide Dichter interessierten sich nicht nur für Politik, sondern machten die Repräsentanz des Politischen zu ihrem Brotberuf. Jahrzehntelang dienten sie ihren Ländern als Diplomaten in verantwortlichen Stellungen und in vielen Teilen der Welt. Dies prägte ihren Geschmack, ihre Weltläufigkeit und auch ihren poetischen Stil. Beide waren Brüder im Geiste, wenn auch keine Zwillingsbrüder, denn auch die Differenzen zwischen beiden waren beträchtlich. Nur so wollen wir auch den Vergleich verstanden wissen.

Trotz aller Unterschiede des kulturellen Umfeldes gibt es viele Ähnlichkeiten, was Herkunft und Karriere beider Dichter anbetrifft. Abdülhak Hamids Familie gehörte zu jenen Kreisen, welche die Paschas und Effendis stellten, jene für das Osmanische Reich so unentbehrlichen Würdenträger, die bei Hofe wirkten, Provinzen für den Sultan verwalteten oder ihn eben als Botschafter im Ausland vertraten. Es war die – ethnisch ungeheuer vielgestaltige – osmanische Oberschicht. Und Claudels Vater war ebenfalls Teil jener Beamtenkaste, die das zentralistische Frankreich stetig und verlässlich führte –

geprägt von der Revolution, vom Säkularismus und Kartesianismus, tragende Elemente dies, die sich auch im Französischen Kaiserreich Napoleons III. hielten. In beiden Familien konnten auch die Töchter, respektive weibliche Angehörige, ihren musischen oder intellektuellen Neigungen frönen. Camille Claudel, die Schwester Pauls, wurde die Geliebte des Bildhauers Auguste Rodin und selbst eine bekannte Bildhauerin, die in den vergangenen Jahren der Vergessenheit entrissen wurde. In letzter Zeit wurde sie geradezu zu einer Kultfigur. Und Mihrinisa Hanim, die Mutter Abdülhak Hamids, war ebenfalls als Dichterin hervorgetreten. Manche Frauenrechtlerinnen in der Türkei beginnen heute, sich mit weiblichen Gestalten der eigenen Literaturgeschichte intensiver auseinanderzusetzen, so wie die Franzosen (und andere) dies mit Camille Claudel tun.

Paul Claudels diplomatische Karriere währte knapp vier Jahrzehnte. Sie führte ihn auf höhere, später höchste Posten in Asien, Europa und Amerika. Es ist ein Rätsel, wie er neben seinen mannigfachen Verpflichtungen als diplomatischer Repräsentant seines Landes die Gelegenheit zum poetischen Schaffen fand. Sein gesamtes Werk, vornehmlich Dramen und ausladende, tiefsinnige Oden, die auch Saint John Perse inspirierten, rechnet unter die katholische Weltdichtung des 20. Jahrhunderts wie der Jahrhunderte davor, Claudel war der führende Dramatiker des Renouveau catholique in Frankreich, während sich dessen andere führende Repräsentanten mehr der epischen Gattung widmeten. In Dramen wie »Verkündigung« (»L'annonce faite à Marie«) und besonders in seinem Hauptwerk »Der seidene Schuh« (»Le soulier de satin«) hat Claudel gezeigt, dass die katholische Weltsicht auch in der Moderne auf literarisch gültigem Niveau gestaltet werden kann. Dabei ist hervorzuheben, wie Claudels Wille zum Katholischen, Allumfassenden, durch seine diplomatische Weltläufigkeit zusätzlich gefördert, aber auch erweitert worden ist. Claudels Weltläufigkeit ist freilich nicht jene des unverbindlich dahinplätschernden Salongeredes, sondern zutiefst dem gesamthaft Lebendigen und Allumfassenden in Gottes Schöpfung verpflichtet. Menschliches Leben, wo immer und unter welchen Umständen es auch anzutreffen ist, steht unter dem »Signum der Heiligung«, der Gnade, aber auch der Sühne, auch und gerade wenn es der Sünde anheimfällt, also in letzter Konsequenz des Kreuzes. Dabei bindet Claudel – was für sein Jahrhundert ungewöhnlich ist, diese weltläufige Christlichkeit nicht an den Existenzialismus, wie der Philosoph Gabriel Marcel, oder an ein Protest-Christentum, sondern an die Kirche. Claudel war klerikal – im

Grunde eine Form neuartiger Blasphemie im säkularen Frankreich nach der Revolution. Wenn man es genau betrachtet, war dieser Dichter das, was viele andere sein wollen, aber in Wirklichkeit gar nicht sind: unbequem und gegen den Zeitgeist. Dies freilich war nicht immer so gewesen. Zunächst hatte Claudel in seiner Kindheit und Jugend jenen Geist eines ätzenden, galligen Positivismus mitbekommen, der für die französische Oberschicht schon lange bestimmend gewesen war, Skeptizismus, Agnostizismus, Atheismus, Antiklerikalismus. Das Inbild all dessen war der große Gelehrte Ernest Renan, dessen orientalistische und christologische Forschungen (»Das Leben Jesu«) ganz im Zeichen eines skeptischen Rationalismus standen. Im philosophischen Werk von August Comte (1797–1856) und in den Arbeiten von Hyppolite Taine hatte diese Strömung ihren Höhepunkt erreicht und war die dominierende Richtung im französischen Geistesleben geworden. Im Grunde ist sie es noch heute. Claudel erlebte jedoch im Alter von achtzehn Jahren eine Konversion, die ihn vom kämpferischen Atheisten zum ebenso kämpferischen Gläubigen werden ließ, der er bis zu seinem Tode im Jahre 1955 blieb. Diese »Bekehrung«, vielmehr Wiederbekehrung eines abtrünnigen Christen ereignete sich, als Claudel im Alter von achtzehn Jahren ein Hochamt in der Pariser Kathedrale Nôtre-Dame besuchte. Für den Rest seines Lebens wurde Claudel Teil jenes katholisierenden Milieus in Frankreich, das sich – neben dem schon erwähnten Gabriel Marcel – um Philosophen und Gelehrte wie Jacques Maritain, dessen Frau Raissa oder auch Louis Massignon, den genialen Orientalisten und Erforscher der islamischen Mystik, bildete. Im Unterschied zu letzterem blieb Claudel allerdings immer auf Distanz zum Islam.

Auch im Leben von Abdülhak Hamid Tarhan spielte der Franzose Comte eine wichtige Rolle. So weit die osmanische Führungsschicht nach Westen blickte, orientierte sie sich an Frankreich, dessen Literatur, Wissenschaft und Philosophie. Der Gedanke des türkischen Nationalstaates, wie er später in der Türkischen Republik Wirklichkeit werden sollte, war französisch-zentralistisch beeinflusst. Der moderne Zentralismus setzte sich unter dem Staatsgründer Mustafa Kemal Atatürk auf den alten, vom Osmanenreich ganz anders – nämlich islamisch – gerechtfertigten universalistischen Zentralismus des Kalifats von Istanbul/Konstantinopel. Die Türken übernahmen, anders als die Araber, nicht das aus der deutschen Romantik geborene Konzept des Nationalstaates, sondern eben das französische, das auf der Aufklärungsphilosophie des 18. Jahrhunderts fußte. Maßgebend wurde dabei der Gedanke des Laizismus, wie er im Gefolge der Französischen

Revolution von vorwiegend französischen Denkern verbreitet worden war. Im osmanischen Religionsstaat fanden diese Ideen naturgemäß nur zaghaft Eingang, die führenden Familien waren aber mit ihnen vertraut. Interessant ist nun, dass ein Mann wie Claudel in seinen Werken dem positivistischen Denken, also im wesentlichen Comte, zu entfliehen sucht, während der türkische Dramatiker gerade auf Comte eingeht, allerdings, um ihn in gewisser Weise zu islamisieren. Nach der Theorie von der eigenen, spezifisch islamischen Datierung Gottes unternimmt Tarhan den Versuch, das Prinzip der Weltlichkeit (laicité) als in der eigenen Kultur angelegt, das heißt ihr von Anfang an inhärent darzustellen, natürlich um apologetischer, modernistischer Zwecke willen. Tarhan will, so wenig wie Ahmet Midhat Efendi (1844–1912) und andere führende osmanische Intellektuelle, die wir schon kennenlernen, mit dem Islam brechen, sondern, im Gegenteil, ihn authentisch modernisieren und auslegen. So nimmt es auch nicht wunder, dass er von Beginn an ein großer Bewunderer Mustafa Kemal Atatürks gewesen ist. Dieser gab dann die Parole aus, es gebe nur eine Zivilisation (medeniyet) – nämlich die positivistisch westliche –, aber viele Kulturen (hars, kültür), wie etwa die türkische. Gleichwohl ist die Position Abdülhaks zur Religion nicht mit jener abgehobenen Exklusivität Atatürks identisch. Als ob die Türken oder Muslime zuvor zivilisatorisch Barbaren gewesen wären.

Doch zunächst zurück zu Abdülhaks diplomatischer Karriere. Sie verlief recht farbig und umfasste geografisch weit auseinanderliegende Regionen der Staatenwelt. Zwischen 1876 und 1878 war Abdülhak zunächst Botschaftssekretär in Paris, das er von Jugend an kannte, hatte er doch an der Seite seines Onkels, der ebenfalls Diplomat war, dort eine Reihe von Schuljahren verbracht. Davor hatte er schon Teheran kennengelernt, denn sein Vater Hayrullah Effendi war einige Zeit Botschafter in Iran gewesen. So lernte der junge Abdülhak in nur wenigen Jahren zwei kulturelle Antipoden kennen. In gewisser Weise hatte ein Mann wie er kaum eine Chance, etwas anderes zu tun, als in die Fußstapfen der Familie, das heißt der männlichen Vorfahren, zu treten. Osmanischer Gesandter oder überhaupt Diplomat zu sein, hatte in jener Zeit eine besondere Note: Man repräsentierte einen Staat, dessen baldiges Ende im Zusammenhang mit der »orientalischen Frage« von den westlichen Nationen immer wieder lauthals verkündet worden war, der aber gleichwohl nach außen wie nach innen eine überraschend zähe Überlebenskraft zeigte. Immerhin, vorbei war schon lange die Zeit, da Europa in dem Reich der Osmanen eine tödliche Bedrohung erkennen musste, da dieses Reich in einer sozusagen arrogant-exklusiven Geste gar keine Gesandten nach Westen schicken zu müssen glaubte, sondern allenfalls die berühmten »Grußbotschaften« mit den Christen austauschte, umgekehrt jedoch, wenn das dem Sultan opportun zu sein schien, westliche Gesandte in das Verlies der Sieben Türme (Yedikule) von Istanbul warf. Mächtiger noch wurde der Einfluss des Padischah in Mittelasien und auch bei den Muslimen des indischen Subkontinents gesehen, die bis heute eine gewisse Anhänglichkeit an die Türkei bewahrt haben. Abdülhak vertrat sein Land insgesamt auf folgenden Posten: Paris, Poti, Bombay, Beirut, London, Brüssel. In Beirut war 1885 schon seine erste Frau gestorben, die ebenfalls als Dichterin hervorgetretene Fatma Hanim.

In seiner Dichtung spielt das historische Drama eine herausragende Rolle. Das mag zunächst damit zusammenhängen, dass Geschichte und Drama ohnehin eng verbunden sind. Die Geschichte hat Akteure, wie sie auch das Drama hat; außerdem bot die (islamische) Geschichte genug Stoff, um gewisse Ideen unters Volk zu bringen, ein Anliegen, das Abdülhak Hamit Tarhan mit anderen spätosmanischen Autoren teilte. Die wichtigsten Vorstellungen Abdülhaks über den Kulturkreis, dem er angehörte, waren: Die islamische Welt ist eine Einheit und muss es bleiben, und der Islam ist eine Religion, die alle Elemente der Moderne in sich trägt, mag dies auch noch so sehr bestritten werden. Der Islam ist prinzipiell fortschrittlich. Er gründet auf Prinzipien wie Gleichheit, Gerechtigkeit, Freiheit, Liebe und Brüderlichkeit. Man sieht, wie der Dichter und Diplomat mit Absicht gerade jene Begriffe und Ideale hervorhebt, die auch den inneren Kern der Ideen der Französischen Revolution ausmachten. Höchstes Ziel des Islams ist der Dienst an der Menschheit, die islamische Religion zielt auf inneren und äußeren Frieden, lehnt jede Form der Grausamkeit und Unterdrückung (istibdad) ab. Besonders Letzteres war auf die autokratische Herrschaft des Sultans Abdülhamit II. (1876–1909) gemünzt, obschon er der Dienstherr des Diplomaten Tarhan war.

Das bekannteste historische Drama Abdülhaks ist »Tarik yahut Endülüs Fethi« (»Tarik oder die Eroberung Andalusiens«), in dessen Mittelpunkt der islamische Feldherr Tariq Ibn Ziyad steht. Unter seiner Führung überquerten muslimische Heere im Jahre 711 die Meerenge zwischen Nordafrika und Spanien – die seither den Namen »Gibraltar«, von »Dschebel Tariq« (»Felsen des Tarik«), trägt – und setzten zur Eroberung Spaniens, zur Öffnung (fetih) dieses Landes für den Islam an. Tarik wurde somit Ausgangspunkt für die etwa achthundert Jahre währende, teilweise glanzvolle Herrschaft der »Mauren« über Spanien, besonders über Andalusien. Tarhan feiert diese historische Größe natürlich in der Absicht, der Islam möge an sie wieder anknüpfen – ebenso in dem Historiendrama »Ibn-i Musa yahut Zat ül-cemal« (»Ibn Musa oder die Schönheit«). Auch in »Duhter-i Hindu« (»Die indische Tochter« oder »Hindutochter«) sowie in »Sardanapal« greift der Dichter-Diplomat historische Motive und Hintergründe aus der östlichen Kulturwelt auf. Formal und sprachlich die französischen Klassiker imitierend, mischt er Apologetik mit dem Versuch, die vom Westen übernommene dramatische Kunst ganz der eigenen Kultur anzuverwandeln.

War Abdülhak Hamid Tarhan, der noch bis weit in die Zeit Atatürks und seiner Reformen hinein lebte, trotz der islamischen Vorbilder, die er gestaltete, ein Säkularist und Laizist? Mit ziemlicher Sicherheit war er es. Der Dichter hebt den sozialen und egalitären Geist des Korans stark hervor, auf seine Beziehung zum Denken der Französischen Revolution habe ich schon hingewiesen. Auch der Islam könne dies alles leisten, ist der feste Glaube des Dichters. In der Einleitung ihrer »Tarik«-Ausgabe aus dem Jahre 1960 schreiben Sadi Irmak und Behçet Kemal Çaglar:»Kein Zweifel, der verewigte Hamit war ein wahrer Muslim, und wie jeder wahre Muslim war er an ein laizistisches Verständnis der Religion (laik bir din telakkisine) gebunden. Schließlich war ja auch einer der größten Muslime, Sultan Mehmet Fatih[19], ein Laizist. Diese Auffassung speiste Hamids Bewunderung für Atatürk.« In einem Brief aus Wien an seinen Dichter-Freund Samipaşazade Sezai (1860–1936) habe sich der Dramatiker ausdrücklich zum weltlichen Charakter des türkischen Staates bekannt, schreiben die Herausgeber zusätzlich. Beide Literaturwissenschaftler sehen in Hamids Dramen die Gestaltung eines »islamischen Idealismus«, als dessen Hauptvertreter gerade die Helden seiner historischen Stücke, wie eben Tarik, auftreten.

Die Dramatiker nach Abdülhak Bey haben teilweise ganz andere Bahnen beschritten, doch wissen sie seine historische Rolle sehr wohl zu schätzen. Auch genießen Stücke, in denen Szenen der osmanisch-türkischen Geschichte gestaltet werden, bis heute eine ungebrochene Zuneigung des Publikums. Stand in jener Epoche vor allem die Geburt des nationalen Denkens auf der Tagesordnung der Dramatiker, so sind es heute, nach der Konsolidierung und pluralistischen Ausgestaltung der Republik, meistens andere Themen, die auf die türkischen Dramatiker anziehend wirken: Entfremdung, Individualismus, soziale Gerechtigkeit, Moral und Tradition, Eman

---

[19] Der Eroberer Konstantinopels 1453. Er starb im Jahr 1481.

zipation und so weiter. Doch auch das Osmanische Reich hat so etwas wie eine Ehrenrettung erfahren.

Kreiste Abdülhak Hamid Tarhans Denken um die Pole Koran, Islam und Moderne, so wurde die geistige Welt Paul Claudels im weiteren Sinne von Thomas von Aquin bestimmt, von der »Summe der Theologie«, die nach seiner Auffassung die Quinta essentia des katholischen Glaubens bot. Claudel hatte das schon von seinen äußeren Ausmaßen her gigantische Werk immer dabei, wenn er »auf Posten« war irgendwo in der Welt. Auf der Grundlage dieser rationalistischen Katholizität, die gleichwohl das Übervernünftige anerkennt, gestaltete er in seinen Dramen den Zusammenstoß von katholischer Weltschau, Sünde und Gnade, mit der modernen Welt – für ihn hauptsächlich verkörpert im Werk André Gides, der mit dem Kommunismus sympathisierte und sich zum Atheismus bekannte. Wollte der türkische Dichter die eigene religiöse Tradition modernisieren, vielmehr aufweisen, dass sie, wenn man sie recht verstand, sogar modern und nichts als modern sei, so ist bei Claudel ein durchaus antimoderner Affekt zu beobachten. Claudel war zwar ein Mensch der Moderne, doch ein spezifisch moderner, stets um das Diesseits und seine Bedürfnisse kreisender Mensch war er nicht. Die überzeitliche und überräumliche Kategorie des Katholischen (Allumfassenden) bot Claudel ein Weltverständnis, das sich solchen Kategorien und Zuweisungen letztlich verschloss. Der geistige Umkreis Claudels, obschon skeptisch gegenüber der Moderne, vollzog dennoch manche Annäherung an sie, etwa an die moderne Kunst.

Beide Dichter, der Christ wie der Muslim, waren Vertreter und Gestalter einer religiös-universalistischen Vision von Leben und Geschichte, die durch die diplomatische Welterfahrung in ihrer Substanz kosmopolitisch ausdifferenziert wurde. In Claudels Werk zeugt vor allem der »Seidene Schuh« von dieser kosmopolitisch angereicherten, universalistischen Weltschau aus christlicher Sicht. Anders als sein französischer Landsmann Louis Massignon, der Orientalist, hatte Claudel kein entspanntes, empathisches Verhältnis zum Islam. Doch seine gläubige Hinnahme eines Geschicks in der Geschichte, das größer ist und mächtiger als alle Planungen und Entwürfe des Menschen, die zwischen Scheitern und Gnade angesiedelt sind, bewegt sich auf derselben Höhe und Ebene wie die religiös-weltlichen Überzeugungen seines universell gebildeten muslimischen »Gegenstückes« Abdülhak Hamid Tarhan. Dessen Erinnerungen und Aufzeichnungen, unlängst zusammen mit den Briefen ediert, sind eine faszinierende Quelle für die Darstellung der west-östlichen Hintergründe von Abdülhak Hamids dichterischem Werk.

Reichtum der Künste

Tevfik Fikret und die »Neue Literatur«

Wer sich im Original mit Tevfik Fikret, einem der großen Erneuerer der türkischen Dichtung, beschäftigen will, greift am besten zu der vom Asim Bezirci im Jahre 1984 herausgegebenen Sammlung seiner Gedichte in drei Bänden: »Geçmisten Gelen« (»Aus der Vergangenheit kommend«), »Rübab-i Şikeste« (»Die zerbrochene Geige«) und »Haluk'un Defteri« (»Das Heft oder Tagebuch Haluks«) – »Bütün Şiirleri« (»Alle Gedichte«). Brauchbar ist der erstmals 1952 von dem bekannten Autor Yaşar Nabi Nayir herausgegebene Band »Tevfik Fikret«[20]. Diese Zusammenfassung, mit einem Vorwort des Herausgebers versehen, hat inzwischen mehrere Neuauflagen erlebt. Sie enthält nur Originalfassungen der Gedichte Fikrets in der spätosmanischen Sprache, während Bezirci neben den Originalen jeweils auf der gegenüberliegenden Seite – wir werden darauf noch häufiger stoßen – auch die Transponierungen in das zeitgenössische Türkisch bietet. Nayirs Ausgabe leistet dem Leser insofern Hilfe, als er unter den Gedichten ein osmanisches Glossar abdruckt, eine häufig verwendete Methode bei der Wiedergabe älterer Werke, die natürlich mit der umfangreichen Sprachreform der Atatürk-Ära zu tun hat.

Zusammen mit einigen anderen Poeten, zu denen auch der zuvor behandelte Abdülhak Hamid Tarhan zu rechnen ist, bildet Tevfik Fikret das Bindeglied zwischen der Tanzimat-Literatur und der sogenannten Neuen Literatur (Edebiyat-i cedide), zu deren führenden Vertretern er gleichzeitig gehört und die sich in der Nationalen Literatur (Millî Edebiyat) im 20. Jahrhundert auf revolutionäre Weise fortsetzte. Diese Epochen sind freilich nicht so streng voneinander getrennt, wie man meinen mag, sondern gehen personell und inhaltlich-formal auch ineinander über. Doch Unterschiede sind durchaus festzustellen.

Tevfik Fikret, Jahrgang 1867 und schon 1915 gestorben, erlebte den Untergang des Reiches und den Umschwung hin zur Republik Kemal Atatürks nicht mehr. Die Republik verehrte ihn jedoch als ästhetischen Vorläufer jener literarischen und sprachlichen Umstürze, die unter ihrer Ägide kommen sollten. »Atatürk sah in ihm jenen Dichter, den er am meisten liebte, schätzte und dessen Gedanken er

---

[20] »Tevfik Fikret. Yaşami, sanati, şiirleri«, Traditions-Verlag Varlik

teilte«, schreibt Bezirci in seiner Einleitung zur dreibändigen Ausgabe der Gedichte. Das mag übertrieben sein, denn Atatürk hatte auch andere Lieblingsdichter, wie den Volkslyriker Aşik Veysel, doch falsch ist es natürlich nicht.

Tevfik Fikret wurde in Istanbul im Stadtteil Aksaray als Mehmet Tevfik geboren, inmitten des traditionellen »Stambul« also, wie es die alten Reisebeschreibungen oft nennen. Der Vater kam aus vornehmen Kreisen, die Mutter aus einer anatolischen Familie. Früh, mit zwölf Jahren, wurde der Zögling des Galatasaray, damals noch Mekteb-i Sultaniye (Sultansschule) genannt, Vollwaise. Diese neuartige Bildungsanstalt, das erste moderne Lyzeum der osmanischen Türkei, brachte die künftige Elite des Reiches, aber auch der späteren Republik hervor, zusammen mit dem Robert College (der heutigen Bosporus-Universität), an dem Tevfik Fikret später selbst als Lehrer wirken sollte. Zu seinen eigenen Lehrern am »Galata« gehörte, unter anderen, der bekannte homme de lettres Muallim Naci.

Fikret verließ die Schule 1888 als Bester seines Jahrgangs. Und er schrieb, wie viele, schon als Heranwachsender Gedichte. In den gebildeten Kreisen der Osmanen war es gang und gäbe, sich mit den poetischen Formen und Inhalten der klassischen Dichtung zu beschäftigen, die persische Sprache zu studieren und selbst Ghaselen und Kassiden oder Vierzeiler (rubai) zu verfassen. Im Zweifel war dies beste Dilettanten-Lyrik. Bei Tevfik Fikret hingegen zeigte sich schon früh seine dichterische Begabung. Im Allgemeinen begannen Dichter ihre Begabung dadurch zu testen, dass sie sogenannte *nazires* schufen, das heißt poetische Gegenstücke (benzetme) zu berühmten Gedichten arrivierter Poeten. Fikret tat dies auf Gedichte von Muallim Naci und Recaizade Mahmut Ekrem. Letzterer war auch der erste Literaturkritiker der osmanischen Türkei, dessen Urteil natürlich entsprechende Beachtung fand.

Neben seinen beruflichen Verpflichtungen als Beamter in verschiedenen Ministerien und hohen Ämtern sowie später als Lehrer, unter anderem auch am Galatasaray, begann er zunächst für die von Ismail Safa herausgegebene Zeitschrift »Mirsad«, dann für »Malumât« und andere Publikationen zu schreiben. Seit 1896 leitete er dann die Literatur- und Kulturzeitschrift »Servet-i Fünun« (»Reichtum der Künste«), die sich um eine am Westen orientierte Wortkunst und Ästhetik bemühte, die freilich auch nicht mit allem brechen wollte, was in der Vergangenheit an Großem geleistet worden war. Die besten Namen der Literatur aus der Zeit der Jahrhundertwende waren um dieses Organ versammelt: Hallt Ziya

Uşakligil (1866–1945), Cenap Şehabettin (1870–1934), Mehmet Rauf (1875–1931), Samipaşazade Sezai (1860–1936), Hüseyin Cahit Yalçin (1874–1957), Ahmet Hikmet Müftüoğlu (1870–1927), die alle mit mehr oder weniger bedeutenden Werken in Prosa – Romanen, Erzählungen und Essays –, hervorgetreten sind.

Man kann den Einfluss kaum überschätzen, den zu jener Zeit die französische Sprache, Kultur und Literatur auf die dünne Schicht der Gebildeten im Osmanischen Reich ausübten. Französisch war damals so sehr Weltsprache, wie es heute das Englische geworden ist. So ist einsichtig, dass man über das Französische auch am ehesten Zugang zu den Strömungen der modernen europäischen Literatur fand. Schon die Autoren des Tanzimat hatten davon, wie wir gesehen haben, profitiert. In ihrem künstlerischen Schaffen wurde auch die Generation Fikrets weiter nachhaltig davon geprägt. Speziell in der Poesie reichte der Bogen von französischen Dichtern wie den Romantikern Alfred de Musset, Alphonse de Lamartine bis hin zu dem Zeitgenossen Sully-Prudhomme, der um die Wende vom 19. zum 20. Jahrhundert als bekanntester Repräsentant des französischen Symbolismus galt. Er erhielt 1901 den Nobelpreis für Literatur. Sein Werk ist heute fast so vergessen wie sein Name, selbst in Frankreich, doch zu seiner Zeit galt er viel und wurde auch in der Türkei rezipiert. Auch der Franzose François Coppée wirkte auf Tevfik als Vorbild.

Die poetische Ästhetik des Servet-i Fünun jedenfalls ist ohne französische Vorbilder nicht vorstellbar. Hinzu kam der ausdrückliche Wille, die überladene Dichtersprache des Osmanischen weiter zu vereinfachen, wie das schon von den Poeten des Tanzimat propagiert worden war. Und auch die inhaltliche Erneuerung, das heißt die Ausweitung und Diversifizierung poetischer Gegenstände wurde fortgesetzt. Gerade Tevfik Fikret wurde einer jener ersten Dichter der Türkei, die auch an einer Poetisierung des Alltäglichen arbeiteten. Annemarie Schimmel, zum Beispiel, übersetzte ein Gedicht Fikrets über eine Katze, türkischer Originaltitel »Zerriste« (»Das Kätzchen Goldfaden«). Inwieweit man dies Realismus nennen mag, ist eine Frage der Definition. Ansonsten gehören auch persönliche Empfindungen, Trauer, Freude, Melancholie, Erscheinungen der Natur (tabiat, doğa) und allgemein romantisch-lyrische Stimmungen zu den Merkmalen von Fikrets Dichtung.

Genau im Jahre 1900 trat er mit der ersten, Epoche machenden Sammlung seiner Gedichte hervor: »Rübab-i şikeste«, ein Titel, der bereits Untergang und Übergang andeutete. Die Geige ist zerbrochen, weil die alte Zeit dahinschwindet, mit ihr auch überkommene

Ideen und poetische Vorstellungen und Formen. Es folgten 1911 »Haluk'un defteri«, die nach seinem Sohn Haluk benannt ist, sowie »Sermin«, erschienen ein Jahr vor seinem Tod, das heißt 1914.

Nach der Jahrhundertwende spitzten sich die politischen und gesellschaftlichen Verhältnisse im Reiche Abdulhamids II. zu. Die Zensur verschärfte sich, worunter auch Servet-i Fünun zu leiden hatte. 1901 wurde die Zeitschrift geschlossen, nach zehn Jahren des Erscheinens. Tevfik Fikret sympathisierte offen mit jenen Ideen, die zur Jungtürkischen Revolution von 1908/09 und zum Sturz des Sultans Abdulhamid führten. Bei Fikret macht sich diese gesellschaftliche und politische Turbulenz seit 1901 in seinen engagierten Gedichten bemerkbar, die an die Seite der eher romantischen treten, insbesondere in der Anthologie »Haluk'un defteri«. Fikret wurde auch mehrfach festgenommen. Zuvor hatte er zusammen mit Hüseyin Cahit die Zeitung »Tanin« herausgegeben. Nach der Jungtürkischen Revolution machte sich bald eine gewisse Ernüchterung breit, von der auch Fikret nicht verschont wurde. Aufsehen erregte seine Kündigung an der Universität, Darülfünun, und als Direktor des Galatasaray. Hintergrund für diesen Schritt waren seine fortschrittlichen Ideen, die vielen zu weit gingen. Vor allem mit dem stark islamisch-traditionell geprägten Dichter Mehmet Akif Ersoy (gest. 1936), der die Zeitschrift »Sirat-i mustakim« (»Der gerade Weg«)[21] herausgab und in ihr seine Dichtungen publizierte, geriet er in Streit. Von jahrelangen Kämpfen und Streitigkeiten mit Gegnern und Zensoren seelisch zermürbt, starb Tevfik Fikret am 19. August 1915 im Alter von 48 Jahren. Er wurde nur so alt wie Namik Kemal und Ibrahim Şinasi. Auf dem berühmten Friedhof von Eyüp, dem heiligsten Platz Istanbuls, wo der Fahnenträger des Propheten Mohammed bestattet wurde, wurde er begraben.

Neben der besonders wohlklingenden Sprache fällt bei dem Lyriker Fikret die oft schon freie Behandlung der Form auf. Langzeilen und Kurzzeilen wechseln sich in vielen seiner Gedichte in loser Folge ab. Fikret verwischt in einzelnen Gedichten sogar die Grenze zwischen Poesie und Prosa, zwischen gebundener und offener Form. Die Dekadenz des Reiches nach sechshundert Jahren Herrschaft gehört dabei zu den wichtigen, immer wiederkehrenden Themen des Dichters, der freilich niemals die Hoffnung auf eine Erneuerung aufgibt. Das ist der Sinn und das Trachten seiner Dichtung, dass die Jugend das Land umgestalten und erneuern werde:

[21] Eine Anspielung auf Sure 1 des Korans und die islamische Eschatologie.

Abschied von Haluk

Wir trennten uns, du gingst zum Zug, ich zu meinem Schiff,
Du, um sogleich nach den schottischen Landen zu eilen,
Gegenden des Nebels, des Regens, des Schnees und des Eises,
Doch noch die Nebenpfade mit Schweiß und Freiheit erbaut,
Ich aber zu den bröckelnden Stränden des Bosporus …

Ein leeres Bett und ein enttäuschtes Leben,
In einem Winkel, der zerfällt und ganz vernachlässigt wurde …
Soll ich dir sagen, wohin meine Gedanken schweiften? Soll ich's?
Dies unser Land, so warmherzig und offen –
Dass ich dir's sagen muss, ist eine Schande! –
Wird in Zerstörung enden einst und ganz verloren sein.
Das sind so bittere Worte, Haluk, doch der Wahrheit nahe.
Erinnere dich, dass wir einmal durch Topkapi gestreift,
Und irgendwo auf einem Platz an unserem Weg
Begegnet uns ein Baum, hoch sich in die Lüfte schwingend,
Weit seine Zweige, stark sein ganzer Stamm,
Stolz und ungebeugt, vielleicht sechshundert Jahre,
Oder noch länger gar führt' er ein unbeschwertes Leben …

Dies ist natürlich eine Anspielung auf die Größe des Osmanischen
Reiches, als man von einer solchen noch sprechen konnte. Aber der
Dichter schließt mit den Versen:

Schau nicht zurück und lass dich nicht verstören
Durch diesen dunklen Ausdruck, der der Tugend Antlitz bleicht.
»Für immer vorwärts, für immer an die Spitze«
Dem Wahlspruch folge bei allem, was du unternimmst.
Gelange zu den Sphären, die jenseits des Vorhandenen liegen,
Durchquere die neun Himmel in alle ihre Richtungen,
Betrachte dort, was einen Mann kann inspirieren,
Sich rascher zu erheben und Vervollkommnung zu finden …

Dazu wird anstelle des klassischen, immer wiederkehrenden Mono-
reims der traditionellen Ghaselen und Kassiden, von denen sich
der Dichter schon bald verabschiedet hatte, auch der Paarreim verwendet, der in der althergebrachten Poesie nur in den langen, nach
persischen Vorbildern gebauten Versepen, den Mesnevis, vorkam.
Vom Standpunkt der Sprache, ihres Wortschatzes und der gram-

matikalischen Struktur aus gesehen, ist in ihnen schon die Tendenz zur Einfachheit zu beobachten. Ein Teil der verwendeten Wörter verschwand mit der Sprachreform unter Atatürk, ein anderer Teil blieb erhalten. Es gibt hier und da sogar Gedichte Fikrets, die noch heute einem gebildeten Türken Wort für Wort verständlich sind, ohne dass man sie in das zeitgenössische Türkisch transponieren oder ein spätosmanisches Glossar anfügen müsste. Auf diesen Weg, die »alte« Literatur in modernem Türkisch vorzulegen, werden wir an anderer Stelle noch einmal zurückkommen.

Die Bedeutung Tevfik Fikrets und seiner poetischen Persönlichkeit ist in letzter Zeit geradezu paradigmatisch beschrieben worden, und zwar mit folgenden Worten: »Trotz seines zarten, poetischen, sehr empfindsamen Naturells – oder vielleicht gerade deshalb – sah er auch die schweren Nöte des Volkes und thematisierte sie in seiner Dichtung. Diese Problematik gab er in einer eigenständigen Form wieder, die zwischen Dichtung und Prosa lag und eine erste Tendenz zu der späteren progressiven Dichtung der Türkei zeigte. In einer sehr offenen – insbesondere unter den Zeichen der Zeit mutigen – Sprache prangerte er Ungerechtigkeiten an, forderte Recht und Gerechtigkeit für das Volk. Er hat die Schwerfälligkeit einer überholten Welt und ihrer überholten Dichtung als Erster einer neuen Ära hinter sich gelassen und den neuen Horizont, den er in seiner tiefsten Niedergedrücktheit nicht vor den Augen verlor, in eklatanter Klarheit gezeichnet. In seiner Dichtung hatten neue Inhalte ihren festen Platz gefunden: die Straße, das Dorf, Kinder und Frauen, die Armut, aber auch ungewöhnliche Ereignisse. Er war das Gewissen seiner Zeit ...«[22]

Bei dem deutschen Lyriker Hans Bethge, der sich lebenslang der Paraphrasierung orientalischer Dichtungen widmete, finden sich fünf Paraphrasen von Gedichten Tevfik Fikrets, von denen wir die modernste, auf den ersten Blick vielleicht unpoetischste hier bringen wollen. Sie macht deutlich, wie sehr sich etliche Gedichte Fikrets schon von einer im herkömmlichen Sinne poetischen, ästhetisch einseitig nur ansprechenden Thematik und Wortwahl unterscheiden. Bethge legte seinen ungewöhnlichen Paraphrasierungen eine Sammlung osmanischer Dichtungen mit dem Titel »Anthologie de l'amour turc« von Edmond Fazy und Abdoul Halim Memdou, Paris 1905, zugrunde:

[22] Beatrix Caner, 1998

DIE HÄSSLICHE

Die runzeligen Linien dehnen sich
Auf ihrem angeschwollenen Gesicht
In einer zweifelhaften Reinheit aus.

Selbst wenn sie lacht, ahnt man die Bangigkeit
In ihrer Seele; ihre Augen sehen
Mit bitterm Hohn die schönem Menschen an.

Sie ist ein Mensch wie alle andern;
Dennoch ist sie verachtet – weil sie hässlich ist,
Unruhe haust in ihrem jungen Herzen.

Wenn sie an die Verachtung denkt,
Die man ihr zollt, so spannen ihre Nerven sich.
Sie stöhnt, und ihr an Qualen reiches Herz

Empört sich, von Gesichten heimgesucht;
Dann speit sie ihren Zorn und ihren Hass
Der Schöpfung in das holde Angesicht.

Abenddämmerung und Untergang
Über Ahmet Haşim und seine Dichtung

Der türkische Dichter Ahmet Haşim, wichtigster Vertreter des Symbolismus, lebte von 1884 bis 1933. Geboren wurde dieser letzte der osmanischen Lyriker, wie wir ihn nennen wollen, obwohl er mit seinem Schaffen schon in die Zeit der jungen Türkischen Republik hineinragt, inmitten der Herrschaftsperiode von Sultan Abdulhamid II., der in der Geschichte nicht gerade den besten Ruf hat, wenn auch sein Charakterbild in mancher Hinsicht schwanken mag. Abdulhamid II., den seine Gegner auch den »roten Sultan« und den »Blutsäufer« nannten, war ein Despot, der viele Reformen der Tanzimat-Ära wieder einschränkte oder gar rückgängig machte; er hielt jedoch den territorialen Bestand des Reiches mit eiserner Faust noch für einige Zeit zusammen – allerdings um den Preis der Freiheit. Sie fiel diesem Ziel zum Opfer. In keiner Periode der osmanischen Herrschaft fanden sich so viele türkische Intellektuelle, Dichter und Journalisten im inländischen oder ausländischen Exil oder in der Verbannung wieder, wie während seiner Herrschaft, die von 1876 bis 1909 währte. Dann musste er endgültig den Jungtürken weichen.

All dies konnte nicht ohne Einfluss auf die Literatur bleiben. Sie lebte, wie schon dargestellt wurde, seit den Tagen des Tanzimat (1839–1876), der Ära der großen zentralistischen Reformen, vom Bestreben nach Erneuerung und Modernisierung, angeregt vor allem von westlichen Vorbildern, die insbesondere aus Frankreich und/oder Großbritannien in das Reich der Osmanen kamen. Im Gefolge von Dumas père et fils, Victor Hugo oder Charles Dickens emanzipierte sich die türkische Prosaschriftstellerei endgültig von der bis dahin übermächtigen, kunstvollen Poesie der höfischen Klassik (divan edebiyati), die freilich in Konventionen erstarrt war; und auch die lyrische Dichtung, die nach wie vor das größte Ansehen genoss, geriet in Bewegung. Fast alle Autoren sprachen sich für politische und gesellschaftliche Veränderungen aus, wie ihre Werke umgekehrt diese widerspiegelten, soweit sie stattfanden. Die Epoche der Tanzimat ging auf zwei wichtige Reformerlasse zurück, die unter Sultan Abdülmecit das Osmanische Reich innerlich erneuern und festigen sollten: das »Hatt-i serif« (»Edle Sendschreiben«) von Gülhane im Jahre 1839 und das »Hatt-i hümayun (»Erhabene Sendschreiben«) aus dem Jahre 1856. Diese Reformerlasse hatten zum

Ziel, die nicht muslimischen Minderheiten zu emanzipieren – eine Forderung, die vor allem von den europäischen Mächten immer wieder erhoben worden war; zudem sollten die Regierungs- und Verwaltungsstrukturen des Imperiums an Haupt und Gliedern verbessert werden. Da dies sogar eine Kleiderreform umfasste (der rote Fez oder Tarbusch ersetzte den traditionellen Turban, der dunkle Männerrock den Kaftan), haben die Tanzimat-Reformen, obwohl sie halbherzig blieben, Ähnlichkeit mit den umstürzenden Veränderungen, die im folgenden Jahrhundert Atatürk dem Land verordnete. Die Tanzimat-Periode war so etwas wie eine Generalprobe für das, was einige Jahrzehnte später geschehen sollte. Was den Tanzimat-Reformen fehlte, war der radikale Drang nach einer Säkularisierung von Staat und Gesellschaft, der die Umgebung Atatürks, vor allem jedoch ihn selbst, beseelte. Dies war unter dem Sultan, der nominell das Oberhaupt auch jener Muslime war, über die er gar nicht herrschte, noch undenkbar.

Die Poeten der Reformperiode und der daran anschließenden Jahrzehnte bis hin zur Republik, die dann 1923 unter Mustafa Kemal Atatürk gegründet wurde, bemühten sich um neuartige poetische Bilder und Formen sowie um eine Vereinfachung der bis zu diesem Zeitpunkt dominierenden osmanischen Kunstsprache, die stark mit Arabismen und Persizismen durchsetzt war. Auch die poetischen Regeln, die Versmaße und Gedichtformen, wie *gazal* (Ghasel), *kaside* (Kasside), *rübai*, *terkib-i bend* und etliche andere folgten den überlieferten Vorbildern aus dem Osten. Diese wurden allmählich zwar zurückgedrängt, doch ihr Anteil am Wortschatz blieb erheblich.

Davon zeugt nicht zuletzt die Dichtung Ahmet Haşims, der genau zehn Jahre nach der Gründung der Republik in Istanbul starb. Sein schmales poetisches Werk, aus dem wir hier einige Kostproben vorlegen, ist zwar einerseits Übergang, hin zu neuen Ufern, andererseits jedoch noch stark dem spätosmanischen Welterleben und seiner scheinbar schicksalhaft dem Verfall preisgegebenen späten Geschichte verhaftet. Insofern reflektiert diese Dichtung mit den Mitteln der Ästhetik mehr den Untergang dieser alten Welt als den Aufgang der neuen, republikanischen, für den andere Namen aus der Literatur, gerade auch der Lyrik, zu nennen wären. Doch davon später.

Dies freilich, das Schillernde des Übergangs, macht nicht zuletzt ihren ästhetischen und sprachlichen Reiz aus. Es ist eine Mischung aus poetischer Offenbarung, die aus Europa herüberkam, und Untergang des Osmanentums, die sich in diesen Gedichten zeigt. Eine Stimmung der Melancholie spricht aus diesen Versen, die offenbar unheilbar zu sein scheint. Vielen Intellektuellen, die zu jener Zeit, das heißt um die Wende vom 19. zum 20. Jahrhundert lebten – und der Dichter Ahmet Haşim war schon vierzig, als der letzte Kalif Abdülmecit 1924 die Türkei verließ – war lange bewusst, dass der »kranke Mann am Bosporus« politisch im Grunde nicht mehr zu retten war, ohne dass man im Einzelnen gewusst hätte, welchen Ausweg man wählen sollte. Der Aufstieg Mustafa Kemal Atatürks hatte etwas Kometenhaftes an sich und war extrem mit seiner kraftvollen Persönlichkeit verknüpft. Hier zeigte sich wieder einmal, dass gelegentlich doch Persönlichkeiten Geschichte machen.

Doch vom Aufbruch unter dem späteren Atatürk ist in den Zeilen des sensiblen, auch stark dem L'art pour l'art mancher europäischen Dichter verpflichteten Poeten Ahmet Haşim wenig zu spüren. Sie besiegeln vielmehr ein Ende, ohne großen Aufwand, ohne Ausbrüche gar, bestenfalls leise klagend.

Haşim stammte aus den Tiefen des Osmanischen Reiches, denn er wurde in Bagdad im Irak geboren, das zu jener Zeit alles andere als eine Metropole war. Erst im Alter von zwölf Jahren kam er in die Hauptstadt Istanbul, wo er das Galatasaray besuchte, das erste Elite-Gymnasium westlichen Stils in der Türkei. Eine Zeit lang war er Beamter in der Monopolverwaltung, bevor er sich in Izmir als Lehrer für Französisch durchschlug. Da hatten ihn die französischen Dichter des Symbolismus schon gepackt. Stéphane Mallarmé war längst auch in der fernen Türkei ein bekannter Name geworden. Später unterrichtete er wieder in Istanbul, an der Akademie für Schöne Künste, dann an der Heeresschule Harbiye und an der Verwaltungshochschule Mülkiye. Noch nicht fünfzig Jahre alt, erlag er in Istanbul einem Nierenleiden. Kurz zuvor hatte er noch in Deutschland Linderung von seiner Krankheit gesucht. Resultat ist das schmale »Frankfurt Seyahatnâmesi« (»Frankfurter Reisetagebuch«), in dem er seine eher flüchtigen Eindrücke aus Deutschland niederschrieb.

Als Poet rechnet man ihn der Bewegung des »Fecr-i Ati« (»Morgenröte im Aufgang«) zu, in deren Zeitschrift er publizierte.

Später dann in den Zeitungen »Servet-i Fünun« (»Reichtum der Künste«), »Dergâh« (»Konvent«) und »Yeni Mecmua« (»Neue Zeitschrift«). Nach konventionelleren Anfängen versuchte Haşim, französischen Vorbildern folgend den Symbolismus im türkischen Gedicht zu verankern. Dies gelang ihm wohl am besten unter allen, die das damals unternahmen. Mit dem Symbolismus verbindet er den Impressionismus, der ebenfalls aus Frankreich in die Türkei gelangte.

Seine Symbole (simgeler) entnimmt er weitgehend der Natur, deren Wechselspiel des Lebendigen mit seinen unterschiedlichen Jahreszeiten mit den changierenden Stimmungen des Menschen und dem Ablauf des menschlichen Lebens insgesamt verglichen werden. Dabei fängt er vor allem Spätstimmungen ein. Immer wieder thematisiert er den Abend, die Abenddämmerung, den Herbst, den Winter, das Spiel der Wolken, ihren Kampf mit dem letzten Licht, den sie verlieren, das heißt er gestaltet so den Sonnenuntergang – und so weiter. Fantasie und Traum verwandeln das Gesehene, die Eindrücke, in eine melancholische und um sich trauernde Welt der Vergänglichkeit, des Untergangs. »Die Formen des Lebens betrachtete ich / Im Spiegel des Fantasiebilder-Teichs«, wie eine seiner bekanntesten Zeilen lautet. Die Fantasie deutet die Sinneseindrücke im Gedicht um ins Nachdenkliche, Metaphysische.

Zur Meisterschaft gelangt Ahmet Haşim in den beiden Sammlungen »Göl saatleri« (»Stunden am See«) und »Piyale« (»Der Becher«). Sie enthalten nur wenige Gedichte, die ihrerseits immer kürzer werden, am Ende nur noch wenige Zeilen umfassen. Sogar der Vierzeiler (rübai) kehrt wieder, der in der klassischen Dichtung beliebt war und persische Vorbilder hatte wie so vieles in der osmanisch-türkischen Literatur. Freilich nicht immer mit seinem klassischen, charakteristischen Reimschema. Farbeindrücke treten besonders hervor, und die Sprache wird immer musikalischer. Klang, Farbe und Klangfarbe, auch Melodie sind Schlüsselwörter zum Verständnis und zum Nachempfinden dieser Dichtung. Auch Lang- und Kurzzeile (serbest müstezat) wechseln sich in etlichen seiner Gedichte ab, das heißt: In die gefügten Strophenformen zieht, wie schon bei dem Vorgänger Tevfik Fikret (1867–1915), Modernität ein. Haşims Zeitgenosse Nazim Hikmet pflegt dann schon den revolutionären Freien Vers – bis zur Meisterschaft.

Wenn Haşim die Liebe besingt, so ist auch diese flüchtig. In seine symbolistische Dichtersprache fügt er die alten poetischen Bilder und mythischen Vorbilder ein, die der Liebe eine mystische Dimension verleihen: Das traditionelle Verhältnis zwischen der Rose (gül) und der Nachtigall (bülbül), der Geliebten und dem Liebhaber also, der in der Liebe verbrennt wie der Falter in der Kerze, taucht in verwandelter Gestalt ebenso auf wie Anspielungen auf das berühmteste mystische Liebespaar des islamischen Orients, Laila und Madschnun. Doch auch die Liebe ist bei Haşim nicht zukunftsträchtig, sondern dem Augenblick verbunden, ein Schatten der Erinnerung, die unwiederbringlich verloren ist. Sogar das Schilfrohr, eine der berühmtesten Metaphern aus der Mevlevi-Mystik Mevlâna Celâlettin Rumis, taucht als Symbol der sehnsuchtsvollen Klage auf: »Ich möchte ein Schilf in den Seen sein!« lautet eine seiner bekanntesten Zeilen. Dies steht für ein mystisches Einswerden mit der Natur, die pantheistisch gefasst wird. Mevlâna selbst, das dichterische Vorbild, führt schon in seinem berühmten Proömium zu seinem mystischen Versepos, dem Mesnevi, die aus dem Schilfrohr verfertigte Rohrflöte ein, die dort metaphorisch als Element der Klage Verwendung findet.

Die nationale Wiedergeburt und die Symbole des Fortschritts hingegen sucht man in dieser Lyrik vergeblich. Die Sprache Haşims ist extrem mehrdeutig und von einer gewissen absichtsvollen Unschärfe, die das inhaltlich Unbestimmte, Fließende ausdrückt und begleitet. So kann etwa das Wort *hava* bei ihm nicht nur Luft oder Wetter bedeuten, sondern auch Himmel, Firmament, ja sogar Wolken.

Als typischer Ausweis der Modernität kann auch gelten, dass Ahmet Haşim sich theoretisch Rechenschaft ablegte über Sinn und Form seiner Dichtung, während die türkisch-osmanischen Dichter der klassischen Periode über ihre Werke nicht theoretisierten. Einer seiner Sammlungen hat er Betrachtungen (mülahâzalar) über die Dichtkunst, unter besonderer Berücksichtigung der eigenen Bemühungen beigefügt. Das Theoretisieren aber gehört untrennbar zum Geschäft des im eigentlichen Sinne modernen Poeten, wie Hugo Friedrich in seiner klassischen Darstellung »Die Struktur der modernen Lyrik« gezeigt hat.

Unschwer sind die Bemühungen Haşims wie der gesamten Schule des Fecr-i Ati um eine Vereinfachung der poetischen Sprache (sadeleşme) zu erkennen. Freilich bedarf dies der Erläuterung. Ein heute lebender Türke kann die Originale dieser Gedichte ohne Kommentar und Glossar nur zu einem geringen Teil verstehen, da auch Haşim zum Beispiel die Izafet-Genitivkonstruktion, die aus dem Persischen stammt, häufig verwendet und der Wortschatz noch immer spätosmanisch ist. Die mir vorliegende, von Asim Bezirci besorgte Ausgabe[23] ist gewissermaßen zweisprachig gehalten. Die linke Seite bringt Haşims Originale, die rechte enthält eine Übertragung in das aktuelle Türkisch. Man stelle sich das einmal

---

[23] Ahmet Haşim, »Bütün Şiirleri«, Sämtliche Gedichte

in der deutschen Literatur vor, das heißt Gedichte Rilkes oder Stefan Georges, die etwa zur selben Zeit entstanden wie diejenigen Haşims, müssten – da heute weitgehend unverständlich – in modernes Deutsch übertragen werden. Was könnte den Kulturbruch, den die Türkei im 20. Jahrhundert erlebte, besser verdeutlichen als solche für viele wohl überraschende Fakten? Durch die Einführung der Lateinschrift anstelle der arabischen (Haşims Dichtungen wurden noch in arabischen Lettern gedruckt) und noch mehr durch die in den dreißiger Jahren einsetzende radikale Sprachreform wurden die Türken zunächst einmal von einer jahrhundertealten literarischen und poetischen Tradition abgeschnitten. Mühsam mussten und müssen Werke, die älter sind als diejenigen Haşims, aus der alten Sprache und Schrift in das moderne Türkisch und seine Schrift übertragen werden.

In diesem Zusammenhang ist es vielleicht interessant zu erwähnen, dass nach einer Periode exzessiver Verwendung von Neologismen in den vierziger und fünfziger Jahren heute der osmanische Wortschatz von manchen Dichtern wieder mehr geschätzt wird und häufiger Verwendung findet als früher. Die Dichter und Autoren haben jetzt eine größere Auswahlmöglichkeit als vor einigen Jahrzehnten, was die Ausdrucksmöglichkeiten durchaus steigert. Auch der Klang der Sprache kann durch die Verwendung neuer wie alter osmanischer Wörter diversifiziert werden. Schon die Osmanen hatten die von ihnen übernommenen arabischen und / oder persischen Vokabeln gemäß der Lautung und Aussprache der eigenen Sprache »türkisiert«. So hat der abwechselnde Gebrauch von alten und neuen Wörtern einen anziehenden Reiz.

Aus der Sammlung »Mond-Poesie«
(»Şiir-i Kamer«)

AN DEN LESER (KAARIYE)

In einem finstern Wald
Hat, mit Geheimnissen erleuchtet,
Dir einen Weg geöffnet
mein Schmerz.

Leser, in dieses Buches Nacht
Streute ich für dich
Das Mondlicht auf die Erde.

Auf dem Fluss (Nehrin Üzerinde)

Abend … ein gelber, kranker Himmel, ein unbekannter Gram,
In Nebel eingehüllt hat der September diese Ufer wieder,
Still liegt der Tigris, mit einer Trauer wie vergoldet,
Es schweigt das Brautgemach zu unsern Träumen.
Das Zittern dieser Jahreszeit spürt jedweder im Schatten,
Als ob im Herzen der Natur eine Stimme »Schade!« riefe.
So ist betrübt fast alles, traurig, kraftlos, schwach,
Als ob die Feen mit der Trauer dieser Ufer stürben.
Zum Tigris gingen wir hinaus an jenem Tag, die Ruder schwiegen,
Zerschnitten dieses Flusses Brust, wie seine goldenen Wasser.

Wüsten (Çöller)

Ein leerer Horizont, eine Nacht und tausende von Sternen,
Mit ewigem Schweigen blickend auf des Frühlings Schlaf …
Eine Karawane, eine Handvoll Kamele ziehen langsam dahin,
An ihrer Spitze eine Schatten-Form, die trauert,
Stumm und zaudernd, von Empfindung ganz erfüllt …

Aus den Sammlungen »Stunden am See« (»Göl Saatleri«) und »Der Becher« (»Piyale«)

Vorwort

Die Formen des Lebens betrachtete ich
Im Wasser des Fantasiebilder-Teichs.
Deshalb sind ein buntes Traumbild für mich
Die Steine und Pflanzen der Erde.

Die Nelke

Von der Lippe der Geliebten gebracht
Ist ein Flammentropfen diese Nelke,
Meine Seele merkte es an ihrer Bitterkeit.

Da, wie erschlagen, überall fallen
Von ihrem heißen Duft die Schmetterlinge,
Ist auch mein Herz ihr zum Falter geworden.

Die Treppe

Langsam wirst du diese Treppe hinaufgehen,
An deinem Saum ein Haufen sonnenfarbener Blätter,
Und eine Zeit lang wirst du weinend gen Himmel blicken.

Die Wasser vergilbten, immer bleicher wurde dein Gesicht,
Schau in den roten Himmel, der Abend ist gekommen …

Zur Erde geneigt verbluten, immer verbluten die Rosen,
Auf den Zweigen, wie Flammen, blutige Nachtigallen,
Brannten die Wasser? Warum gleicht Marmor der Bronze?

Eine seltsame Sprache ist dies, Die Seele erfüllend,
Schau in den roten Himmel, der Abend ist gekommen …

SCHWARZE VÖGEL
Vögel, die von Blut sich nähren, wenn der Tag versinkt –
Dem roten Schilficht sind sie nah, dem Wasser wie Rubin;
Die Sonne, die am Horizont steht wie ein abgeschnittnes Haupt,
verzehrten sie in Schweigen und in Trauer; nun sind sie satt.

MITTAG
In grünen Wassern öffnen sich die Blumen, gleich der Perle,
Silbern die Insekten, dem Wasser lesen sie ein Traumgedicht,
An den Ufern halten inne, abgeklärt und besonnen,
Die Töchter des Schlafs, der Fantasie, trunken von der Sonne.

NACHMITTAG
An silbernen Stränden trinken die scheuen Gazellen,
Und ihre Stille bricht das ganze Schweigen ringsumher;
Aus stummen Wassern hören mit Verwirrung diesen Schrei
Lautlos und fern die blauen, anderen Gazellen …

WUNSCH AM TAGESENDE
In den Ringen meiner müden Augen
Zeigte sich der Morgen wie Rosen,
Wie Rosen – endlos große Rosen,
Rosen, die mehr als das Schilfrohr klagten,
Ach, der Tag brach nach ihnen an.

Von goldenen Türmen verkünden Vögel
Aufs neue des Lebens Wiederholung,
Sind es denn Vögel, die immer abends
Von unserer Welt weg auf Reisen gehen?

Abend, Abend wieder, wieder Abend.
Ein goldener Gürtel ist das Meer für den Blick,
Die Himmelskuppel ein verzauberter Bogen.

Abend, Abend wieder, wieder Abend,
O könnte ich ein Schilf in den Seen sein!

ABEND

Es schweigt die Nachtigall in abendvollen Bäumen,
Die Wasser umarmen den Himmel der Traumbilder,
Aus dem schatten kehren Vögel zu diesem blauen Strand zurück,
In ihren Schnäbeln Perlen, aus der Sonne geformt.

ERINNERUNGEN AN EINE SOMMERNACHT

Mit Kosen, Flüstern, Scherzen
Verging wieder schlaflos die Liebesnacht;
Wie Pfeile blieb in unsern Herzen,
das Mondlicht, das auf die Erde fiel …

Die Münder mit Küssen verschlossen,
Was tun die Augen, was deuten sie an?
In dieser Luft, von Feuer umflossen,
Flog der Hauch der Vereinigung kraftlos dahin …

VORWORT

Für Cavide Karaosmanzade
Glaub' nicht, dass es die Rose ist, auch nicht die Tulpe.
Mit Feuer angefüllt – halt ihn nicht fest, du brennst –
In deiner Hand den rosenfarbenen Pokal!

Von dieser Flamme hatte einst Fuzuli schon getrunken,
Madschnun erfuhr den Liebesschmerz durch dieses Elixier,
Den dieses Lied dir nennt, so wurde er berauscht …

Wer je aus diesem Becher hat getrunken,
Für den sind alle seine Liebesnächte
Erfüllt mit Weinen, Klagen über seine Qual …

Mit Feuer angefüllt – halt ihn nicht fest, du brennst –
In deiner Hand den rosenfarbenen Pokal …

FINSTERNIS

In dieser dunklen Liebesnacht
Sang wieder wild auf die Nachtigall.
Hat Laila ihren Madschnun verlassen?
Ich hielt diesen Sang für Trennungsgesang.

In dieser dunklen Liebesnacht
Spürte ich die Fremdheit, dachte an dich;
Und wie die von Trennung geschlagene Nachtigall,
so brannte auch ich …

NACHTIGALL
An einem traurigen Morgen im Herbst
Was braucht da Dauer die Nachtigall?
Wisse, in unseren Herzens-Gärten
Erstarb die Rose, die du nanntest.

Verwelkt ist diese Rose jetzt im Wind,
Der Tag erwacht in einem anderen Licht …

HERBST
Hier der Garten, dort der Bach,
Wir wollen uns, Geliebte, auf die Erde legen.
Dieser Herbst, der Wasser in Rubin verwandelt,
Ertränkt uns in Gedanken …

HALBER WEG
Höre und schaue, ganz wie du willst,
Wir sind nur im Wipfel der Zweige,
Weiter als halbwegs von der Erde entfernt,
Näher dem Mond als der halbe Weg …

ERINNERUNG
Ein persischer Garten, ein Teppich zum Gebet,
Wein aus Feuer, der den Teich erfüllt …
Wie traurig ist doch diese Abendstunde …
Wie ungewohnt ist dein Blick.

Grün der Himmel, gelb die Erde, Zweige wie Korallen,
Darauf die Vögel in Erinnerung verfallen.
Uns blieb nur ein Genießen in Gedanken
In dieser verlöschenden Schattenwelt …

DER BAUM
Der Tag versank. Im Baum erlosch die Freude.
Zu Feuer wurde das Blatt, der Vogel zu Rubin.
Der Glanz der Blätter und des Vogels
Verwandelte das Wasser zur Purpur-Farbe hin.

REITER – DAS LETZTE GEDICHT

Hinter jenen kupfernen Gipfeln
Kommt ein blutroter Reiter hervor,
Nun, am trüben Abend, beginnt
Der Kampf der Wolken mit dem letzten Licht!

Wie eine Flamme der Teich in kupferner Schale,
Rote Lanzen, die im Wasser stecken.
In den Lüften, die sich kräuseln und öffnen,
Fliegen die Fetzen der Fahnen.

Poesie und Revolution
Über Nazim Hikmet

Nicht alle Gedichte Nazim Hikmets, des großen Erneuerers der türkischen Dichtung im 20. Jahrhundert, sind gleich genial. Vor allem jene nicht, in denen gar zu sehr das bleiche Stroh der kommunistischen Ideologie gedroschen wird. Das hat Hikmet mit anderen marxistischen Revolutionären der Kunst, etwa mit dem ihm politisch wie ästhetisch verwandten Dichter Pablo Neruda, gemeinsam, dessen Werke auch dann am besten und eindrücklichsten sind, wenn sie die Ideologie einmal vergessen machen und vor allem das thematisieren, was sie eigentlich umtreibt: das menschliche Mitfühlen und Sich-Einfühlen in unhaltbare gesellschaftliche, politische und kulturelle Zustände, in das Leiden des Individuums an einer ungerechten Gesellschaft. Dieses Leiden, die Empathie zunächst, war einem Mann wie Nazim Hikmet zur zweiten Natur geworden, und er war dafür auch bereit, die Folgen zu tragen, die, wie man weiß, teilweise menschlich bedrückend und politisch skandalös waren. Eine seiner berühmten, viel zitierten Verszeilen, die für die Raison d'être dieses Dichters und seines Werks sprechen kann, lautet denn auch:

»Ich wechselte meine Klasse und wurde Kommunist«.

In die Wiege wurde das dem Dichter allerdings nicht gelegt. Nazim Hikmet Ran entstammte jener einflussreichen, oft auch vermögenden Schicht höherer Paschas und Effendis, die im Osmanischen Reich den Staat und seine Verwaltung am Leben erhielten. Sein Vater war Diplomat, seine Mutter Künstlerin. Als er im Jahre 1902 in Selânik (Saloniki) geboren wurde, herrschte noch der Sultan Abdülhamit II. (Abdul Hamid), den die Jungtürken alsbald absetzen sollten – noch immer über weite Teile des Balkans, wenn auch in unterschiedlicher Intensität. Zum Reich gehörten damals auf europäischem Boden noch: Albanien, der Norden Griechenlands, das heutige Mazedonien, Teile Serbiens, nominell auch Bosnien-Herzegowina, das freilich seit 1878 und dem Berliner Kongress von österreichischen Truppen besetzt war und 1908 von Wien dann förmlich annektiert wurde. Das Selânik, in dem Hikmet eine – viel zu kurze – Zeit zubrachte, als dass sie ihn lebenslang hätte prägen können, war eine kosmopolitische und multikulturelle Stadt mit großer Vergangenheit. Natürlich war das Elternhaus davon beeinflusst und gab dies an wechselnden Wohnorten auch an den Sohn weiter. Mehr als ein Drittel der Einwohner Selâniks waren Juden; der Anteil der christlichen Griechen war stark, und unter den Muslimen gab es Sunniten mit einem nicht geringen Anteil von sogenannten *dönme* (wörtlich: Gewendete, Umgedrehte). Dies waren Muslime, die erst im Verlauf des 17. Jahrhunderts als Folge der religiös-messianischen Predigten und Aktivitäten von Schabbatai Zwi, dem »falschen Messias« der osmanischen Juden, nach dessen Beispiel vom jüdischen Glauben zum Islam konvertiert waren. Als Nazim Hikmet elf Jahre alt war, hatte das Reich als Folge der beiden Balkankriege alle seine gesamten Besitzungen auf dem Balkan – und damit auf europäischem Boden – verloren, bis auf jenen Rest des östlichen Thrakiens, der von Edirne bis Istanbul reicht. Dieser gehört auch heute noch zur Türkei. Der nachfolgende Erste Weltkrieg brachte dann das Reich endgültig zum Einsturz. Das waren weltgeschichtliche Katastrophen und Veränderungen, die auch in der Türkei selbst zu drastischen Umwälzungen führten: zur nationalen Revolution unter dem ebenfalls in Saloniki geborenen Mustafa Kemal Atatürk, schließlich zur Entstehung und Festigung der Türkischen Republik.

Nazim Hikmet wuchs im Elternhaus, das über den Großvater mütterlicherseits sogar Wurzeln in Deutschland hatte, mit moderner wie klassischer osmanisch-türkischer Kultur auf. Insbesondere galt das für seine Beschäftigung mit der Literatur. Französische Poesie einerseits, die Lehren der Bektaschi- und Mevlevi-Derwische und deren ebenso tiefsinnige wie kunstvolle Dichtung andererseits markieren die Pole einer west-östlichen Bildung und Erziehung, zu der auch die Musik gehörte. Auch im Falle Nazim Hikmets muss man sich klarmachen, dass er bereits 26 Jahre alt war, als das arabische Alphabet in seiner Heimat abgeschafft wurde – mit all jenen Konsequenzen, die diese »Kulturrevolution« nach sich zog und noch heute nach sich zieht. Identitätskonflikte unvorstellbaren Ausmaßes prägen in den Jahren danach das Land und selbstverständlich auch seine Literatur. Auch jene, die behaupten, sie hätten sie bewältigt, leiden noch immer unter diesen Einschnitten. Bis in die neunziger Jahre hinein kannte die Türkei Literaten, die ihre privaten Notizen und literarischen Entwürfe in der alten Schrift niederschrieben, schlicht und einfach, weil sie sie zuerst gelernt hatten. Für die Aufarbeitung der jeweiligen Nachlässe bedeutet das ein nicht geringes Hindernis.

Einen Teil der Kindheit verbrachte Nazim Hikmet im syrischen Aleppo, wohin der Vater versetzt worden war. Während des Weltkrieges wurde der junge Hikmet – die Familie lebte längst wieder in Istanbul – auf Heybeliada, einer der Prinzeninseln, die Istanbul vorgelagert sind, zum Marineoffizier ausgebildet. Doch zeigte sich früh, dass diese Laufbahn seinen weiteren Lebensweg weder bestimmen konnte noch sollte. Hikmets schlechte Gesundheit war einer der Gründe, die einer Laufbahn als Offizier im Weg standen. Ein anderer waren humanistisch begründete Zweifel am Kriegshandwerk sowie die geringe Lust, sich militärischen Befehlen und Gepflogenheiten unterzuordnen.

In der Zeit des Umbruchs verschrieb sich der junge Dichter, dessen erste Werke noch in jenem alten persisch-arabischen Idiom gehalten waren, das man als »beredtes Türkisch« bezeichnete, ganz der nationalen Bewegung. Anadolu, »Anatolien«, das Land des Aufgangs, war das ideologische Stichwort des Befreiungskampfes (millî mücadele), den die Türken unter dem späteren Atatürk und Ismet Inönü gegen die Siegermächte der Entente, gegen den Sultan und gegen die Griechen führten, die in das Land auf Befehl ihres Premierministers Eleftherios Venizelos eingedrungen waren, um die »megali idea« zu verwirklichen, die Rückeroberung und Wiedererrichtung des einstmals an die Türken verloren gegangenen griechischen Byzanz. Auch Nazim Bey, der Sohn eines Pascha, reiste durch Anatolien, und zwar in jenen Teil, der nicht von Feinden besetzt war, um das türkische Bauernvolk kennenzulernen, islamisch-fromm, gottergeben, erdverbunden, leidensfähig und tapfer. Es war eine neue Erfahrung, die den Poeten bis zum Ende seines Lebens prägen sollte. Mit dem Leben in den Salons der »weißen Türken« in Selânik, Üsküp, Monastir oder Sarajevo – Saraybosna – hatte das nichts zu tun. Hikmet reiste zusammen mit einem Gleichgesinnten, dem jungen Lyriker Vâlâ Nurettin, der unter der Abkürzung »Vâ-Nû« bekannt wurde.

Doch anders als die meisten anderen türkischen Intellektuellen brach Hikmet relativ bald mit den Idealen der revolutionären Nationalisten und wandte sich der kommunistischen Ideologie zu. Die politischen und gesellschaftlichen Vorstellungen Kemal Paschas und seiner vielen Mitstreiter, denen Hikmet nicht rundheraus jeden Wert absprach, interpretierte er doch unter dem Einfluss sozialistischer Autoren als die schlussendliche Machtergreifung der bürgerlichen Klasse. Da wollte er nicht dabei sein. Hikmet begab sich kurzerhand nach Moskau, wo er sich an der Universität der »Werktätigen des Orients« einschrieb. Er konnte damals noch nicht ahnen, dass er Jahrzehnte später in der Zentrale des Weltkommunismus die letzten zwölf Jahre seines Lebens zubringen würde. In Moskau fand in jenen frühen zwanziger Jahren – zum ersten und einzigen Mal in der sonst geistig öden Geschichte der Sowjetunion – so etwas wie ein avantgardistischer geistiger und künstlerischer Aufbruch statt, der den jungen Türken faszinieren musste. Er freundete sich mit zahlreichen Größen des geistigen Lebens Russlands an: mit den Dichtern Wladimir Majakowskij und Sergej Jessenin, mit dem innovativen Theaterregisseur Wsewolod Meyerhold und vielen anderen. In der Malerei wie in der Literatur brach man zu neuen Ufern auf, die anfangs noch nicht vom sozialistischen Realismus flachster Prägung und vom stereotypen Agitprop allein beherrscht wurden. Man experimentierte formal wie inhaltlich. Meyerhold schuf neuartige Theaterinszenierungen, Majakowskij entlockte der Poesie ganz neue, ebenso volksnahe wie auch artifizielle Töne; ebenso der so ganz anders geartete Jessenin. Diese Kunst wirkte befreiend auf den jungen Türken, der mit der formal-gebändigten osmanischen Dichtkunst großgeworden war, hier aber Neuland vorfand, das man in die türkische Sprache und Literatur übertragen konnte. Von seinem Förderer Yahya Kemal Beyatli (wir werden über ihn später noch berichten), der seine ersten Gedichte zum Druck empfohlen hatte, hatte er keine Anregung zu radikalen Neuerungen erwarten können; dieser war ein Traditionalist und Klassizist. Allerdings hatten manche türkische Poeten, wie der 1933 gestorbene Ahmet Haşim, schon ein wenig mit freien Verszeilen experimentiert, dem sogenannten freien Zusetzling (serbest müstezati). Daran ließ sich auf dem Hintergrund des in Moskau Erfahrenen poetisch aufbauen, um im Gedicht zu neuen Ufern aufzubrechen.

Noch vor seiner Rückkehr in die Türkei wurde Hikmet Mitglied der Türkischen Kommunistischen Partei, die allerdings schon Mitte der zwanziger Jahre wieder verboten wurde. Sie ist es bis heute. Ihr Vorsitzender Mustafa Suphi kam mit einer Gruppe von Anhängern unter unklaren Umständen auf dem Schwarzen Meer ums Leben. Hikmet wurde in Abwesenheit zu fünfzehn Jahren Haft verurteilt. Im Meer des enthusiastisch empfundenen nationalen Aufbruchs der Republik und der raschen Veränderungen ging die türkische Linke politisch unter und verschwand für lange Zeit in der Illegalität. Letztlich war sie im Volk isoliert, ein Phänomen einiger weniger Intellektueller. Da half auch wenig, dass man – anders als die Kommunisten in anderen Ländern – Respekt vor der Religion bezeugte oder an dieses Thema erst gar nicht rührte. Hikmets Methode jedenfalls, die Revolution, wie er sie sah, voranzutreiben, bestand in der endgültigen Hinwendung zu einer fortschrittlichen, formal umstürzlerischen Poesie und Ästhetik. Er tat das nach seiner Rückkehr in die Heimat.

Das Jahr 1929 wurde zum entscheidenden Datum. Er publizierte die Gedichtsammlung »835 Satir« (»835 Zeilen«), die im freien, rhythmischen Vers gehalten war. Diese Zeilen brachen mit allem, was bisher als poetisch gegolten hatte. Der von ihm verwendete freie Vers, der durchaus die Assonanz und auch den Reim, auch den Binnenreim kennt, wenn auch nicht nach den alten Mustern der klassischen Strophenformen und der arabischen Prosodie, wurde zum Vorbild für die folgenden Generationen von Lyrikern in der Türkei. Hinzu kamen die neuartigen Themen der Gedichte. Anstelle der alten Sujets, wie sie die höfische Poesie weitergetragen hatte, traten subjektive Gefühle und Empfindungen, politische Zusammenhänge – oft im sozialistischen und internationalen Kontext –, Sorgen und Befindlichkeiten der kleinen Leute und der Arbeiter; und immer wieder Anatolien und seine Bevölkerung, für deren Leiden, Freuden und Hoffnungen sich der Dichter Nazim Hikmet zeitlebens zum Sprachrohr machte. Hikmet unterschied sich dabei von Orhan Veli Kanik (1914–1950), dem anderen Revolutionär der modernen türkischen Poesie, der seine Empfindsamkeit mit dem Mantel der Lakonik und bisweilen auch des Sarkasmus umhüllte. Er war zunächst und vor allem Individualist. Nazim hingegen lässt der Empfindung freien Lauf und wird auch kämpferisch. Orhan Veli neigt zu einer gewissen Resignation, die wohl auch sein eher pessimistisches Weltbild ausdrückt, wie dieses umgekehrt auch wieder seine Resignation bestärkt. Hikmet hingegen steht zunächst, nachdem er den Marxismus entdeckt hatte, auf dem Boden jener dialektischen Fortschrittsmechanik, die das Weltbild der Theoretiker des Marxismus ausmacht. Und schon denkt er, auch da der marxistischen Theorie folgend, in internationalen Zusammenhängen. Der Kampf der Türkei wird von ihm in einem international-klassenkämpferischen Kontext wahrgenommen. Daran wird sich bis zum Ende seines Lebens nichts ändern. Und es versteht sich, dass Nazim Hikmet so etwas geworden ist wie der Schutzheilige der gesamten türkischen Linken, den sie sich auch nicht entwinden lassen will. Dass heute die meisten Türken, politisch eher konservativ, auf keinen Fall aber links im Sinne Hikmets, den Dichter schätzen, erscheint manchen Linken wie eine ungerechtfertigte Vereinnahmung durch die »Bourgeosie«, gegen die sie bisweilen protestieren, oder gar wie ein Sakrileg.

Nach den »835 Zeilen« ging es Schlag auf Schlag, folgte Lyrikband auf Lyrikband: »Jokond ile SI-YA-U«, »Varan 3«, »Sesini Kaybeden

Şehir« (»Die Stadt, die ihre Stimme verlor«) hießen die ungewöhnlichen Titel dieser Gedichtsammlungen. Etliche der berühmtesten Gedichte Hikmets stehen schon in diesen Bänden, etwa das Poem über »Piyer Loti« (den französischen Orientschriftsteller Pierre Loti, der das Bild vom malerischen, zauberischen Orient pflegte), »Berkeley« (über den irischen Philosophen und Bischof als Inbegriff des philosophischen Idealismus), »Hasret« (»Sehnsucht«), »Kerem gibi« (»Wie Kerem«), »Nikbinlik« (»Optimismus«). Die Gedichte Hikmets, die stark der kommunistischen Propaganda verhaftet sind, wurden formal ohne Zweifel besonders von Majakowski beeinflusst. Wie dieser mischt der türkische Revolutionär den freien Vers und dessen freien Rhythmus mit dem Binnenreim. Für das Auge entstehen Treppen und Zeilenstufen, wie sie schon für Majakowski charakteristisch sind. Dennoch ginge man fehl, wenn man Hikmet eine völlige Missachtung alter poetischer Formen unterstellte. Er selbst verwendete gelegentlich, und sogar meisterhaft, den klassischen Vierzeiler (rubai); und über manchen Teilen seiner Anthologien sowie in seinem Versepos »Kuvayi Milliye« (»Nationale Kraft« oder »Macht«), später »Kurtuluş Savasi Destani« (»Das Epos vom Befreiungskampf«) genannt, verwendet er die althergebrachte Kapitelüberschrift »Bap«, von arabisch *bab*, das Tor.

Im Jahre 1939 ereilte den Dichter die endgültige Katastrophe. Ein Gericht verurteilte ihn zu 28 Jahren und fünf Monaten Gefängnis, weil er Kadetten zum Aufruhr angestiftet habe. In ihren Spinden hatte man das Gedicht »Es schneit in der Nacht« gefunden, in dem der Spanische Bürgerkrieg revolutionär gedeutet wurde und in dem Nazim Hikmet für die Linke Partei ergriffen hatte. Bis 1950 saß der Dichter in Istanbul, Çankiri und Bursa ein, unter Bedingungen, die sein angeborenes Herzleiden verschlimmerten. Über seine Zeit in der Haft erfahren wir vieles aus dem Briefwechsel Hikmets mit Kemal Tahir (Kemal Tahir'e Mahpushaneden Mektuplar). Andererseits schrieb Hikmet in den Gefängnissen Theaterstücke, seine bedeutendstes Epos »Memleketimden Insan Manzaralari« (»Menschenlandschaften aus meinem Heimatland«) und viele andere bekannte Werke. Die damalige Türkei, geführt von Ismet Inönü, dem alten Kampfgenossen Atatürks, war noch weniger tolerant als in den Jahren zuvor. Inönü, der zweite Mann, verfügte nicht über die Souveränität des Republikgründers, der zwar ebenfalls autoritär herrschte, aber für die Künstler, jedenfalls manchmal, ein gewisses Faible aufbringen konnte.

Die Gefängnisaufenthalte Hikmets waren eine lange körperliche und seelische Leidensgeschichte. Seine Dichtungen aus dem Gefängnis gehören zum Erschütterndsten und Bewegendsten in der modernen Lyrik überhaupt. Sie sind oft an seine Frau gerichtet und an den Sohn Memed; und sie sind gänzlich unpathetisch, dafür jedoch umso empathischer. Sie fehlen in keiner der Gedichtsammlungen, die auch in westlichen Sprachen erschienen sind, interessieren uns hier aber weniger als das eigentliche Thema dieses Kapitels, die Verwurzelung von Hikmets Werk in den Volkstraditionen, auch den im weitesten Sinne religiösen. Auch in der Haft bleibt dieser Poet seinen ästhetischen Prinzipien treu, die in der Summe fordern, das Reale nachempfindbar zu machen, und sei es eben die schreckliche Realität des Gefängnisses. Hikmet war gewiss privilegiert, durfte schreiben und so weiter; doch konnte dies seine Marter nicht mildern. Im Jahre 1950 schließlich hatte eine Kampagne türkischer und internationaler Intellektueller schließlich Erfolg: Sie erreichten, dass Nazim Hikmet freigelassen wurde. Doch musste er ins Exil. Er ging zunächst nach Sofia, wo eine Reihe bedeutender Gedichte entstand, schließlich in die Sowjetunion, das »Vaterland aller Werktätigen«, wo er bis zu seinem Tod im Jahre 1963 blieb. In der Sowjetunion war und blieb er willkommen, führte jedoch ein eher ruhiges Dasein, unterbrochen immer wieder von Besuchen im Ausland, die dem poetischen Austausch mit Kollegen oder aber der sozialistischen »Klassensolidarität« mit den Werktätigen in aller Welt galten. Und geplagt von seiner Herzkrankheit vollendete er sein dichterisches Werk. In Baku, der Hauptstadt des türkisch geprägten Aserbaidschan, gab der Azeri-Türke Ekber Babayev erstmals Gesammelte Werke Hikmets heraus.

Kein Zweifel: Nazim Hikmet wurde und blieb der alles überragende Säulenheilige der türkischen Linken. Sein internationaler Ruhm ist mit dem Hinscheiden des Kommunismus hingegen etwas verblasst. Eine Revolution in seiner türkischen Heimat hat er nicht erlebt, obschon er sie brennend herbeisehnte. Das türkische Volk blieb so konservativ wie eh und je. Hikmet ist der revolutionäre Künstler, dessen Werk man auch dann würdigen kann, wenn man Abschied genommen hat von den sozialistischen Verheißungen der radikalen Linken. Gewiss war Hikmet Marxist und Kommunist, und er war auch Materialist, obschon eine dialektische, von Hegel herkommende Philosophie mit dem wirklichen Materialismus der positivistischen Schule nichts gemein haben konnte. Schon früh ist ja der Materialismus der Marxisten von den wahren, den positivistischen Materialisten als verkappter Idealismus empfunden worden.

Die Quellen für Hikmets revolutionäres Streben und Dichten sind denn auch, wie ich glaube, nicht allein im Marxismus zu suchen, sondern auch anderswo, in fast allen Strömen der türkisch-islamischen Kultur und Überlieferung. Der Marxismus war Entdeckung und Ergänzung von schon Vorhandenem, war Rechtfertigung und Überredung des eigenen Selbst. Doch die Wurzel für Hikmets poetisches Engagement in dieser Sache war das Volk, jenes anatolische Bauernvolk, dessen Unterdrückung ihn leiden ließ und in dessen auch religiösen Sehnsüchten und Empfindungen er sich wiedererkannte. Es war wohl mehr und zuerst dieses Mitleiden als die abstrakten Doktrinen des Marxismus-Leninismus, welche bei Hikmet bewirkten, dass er seine Klasse wechselte.

Nichts spricht davon beredter als sein umfangreiches Werk »Simavna Kadisi Oğlu Şeyh Bedrettin Destani« (»Das Epos von Scheich Bedrettin, dem Sohn des Kadis von Simavne«), in dem der Dichter die einzige wirklich nennenswerte revolutionäre Volksbewegung im Osmanischen Reich aufgreift und ihrem Helden, vielmehr ihren Helden, ein poetisch eindringliches Denkmal setzt. Es ist bedrückend zu wissen, dass dieses schon 1982 von Yüksel Pazarkaya ins Deutsche übersetzte moderne Epos in westlichen Ländern kaum bekannt wurde, auch nicht unter Literaten. Denn es erläutert viel authentischer als alle abstrakte Ideologie den Geist, aus dem heraus Nazim Hikmets revolutionäre Dichtungen erwuchsen. Und es sagt – wie sein realer, historischer Hintergrund – viel aus über das demokratische Potenzial, das auch die islamische Kultur enthält und das doch unter der Last traditionell autoritärer Macht von Religionsgelehrten wie Politikern so gründlich verloren gegangen ist. Der Aufstand des religiös heterodox denkenden Scheichs Bedrettin und seiner beiden Helfer, Börlükçe Mustafa und Torlak Kemal, der in dieser Dichtung geschildert wird, bedrohte in frühosmanischer Zeit die Herrschaftsstruktur dieses Staates bis ins Mark, nicht zuletzt wegen seiner geistigen, religiösen Prägung, die in vielem an moderne Forderungen nach einem sozialen Ausgleich zwischen den Klassen erinnert. Man versteht, warum jemand, der den Marxismus als intellektuelles Mittel der gesellschaftlichen Analyse entdeckt hatte, sich gerade diesem Stoff zuwenden musste. Als der Sultan sie niedergeschlagen hatte, war das Osmanische Reich so sehr stabilisiert, dass keiner der nachfolgenden Aufstände mehr als nur örtliche Bedeutung und Sprengkraft gewinnen konnte.

In dem Gedicht »Yağmur çiseliyor« (»Der Regen sprüht«) hat Nazim Hikmet das gewaltsame Ende Bedrettins gestaltet:

Der Regen sprüht,
ängstlich
mit verhaltener Stimme,
dem Gespräch von Verrätern gleich.

Der Regen sprüht,
als liefen die weißen, nackten Füße
von Ungläubigen über die dunkle Erde.

Der Regen sprüht.
Und im Basar von Seres,
gegenüber dem Laden eines Kupferschmieds,
mein Bedrettin, am Baum gehenkt.

Der Regen sprüht.
Zu später und sternloser Stunde;
und was da, im Regen nass,
schwankend an einem kahlen Ast,
ist sein nacktes Fleisch.

Der Regen sprüht.
Der Basar von Seres ist stumm,
der Basar von Seres ist blind.
In der Luft diese verfluchte Trauer
des Nichtssagens und Nichthinsehens,
und der Basar von Seres
hält sein Gesicht mit den Händen bedeckt.

Der Regen sprüht.

Dies war das traurige Ende eines Revolutionärs in der alten Türkei, mit dem sich der Dichter-Revolutionär Hikmet bis in die Einzelheiten hinein wohl identifizierte.

Doch wovon handelt dieses umfangreiche moderne Epos, das nicht ohne Absicht die Tradition der türkischen Heldenlieder (destanlar) aufgreift, genau? Schon mit dem Werk »Kuvayi Milliye« (»Die nationale Macht«) hatte Hikmet ja den nationalen Befreiungskampf in einem Epos dargestellt. Und auch sein Hauptwerk »Menschenlandschaften meiner Heimat« (»Memleketimden insan manzaralari«) ist ein umfangreiches Versepos von großer Volksnähe. Darum, um diese Volksverbundenheit, ging es ihm im Grunde immer.

Aber was sind nun die historischen und geistesgeschichtlichen Hintergründe des Schicksals von Scheich Bedrettin und seinen zahlreichen Anhängern? Dieser Aufständische, eine Art türkischer Robin Hood, war der Erbe einer anatolisch-bäuerlichen Heterodoxie, die sich im 13. Jahrhundert sozial herausgebildet und ideologisch-religiös formiert hatte. Damals war die seldschukische Zentralmacht schon bedroht durch die Aspirationen lokaler Familien und Dynastien, die ihre Macht sichern mussten. Es entbrannte ein Kampf zwischen schi-itisch-heterodoxen Elementen und jenen herrschenden Kreisen, die den sunnitisch-orthodoxen Islam als Instrument ihrer Herrschaft verwandten und ihn als legitimatorisches Element instrumentali-sierten. Insgesamt können die türkischen Stämme ja ohnehin als die Retter der Sunna angesehen werden, die sich zwei Jahrhunderte lang der Schläge heterodoxer Schiiten zu erwehren hatte, der Fatimiden, der Qarmaten, der Nizariten und anderer; doch unter den türkischen Nomadenstämmen vorwiegend turkmenischer Herkunft verbreite-ten sich schiitisch unangepasste Lehren des Siebener-Schiitentums (Ismailija) und vermengten sich mit den traditionellen Inhalten der türkischen Volksreligion, die schamanistisch geprägt war. Hinzu kam ein Schuss islamische Mystik. Diese religiös-soziale Ideologie wurde das geistige Vehikel derjenigen, die sich dem Machtanspruch der sunnitischen Dynasten, der Seldschuken ebenso wie der lokalen Fürsten, widersetzten und dafür oft genug – in modernen Termini gesprochen – soziale Anliegen vorbrachten oder sie doch zum Anlass nahmen. So kämpften die örtlichen Dynastien ebenso gegeneinan-der, wie sie sich einzeln verschiedener Unruhen und Aufstände zu erwehren hatten, in welche bisweilen auch die Ahi-Bünde verstrickt waren. Dies waren Handwerkergilden, die bestimmten mystischen Bruderschaften nahestanden und Tugenden wie die Mannhaftigkeit (mürüvvet) und edle Gesinnung (fütüvvet) predigten. Unter diesen sozial inspirierten Aufständen ragt bis heute die Erhebung von Baba Ishak und Baba Ilyas (»Baba Resul ayaklanmasi«) gegen die Seld-schuken besonders hervor, denn sie wurde der Auftakt jenes großen Aufstandes, den Nazim Hikmet thematisierte. Unter der Führung dieses Ishak wandten sich die Turkmenen gegen die drückenden Las-ten, welche ihnen die Seldschuken auferlegten, zum Beispiel bei der Abgabe von Hammeln. Von diesen Herden, die man zwischen Som-mer- und Winterweide hegte, lebten die in Anatolien umherstreifen-den Turkmenenstämme. Im Jahre 1240 schlugen die Seldschuken den Aufstand blutig nieder; doch drei Jahre später schlug ihnen selbst die Stunde: Die Mongolen beseitigten ihre Herrschaft, das Reich zerfiel zunächst in zwei Teile und wurde schließlich endgültig zum Spielball widerstreitender Interessen.

Die einzige wirklich ernst zu nehmende soziale Aufstandsbewegung in der Geschichte der anatolischen Türkei wurde nach dieser Kostprobe dann der Aufstand Bedrettins. Er begann um das Jahr 1420 und wuchs sich zu einer wirklichen Bedrohung der Osmanenherrschaft aus. Es war dies eine Periode, in der das Reich kurz nach der Niederlage gegen die Timuriden (1402) aus Mittelasien eine ökonomische und soziale Krise durchlebte. Bedrettins vom Sufismus getragene Idee einer sozialen Gerechtigkeit fand Anklang bei den ausgepowerten Massen, besonders jedoch bei den Mustafiten (mustafiler). Dies war eine Gruppe Unzufriedener, die sich um einen mystischen Adepten Bedrettins, besagten Börlükçe Mustafa, geschart hatte. Und diese Gruppe ihrerseits fand Sympathie bei den Torlaklar, einer turkmenischen Sekte um ihren Führer Torlak Kemal. Während Scheich Bedrettin zunächst eine eher quietistische Haltung einnahm und Gerechtigkeit und sozialen Ausgleich predigte, wollten die anderen mehr; modern gesprochen: die Propaganda der Tat. Sie waren zum Losschlagen entschlossen. Die Sekte hatte einige Tausend Bewaffnete und errang zuerst beeindruckende Erfolge, die den Sultan Mehmet I. nervös machten. Zentren des Aufstandes waren Rumelien und die Provinz Aydin. Dazu schreibt Josef Matuz, einer der besten Kenner der osmanischen Geschichte: »Bei der Einverleibung dieses Fürstentums[24] in den osmanischen Staat waren nämlich die Bodenbesitzverhältnisse nicht angetastet worden. Die lokalen Grundherren, die ihre Ländereien nach wie vor als voll verfügbares Eigentum (mülk) besaßen, waren in der Behandlung ihrer Bauern keiner gesetzlichen Regelung unterworfen und beuteten diese viel härter aus, als es innerhalb des einer genauen Regelung unterworfenen Timar-Systems üblich und möglich war.« Schließlich wurden die Aufständischen besiegt, Bedrettin, der den rumelischen Zweig der Aufständischen anführte und im Begriffe war, Adrianopel (Edirne) zu erobern, unterlag den Truppen des Sultans und wurde auf dem Marktplatz von Seres in Bulgarien gehenkt. Der Sultan hatte gesiegt und konnte, als er ein Jahr später starb, davon ausgehen, dass er das Reich für die Zukunft gerettet hatte. Doch erst sein Nachfolger, Murat II., konsolidierte das Reich neuerlich, nicht zuletzt dadurch, dass er einen expansiven Kurs einleitete und die ökonomischen und militärischen Kräfte des Reiches auf dieses Ziel hin bündelte.

Was macht nun Hikmet aus dieser Geschichte?

[24] Aydin in Westanatolien

Sie wird ihm unter der Hand zu einem Heldenlied ganz ohne Überschwang und Pathos, ja im Gegenteil: Überall im Werk scheint eine Trauer durch ob des Misslingens dieser Erhebung – und die Parallelen zu Hikmets eigener Epoche sind jedem Leser deutlich. Im Werk sind eigenständige, interpretierende Prosaabschnitte, Zitate aus jenem alten osmanischen Werk, das der Autor plündert, und in nicht geringem Maße Gedichte, wie das obige über den hingerichteten Scheich Bedrettin, miteinander verbunden. Sie machen den künstlerischen Höhepunkt dieser Dichtung aus und zeigen Nazim Hikmet auf der Höhe seiner epischen Kunst, aber auch seiner empathischen Einfühlung in frühere Zeiten und in die Seelen ungerecht behandelter Menschen.

Interessant ist, wie Hikmet das Streben der Aufrührer deutet: als Ergebnis eines religiös gespeisten Bauern-Sozialismus. Solche Erscheinungen sind uns in Europa zum Beginn der Neuzeit ebenfalls nicht fremd gewesen. Scheich Bedrettin und seine Anhänger stützten sich auf die Vorstellung, dass alle Wesen eine Einheit bilden und demzufolge alles auch allen gehören müsse, insbesondere natürlich das Land, von dessen Ertrag man lebte. Auch das kommt uns sicherlich im höchsten Maße bekannt vor. In unserem Land hat vor allem Ernst Bloch solcherlei Erscheinungen aufgearbeitet und in seine marxistischen Vorstellungen zu integrieren versucht. Und noch etwas: Was ein in höchsten Gipfelhöhen des islamischen Neuplatonismus und der Mystik sich bewegender Geist wie Ibn Arabi (1165–1240) aus Andalusien abstrakt-ontologisch als die »Einheit des Seins« (vahdet-i vücud) darlegte, wurde bei den Mustafiten, die Hikmet in seiner Dichtung verewigt, als eine Konkretisierung gesellschaftlichen Daseins angestrebt, als revolutionäre Veränderung der Gesamtheit. Theologische Theorie, deren Grundlagen natürlich auch die egalitären, gleichmacherischen Tendenzen im Koran bilden, sollte praktisch werden. In der Wirklichkeit scheiterte dieses Ziel, wie bekannt; in der Kunst Nazim Hikmets ist es hingegen geglückt. Auch wenn von Hikmet manches orthodox-marxistische, dogmatische Wort überliefert ist und er sich zweifellos als guter Marxist verstand, so war er doch vor allem ein Poet von Gottes Gnaden, ein Künstler, dem eine sozial ausgerichtete Kunst mehr bedeutete als jede theoretische Rechthaberei. Dies ist auch der Grund, warum ihn heute alle an Literatur interessierten Türken verehren, auch jene, die seine dogmatischen marxistischen Ansichten immer verworfen haben.

Vom kosmogonischen Eros
Die mystische Welt des Mevlâna Celâlettin Rumi

Goethes berühmtes Wort, dass Orient und Okzident nicht mehr zu trennen seien, hat sich bis heute nicht bewahrheitet. Es kommt aber vor, dass westliches und östliches Denken inhaltlich zusammenfallen, und zwar auf eine Weise, die rätselhaft erscheint. Wir wollen dafür ein Beispiel anführen, das mit deutscher Philosophie und – im zunächst weitesten Sinne – mit türkischer Mystik, dann aber umso mehr der Literatur zusammenhängt. Die beiden Persönlichkeiten, die ich behandeln möchte und deren Weltschau sich berührt und in manchem deckt, sind Ludwig Klages (1872–1956) und Mevlâna Celâlettin Rumi (1207–1273), ein deutscher Denker des vorigen Jahrhunderts und ein muslimischer Poet des Mittelalters, dessen Werk, obwohl er nicht Türkisch dichtete, die türkische Literatur zutiefst geprägt hat – über Jahrhunderte hinweg bis heute. Im Jahre 2007 haben die Türken und andere orientalische Völker des 800. Geburtstages Meister Mevlânas gedacht.

Die Sache, die Klages in seinem Hauptwerk »Der Geist als Widersacher der Seele« behandelte, war im Grunde nicht neu. Wie Goethe und viele andere auch vertrat er die Meinung, dass ein Rationalismus, der in der bloßen Abstraktion und quantitativ-kausalen Verknüpfung von Gedanken und Begriffen allein bestehe, den komplexen Phänomenen des Lebens und seinen vernetzten, tieferen Zusammenhängen nicht gerecht werde, dass er die Wirklichkeit reduziere, zerstückele und vergewaltige. Was Klages unter Geist verstand und zum Widersacher der Seele (gemeint ist eigentlich: des spontanen Lebens) erklärte, meinte genau dies, die einseitige Begrifflichkeit, die am Ende den rationalistischen Begriffsdichter Hegel sagen ließ, die Natur sei insgesamt doch langweilig und fade. Klages kann zu jenem Strom alternativen Denkens im Sog der deutschen Romantik gezählt werden, der nicht unbedingt schulbildend ist, aber immer wieder von Einzelnen, Künstlern vor allem, aufgegriffen wird. Das hat er mit Schopenhauer und Nietzsche, zwei anderen Vertretern der sogenannten Lebensphilosophie, gemeinsam.

Es ist nun interessant zu sehen, dass Klages schon auf die heute zu beobachtenden Verbiegungen und Zerstörungen in der Natur hingewiesen hat, als fast niemand sonst daran dachte. Dies ist einer der Gründe dafür, warum in letzter Zeit die Lebensphilosophie wieder ein wenig aufgewertet worden ist. Klages spricht von der Macht des Lebens, der inneren Bilder, des mystischen Schauens, der Ekstasis, der Entgrenzung des »Ichs«, die das Leben geradezu vertiefen könne.

Doch was hat das alles mit türkischer Literatur und Kultur zu tun? Gibt es Beziehungen zwischen diesem umstrittenen deutschen Denker und der Türkei? Und wenn ja, von welcher Art sind diese?

Wir wollen hier aus dem Denken von Klages, das gewiss auch manches Bedenkliche enthält, nur eine Facette herausgreifen, die Parallelen zum Orient aufweist und Beziehungen zur Türkei und zur Literatur der Türken stiftet, die sozusagen im Geiste Raum und Zeit überspringen können. Diese Parallelen sind nicht zufällig, sondern wurzeln sogar in Studien dieses deutschen Denkers, so weit diese ihm ohne sprachliche und orientalistische Spezialkenntnisse möglich waren. Sie betreffen seine kosmische Religiosität und kosmisch-metaphysische Weltauslegung, wie er sie vor allem in dem im Jahre 1921 erschienenen Buch »Vom kosmogonischen Eros« dargelegt hat.

Der Orientalist Rudolf Gelpke, selbst ein Wanderer zwischen den Welten und als Übersetzer vor allem aus dem Persischen hervorgetreten, nannte dieses Werk »eine der tiefgründigsten Studien zum Thema Rausch und mystische Ekstase«[25]. Und auch dies geschah nicht zufällig, rechnete sich doch auch ein Gelehrter wie Gelpke, der in seinen Arbeiten wie in seiner eigenen Lebensgestaltung orientalisches Lebensgefühl mit westlicher Weltsicht verband, im weitesten Sinne der lebensphilosophischen Schule zu.

Im Traktat über den kosmogonischen Eros setzt sich Klages von all jenen philosophischen Definitionen und Auffassungen des Erotischen ab, die bis dato im Schwange gewesen waren. Dies reicht von Platons Zweiteilung des Eros, die mit seiner Ideenlehre, welche die Welt dualistisch spaltet, zu tun hat, bis hin zur nüchternen Identifizierung des Sexualverkehrs allein mit dem Eros. Klages strebt nach Ganzheitlichkeit auch des Eros-Begriffes und des Erotischen. Der Kosmos ist für ihn, der jeder konfessionellen Vereinnahmung fernsteht, göttliches Leben, Hervorbringung, Sterben und Wandel in ewiger Bewegung. Klages ist ganz Herakliter, lehnt als Anwalt des Lebens alles ab, was den Lebensfluss und Lebensstrom einengt, zerlegt oder gar leugnet, insbesondere jenen philosophischen Gegenentwurf des Parmenides und der eleatischen Schule, der ein

[25] »Vom Rausch in Orient und Okzident«, Stuttgart 1966

starres Sein an die Stelle des Werdens setzt. Diesen bringt er mit Platon in Verbindung.

Man kann daran zweifeln, ob Klages hier Platon in jeder Hinsicht richtig interpretiert, deshalb auch alle Formen der Erkenntnismystik ablehnend. Im Kapitel über den Zustand der Ekstase schreibt Klages über den Kosmos jedenfalls lapidare Sätze: »Der Kosmos lebt, und alles Leben ist polarisiert nach Seele (psyche) und Leib (soma). Wo immer lebendiger Leib, da ist auch Seele; wo immer Seele, da ist auch lebendiger Leib. Die Seele ist der Sinn des Leibes, das Bild des Leibes die Erscheinung der Seele. Was immer erscheint, das hat einen Sinn; und jeder Sinn offenbart sich, indem er erscheint. Der Sinn wird innerlich erlebt, die Erscheinung äußerlich. Jener muss Bild werden, wenn er sich mitteilen soll, und das Bild muss wieder innerlich werden, damit es wirke. Das sind, ohne Gleichnis gesprochen, die Pole der Wirklichkeit.«[26]

Fassen wir zusammen, was Klages hier etwas wolkig andeutet. Urgrund des Lebens ist das kosmische Leben oder der lebende Kosmos. Sein Prinzip ist als Dualität des Wirklichen Körperlichkeit und Seele in der Leiblichkeit. Klages führt dann aus, wie durch eine »von außen« wirkende Kraft, bei ihm ist dies der mit dem »Ich-Bewusstsein« und dem »Selbst« verknüpfte Geist, der besitzergreifende Intellekt der Neuzeit, der diese kosmische Verbindung der Pole stört und zerreißt. Der Mystiker, so wie ihn Klages versteht, versucht in der Kontemplation des Lebens nicht den Geist vom Körper zu befreien, wie man unter Bezug auf die üblichen Formen der platonisch gefärbten Mystik glauben könnte, sondern die Seele vom Geist. Sie soll von der Herrschaft eines despotischen Ichs befreit werden, des Zentrums des diskursiven, auf Zwecke und Berechnung, auf praktische Lebensbewältigung allein ausgerichteten »Geistes«, um wieder am ungeteilten Lebensstrom unveräußerlich Anteil zu haben.

Wie verdeutlicht Klages das?

Er spricht von zwei Phasen der Ekstase: einer, in der das Ich untergeht, und einer, in der das Leben aufersteht. An dieser Stelle nun bringt er unseren orientalischen, islamischen Denker und Dichter und seine Werke ins Spiel, den er bewusst zitiert: Maulana Rumi, bei ihm in der annähernd türkischen Schreibung Mevlâna Dschelaleddin Rumi genannt. So heißt dieser Weise bis heute in der Türkei, während die Perser ihn oft Maulawi nennen, ganz korrekt auf Tür-

---

[26] »Vom kosmogonischen Eros«, Jena 1926

kisch eigentlich Mevlâna Celâlettin Rumi. Klages war sicher nicht in der Lage, die Originale dieses orientalischen Dichters, Mystikers und Denkers zu lesen, geriet aber über Friedrich Rückerts Übersetzungen Rumis an diesen orientalischen Weisen und seine Ideen. Mevlâna Rumi ist nämlich, bei allen Unterschieden von Persönlichkeit und Kultur, durchaus ein Bruder im Geiste von Ludwig Klages und seines kosmogonischen Eros. Aller Orthodoxie steht er so fremd gegenüber wie diese ihm. Seine mystische Auslegung des Monotheismus, die den Rausch nicht nur nicht ausschließt, sondern sich ihm als dem ekstatisch Entgrenzenden geradezu unterwirft, war geeignet, ihn der Verfolgung der Rechtgläubigen auszusetzen. Dass das nicht geschah, verdankte er den Seldschukenherrschern von Konya in Anatolien, an deren tolerantem Hof er wirken konnte, ohne mit den strengen Hütern der islamischen Wahrheit in einen tödlichen Konflikt zu geraten, vor allem seinem Freund und Förderer Alaettin Kaykobad II. Bis heute ist Rumi eine feste Größe in der Kultur des Islams, soweit sie philosophisch-mystisch und heterodox-antinomistisch ausgerichtet ist. Es ist ein Islam der Künstler, der Dichter und der Musikanten zumal. Diesen spezifisch sufisch-ästhetisch ausgerichteten Islam bevorzugen auch viele türkische Intellektuelle, Mevlâna hat durch sein dichterisches Werk eine eigene literarische Tradition begründet, die auf das Engste mit dem von ihm inspirierten Sufiorden der Mevleviye, der sogenannten Tanzenden Derwische, verbunden ist. Seit wenigstens sieben Jahrhunderten folgen ihm türkische Poeten (und andere) auf irgendeine Weise, sein Name und Werk sind aus der türkischen Literaturgeschichte überhaupt nicht wegzudenken. Dies ist umso erstaunlicher, als er selbst so gut wie keine türkischen Verse hinterlassen hat, sondern seine Werke in Persisch und Arabisch verfasste. Erst sein Sohn, Sultan Veled, kann als im sprachlichen Sinne türkischer Dichter angesehen werden.

Mevlâna Celâlettin Rumi stammte aus dem ostpersischen Raum, wo er im Jahre 1207 in der Stadt Balch als Sohn eines berühmten Religionsgelehrten, Bahaeddin Veled, geboren wurde. Auf der Flucht vor den Mongolen nach Westen gelangte er über Damaskus, wo er mit dem Einheitsdenken des großen sufischen Theoretikers Ibn Arabi (1165–1240) bekannt wurde, nach Ikonium, heute Konya, in Zentralanatolien. Dort wurde er zum Schriftgelehrten (alim) ausgebildet und galt bald als eine Zier und Leuchte der *ulema*, der Schriftgelehrtenkaste, hochgeehrt von seinen Schülern und vom Seldschukenherrscher. Man sagte ihm eine blendende Zukunft als

Theologe voraus, Erwartungen, die sich zunächst auch zu bestätigen schienen. Der junge Theologe scharte eine ansehnliche Menge von Studenten um sich.

Die Sprengkraft des Eros freilich bewirkte eines Tages eine innere Wandlung seines Wesens. Er begegnete dem Wanderderwisch Şemsettin Tebrizi, der »Sonne des Glaubens« aus Täbris, dessen Persönlichkeit und Lebensauffassung ihn sofort in seinen Bann zogen. Mevlâna Rumi verfiel diesem Geist und seinen unkonventionellen Vorstellungen von der mystischen Liebe und der Annäherung an das Göttliche durch die Gewalt des Eros, sodass er seine Pflichten als Lehrer bald vernachlässigte und sein Tun und Trachten nur noch um die »Sonne aus Täbris« kreiste. In seiner Person sah er die neue Sonne (arabisch: schams) des Glaubens, eines Glaubens, der jenseits der Dürre kasuistisch-intellektualistischer Auslegungen der Gesetzesfrömmigkeit anzusiedeln war, mit welcher er sich bis jetzt abgegeben hatte. Auf Betreiben eifersüchtiger Schüler und Gelehrter wurde Şemsettin aus Täbris nach langen Nachstellungen offenbar vertrieben oder sogar ermordet. So hoffte man, Meister Mevlâna wieder auf den Pfad des Gewöhnlichen und der lehrhaften Tugenden der Religion zurückbringen zu können. Zwischen Anatolien und Mittelasien streiten eine Handvoll Städte um die Ehre, dass Şemsettin Tebrizi in ihren Mauern gestorben und bei ihnen begraben worden sei – bis in das ferne Tadschikistan, wo die Leute sein Grab besuchen.

Doch durch sein Verschwinden, wie auch immer, wurde das Gegenteil erreicht. Der Schmerz um den Verlust des verehrten Meisters machte Celâlettin Rumi nun erst recht und endgültig zum Dichter. Aus dem Gelehrten wurde ein mystischer Poet, der in zahllosen gereimten Versen, seinem umfangreichen Diwan, sowie unter dem Einfluss eines anderen Meisters, Hüsamettin Çelebi, in seinem mystischen Versepos »Mesnevi-ye manevi« oder »geistigen Mesnewi« seine Ideen von Gott und Seele, Weltall und Liebe dem Volk ausbreitete. Als Mesnevi bezeichnet man in der persischen wie türkischen klassischen Literatur ein längeres paargereimtes Epos. In ihm entwarf er sein mystisch-theosophisches Weltbild, das seither immer wieder auch Künstler aller Schattierungen und Richtungen in der Türkei inspiriert hat. Bis heute ist das Mesnevi ungeheuer populär, wobei die wenigsten seinen persischen Originaltext lesen können. So sind türkische Fassungen, auch gekürzt, im Gebrauch, etwa diejenige von Abdullah Öztemiz Hacitahiroğlu, einem Literaturwissenschaftler der älteren Generation. Der Philosoph Senail

Özkan hat erst unlängst[27] mit dem Buch »Mevlâna ve Goethe« den Einfluss dargelegt, den der orientalische Weise auf unseren Dichterfürsten ausübte. Als bedeutendster Mevlâna-Forscher der Türkei kann wohl Abdülbaki Gölpinarli (1900–1982) gelten, während es im Westen zwei Gelehrte sind, die sich besonders auf dessen Werk konzentriert haben: die Deutsche Annemarie Schimmel (1922–2003), die zahlreiche Werke über diesen Dichter verfasste, und die Französin Eva Meyerovitch mit ihrem Buch »Mevlâna Djelaleddin Roumi et les Derviches tourneurs«.

Vollkommen quer zu seiner orthodoxen Umgebung im Islam stand Mevlâna Rumi schon mit seiner Auffassung, dass der Kunst, insbesondere auch der Musik und dem Tanz, eine herausragende Rolle bei der Vervollkommnung der menschlichen Seele zukomme. Auf ihn geht denn auch der noch heute aktive Sufi-Orden der Tanzenden Derwische von Konya (Mevleviye) zurück. Dessen zeremonieller Reigentanz (sema) verdeutlicht Mevlânas Ideen über Gott, Mensch und Weltall sowie die kosmische Liebe, die alles durchdringt. Sogar eine eigene Musikkultur haben die Mevlevis entwickelt, deren merkwürdig entrückter, sehnsüchtiger Klang als musikalische Gestaltung des kosmogonischen Eros empfunden werden kann. Die Mevlevi-Musik ist verhältnismäßig einfach orchestriert. Zur Rohrflöte, der Ney, kommen Trommeln und Zimbeln hinzu; komplex und durchaus raffiniert hingegen ist die Tonsprache, deren Harmonie-Vorstellung nichts mit der temperierten Stimmung abendländischer Musik seit Bach zu tun hat. Die islamisch-orientalische Musik umfasst anstelle der Tonarten sogenannte Modi (so lautet jedenfalls der westliche Ausdruck dafür), die eine ganz bestimmte seelische Gestimmtheit und psychische »Tonlage« ausdrücken. Und zu den rein orchestralen Stücken mit ihrer mystisch-entrückten Stimmung kommt in der Mevlevi-Musik auch der Gesang. So wird der Sema musikalisch mit einer gesungenen Hymne eröffnet, die man *naat* nennt und die den Lobpreis Hazreti Mevlânas zum Inhalt hat, des Freundes der Wahrheit (hakk dost). Diese Wahrheit ist eine mystische: diejenige der Gottesfreundschaft, die auch menschenfreundlich ist: »Komm zu uns, ob du Muslim bist oder Christ, Feueranbeter oder Atheist, komm zu uns! Komm zu uns, auch wenn du deine Reue tausendfach gebrochen hast, komm zu uns!« lautet die Botschaft von Mevlânas Werk.

Der oben erwähnte Hymnus auf Mevlâna, der die Zeremonie einleitet, lautet im Ganzen:

[27] 2005

O heiliger Mevlâna, Freund der Wahrheit,
Du bist der Wohlgeliebte des Herrn,
Prophet des Schöpfers, Dir kommt keiner gleich,
Reines Wesen, das Gott unter seinen Geschöpfen auserwählt hat,
O mein Freund, mein Sultan,
Geliebter des Ewigen,
Vollkommenstes und höchstes Wesen der Schöpfung,
Auserwählter unter den Propheten und Licht unserer Augen,
O Mevlâna, Du Freund der Wahrheit!
O mein Freund, mein Sultan, Botschafter Gottes,
Du weißt, dass dein Volk schwach und hilflos ist,
Wegführer der Hilflosen und geistig Armen,
Freund der Wahrheit, mein Sultan,
Du bist die Zypresse im Garten der Propheten,
Du bist der Frühling der Welt der Erkenntnis.
Du bist die Hyazinthe und der Rosenbaum im Propheten-Garten,
Du bist die Nachtigall der Welt dort droben.
Schems aus Täbris hat die Herrlichkeit des Propheten gepriesen,
Du bist der Reine, Auserwählte, erhaben und groß,
O du, der die Herzen gesunden lässt!

Die Melodie zu diesem Hymnus, in dem Mevlâna zu so etwas wie einem Propheten gemacht wird, stammt von Itri aus dem 17. Jahrhundert. Er war selbst ein Sufi, der dem Mevlevi-Orden angehörte, und gilt als der bedeutendste Vertreter der osmanischen Kunstmusik überhaupt. Angesichts der geradezu überschwenglichen Epitheta, mit denen Mevlâna in diesem Gesang angeredet wird, kann man sich vorstellen, dass die Mevlâna-Verehrung bei manchen orthodoxen Schriftgelehrten Widerstand hervorrief – und dies, obwohl die Mevlevi-Derwische, anders als etwa die Bektaschi, in der Geschichte des Osmanischen Reiches eine durchaus elitär-staatstragende Rolle spielten. Sie bildeten eine geistige Oberschicht, die insbesondere als Vermittler zwischen der als Vorbild empfundenen mystischen Dichtung der Perser und der eigenen Schriftkultur der Osmanen tätig war. Wer freilich den mystischen Reigen der Mevlevi einmal persönlich erlebt hat, wird sich der Faszination durch diese ganzheitliche Mischung aus Dichtung, Musik, Gesang, Tanz und religiös-philosophischem Tiefsinn niemals mehr entziehen können. Und man wird begreifen, warum die Gedanken Mevlânas und ihre Verwirklichung in den verschiedenen Künsten gerade auch die spätere Literatur der Osmanen so sehr stimuliert hat.

Es soll nun nicht behauptet werden, dass Rumi genau dasselbe lehrte wie Klages. Dazu sind Zeit und Ort doch zu verschieden und es bedürfte der Gewaltsamkeit, völlige Gleichheit herzustellen. Ähnlichkeiten und geistige Verwandtschaften zwischen den beiden Geistern sind jedoch ohne Schwierigkeiten auszumachen.

Rumis Weltsicht setzt »Liebe« (aşk) und »Seele« (can) vor den diskursiven Verstand und seine nützlichen Errungenschaften. Wie alle praktizierenden Mystiker des Islams vertraut er mehr der Gabe der Intuition als dem Intellekt. Auch das Weltall ist, wie der Mensch, von der göttlichen Liebe erzeugt und durchwoben. Anders als der Intellekt, der nach der beherrschenden Rolle in der menschlichen Person strebt, will sich die Seele in der entgrenzenden Ekstasis verströmen. Ihr Organ ist denn auch nicht das Gehirn, sondern das Herz (dil, qalb, türkisch: gönül). Dahinein ergießt sich die Erfahrung der intuitiven göttlichen Erkenntnis, die untrennbar vom göttlichen Eros selbst ist. Die mystische Liebe (aşk) und die Gottesminne (muhabbet) sind zwei Seiten derselben Sache. Um diese Erfahrung zu machen, muss der Adept der mystischen Erkenntnis jedoch an sich arbeiten. Er muss vor allem jenes Trennende allmählich niederreißen, das den bloßen Schein von der Wahrheit abgrenzt. Die im »Selbst« und »Ich« zusammenlaufenden Kategorien der Weltlichkeit sind ein trennender Schleier, der höhere Erkenntnis und Erfahrung behindert. Das erdgebundene Selbst, gespeist und umworben von den Sinnen, befindet sich sozusagen in der Diaspora, in Fremde und spirituellem Exil – ein Gedanke der Gnostiker, der auch in den Islam und seine Mystik Eingang gefunden hat, besonders in seine Esoterik. Wir sind an dieser Stelle aber auch wieder bei Klages angelangt.

Schon im bekannten Proömium zu seinem Versepos »Mesnevi«, in dem bereits das Hauptmotiv des gesamten Werkes angeschlagen wird, spricht Mevlâna Celâlettin Rumi das Dilemma des »spirituell entfremdeten« Menschen aus, wenn es dort heißt:

Hör auf der Flöte Rohr, was es verkündet:
Hör wie es klagt, vom Sehnsuchtsschmerz entbrannt.
Als man mich schnitt am schilfumstandenen See,
Da weinte die ganze Welt bei meinem Kummer.
Ich suche ein sehnsüchtiges Herz, in dessen Wunde
Ich meinen Trennungsschmerz hineinlege.
Sehnt doch nach des Zusammenweilens Glück
Der Mensch, der Heimat-Ferne, gerne sich zurück …

In diesem Aufgesang zum Mesnevi spricht das Schilfrohr, das für die menschliche Seele steht, durch den Mund des Dichters seine Klage über das spirituelle Exil aus. Das Schilfrohr steht für den suchenden Menschen, besonders den Mystiker und Gläubigen der Liebe. Durch das Individuationsprinzip ist die Seele nämlich, dem gekappten Schilfrohr gleich, vom Urgrund der Schöpfung abgeschnitten, so wie man das Schilfrohr einstmals am Ufer des Sees abgeschnitten hat, um aus ihm – unter anderem – die persische Rohr-Flöte herzustellen. Zur Flöte geworden, kann das Schilfrohr in der Mevlevi-Musik nun über sein Exil klagen. Es sehnt sich zurück nach seiner (göttlichen) Wurzel. In der Mevlevi-Musik, die tief auf die Musikkultur des Osmanischen Reiches eingewirkt hat, steht der sehnsüchtig-klagende Ton der Flöte bis heute für das mystische Lamento der Seele über ihre quälende Diaspora. Sie befindet sich in der Welt des Scheins und der Täuschung, der Überwältigung durch die oberflächlichen Formen und Bedürfnisse der Existenz. Zwei Wege führen aus dieser seelischen Entfremdung heraus: die Erkenntnis der realen Situation der Seele, wie sie hienieden ist, und der Kampf gegen das beherrschende Ich, dessen tyrannische Regungen der Vervollkommnung der Seele im Wege stehen, mit Hilfe der Liebe. Nicht allein im Mesnevi, wo solche Gedanken immer wieder anhand von Geschichten und Parabeln in ihrem Sinn dargestellt und erläutert werden, sondern mehr noch im poetischen Diwan Mevlânas, der tausende von Ghaselen und Vierzeilern enthält, wird diese Liebesesoterik thematisiert.

Klages nun zitiert dazu passend in seinem Kapitel über die Ekstase Verse, die der große Friedrich Rückert, Orientalist und romantischer Dichter (1788–1866), in Anlehnung an Mevlâna Celâlettin Rumi publiziert hat. In ihnen wird genau dieser Grundgedanke der Auseinandersetzung mit dem Selbst bis hin zu seiner erotischen Vernichtung, die allerdings erst im Tod geschieht, entfaltet:

Wohl endet Tod des Lebens Not,
Doch schauert Leben vor dem Tod.
So schauert vor der Lieb ein Herz,
Als wie von Untergang bedroht;
Denn wo die Lieb erwachet, stirbt
Das Ich, der dunkle Despot …

Der Eros ist eine die Welt der Sinne sprengende Kraft, welche die Seele zur Einheitserfahrung des Schöpferisch-Lebendigen führt, das im Kosmos wirkt. Klages schreibt im »Kosmogonischen Eros«:

»Kein Zweifel, die Ekstase ist nicht der Seele Entleibung, sondern Entselbstung und mithin Entgeistung.«

Rumis Theorie der ekstatischen Entgrenzung bis hin zum Entwerden des Selbst in der göttlichen Einheit liegt ganz auf der Linie vieler Sufis des Islams, ja vieler Mystiker aller Bekenntnisse und Religionen. Menschlicher Eros und Gottesliebe gehören untrennbar zusammen, sie sind gleichzeitig ein kosmisches Prinzip, ein kosmischer Eros, den die Mevlevi-Derwische in Anlehnung an die Vorgaben ihres Meisters bis heute in ihrem mystischen Planeten-Reigen, dem Sema, darstellen. Es ist – auch dies wieder nach Klages – kein Zufall, dass eine Weltauslegung wie diejenige Rumis sich als ergänzende Künste gerade den Tanz und die Musik aussucht. Dem kosmogonischen Eros werden diese weit eher gerecht als optische Gestaltungen des Themas, wie sie in Bildender Kunst und anderen, weniger spontan-intuitiven und das Ich entgrenzenden Kunstgattungen vorliegen. Rumi erweist sich dabei im islamischen Kontext als gänzlich unkonventionell. Man berichtet, dass er in den Straßen Konyas, auf den Märkten und Basaren vom normalen Gehen in einen tanzenden, schwingenden Rhythmus überging, wenn er das Hämmern der Kupferschmiede vernahm. Der Kupferschmied Hüsamettin Çelebi war denn auch sein letzter mystischer Freund und Inspirator.

Auch hier führt nun wieder ein Weg zu Klages. In einer dünnen, aber tiefsinnigen Arbeit hat sich der Lebensphilosoph Gedanken gemacht über die beiden Prinzipien Takt und Rhythmus, die in der Kunst so wichtig sind, vor allem natürlich im Tanz und in der Musik, jenen Künsten, die auch Meister Mevlâna Celâlettin so viel bedeuteten. Es ist unmittelbar einsichtig, dass ein so sehr dem Leben und seiner Spontaneität verpflichteter Geist wie Klages in der Auseinandersetzung zwischen diesen beiden Prinzipien allemal die Partei des Rhythmus ergreift. Der Rhythmus ist die wechselnde Gestalt lebendiger, innerer Abläufe, während der Takt das von außen Herankommende, vom Menschen künstlich Erzeugte ist, das – wie das einseitig positivistische Denken der rationalistischen Tradition – die Rhythmen des Lebendigen gerade verfremdet und umbiegt. Leben und Stereotypie sind da die Gegensätze.

Auch wer kein Anhänger von Klages ist, vermag doch nachzuempfinden, dass in den Vorgängen des Lebens – und zwar vom Makrokosmos der Natur bis hin zum Mikrokosmos des Menschen - Rhythmen etwas Anderes sind als äußere, taktmäßige, künstliche Unterteilungen, die der Mensch vornimmt. Nicht umsonst reden wir von Rhythmen der Natur, heute auch von Bio-Rhythmen, sprich: von Rhythmen eben des Lebendigen, die nicht nur irgendwelche Gliederungen sind, sondern inhaltliche Bestimmungen haben und auch inhaltliche Veränderungen wiedergeben: den immer wiederkehrenden Wechsel in der Dauer. Man denke nur an die Rhythmen der Jahreszeiten, auch an den von religiösen Festen, die häufig mit der Natur und ihren Veränderungen verknüpft sind.

Dass auch Mevlâna Rumi dem Rhythmus im Reigentanz eine so wichtige Rolle beimisst, zeigt, dass auch er ein Denker des göttlich Lebendigen gewesen ist. Der Wirbeltanz der Derwische ist innere Rhythmik, nicht äußerliche Taktik. Im Tanz geschieht Verwandlung, Untergang des Selbst und Offenbarung des kosmogonischen Eros, der das Selbst in den Strom des kosmischen Werdens hineinreißt. Für den Mystiker ist das jene innere Erfahrung, die er als Unio mystica (Einswerdung mit Gott) interpretiert, hier unter dem Aspekt der religiös gedeuteten Liebe:

Schall, o Trommel, hall, o Flöte, Allah hu!
Keiner weiß, wie Liebe töte, Allah hu!

Und auch als Dichter, im Mittel der Sprache, ist Mevlâna ein großer Rhythmiker. Die von der klassischen Prosodie vorgegebenen Versmaße orientalischer Dichtung füllt er nicht mit Wortmaterial und vorgegebenen Bildern der poetischen Sprache mechanisch auf, sodass sie sich perfekt, aber insgesamt doch ein wenig eintönig in das überkommene Schema einfügen, sondern behandelt sie formal wie inhaltlich recht großzügig. Auch der inhaltliche Zusammenhang mancher Verse und Strophen ist von der Logik her noch lockerer, als es in der klassischen Poesie der Perser ohnehin schon der Fall war. Jeder Doppelvers (beyt) ist zunächst eine Einheit, die nur lose mit den folgenden Beyts zusammenhängt. Mevlâna aber lässt die Sprache strömen, Wortfluss, Sprachfluss und Tanz sind sich ähnlich. Es will scheinen, dass ihn oft das rhythmische Element in seiner dichterischen Inspiration überwältigte und ihn ganz bestimmte Verse fast wie in Trance niederschreiben ließ. Immer wieder übertragen Mevlânas Gedichte, die in seinem Diwan gesammelt wurden, die kosmische (göttliche) Liebe auf den Menschen, auf ein geliebtes Objekt, bei dem im Akt des Liebens Subjekt und Objekt aufgehoben, getauscht werden. Das Ich des Liebhabers entgrenzt sich und geht im Ich des anderen auf, dem es umgekehrt ebenso geht. Annemarie Schimmel hat eine Reihe dieser Verse in die deutsche Sprache übertragen. Es zeigt sich in ihnen jene Identitätsmystik, die im klassischen Islam schon vor mehr als tausend Jahren ein Bayazit Bistami und ein al-Halladsch gepflegt haben – zum Leidwesen aller Orthodoxen.

Wie Thrasybulos Georgiades bemerkt[28], ist es nicht möglich, die Musik der alten Griechen auf korrekte Weise wiederherzustellen. Wir wissen schlicht nicht, wie sie geklungen hat. Allerdings sieht er in der *musiké* eine Einheit von dichterischem Wort (etwa bei Pindar) und Klang (im Sinne der Pythagoräer zum Beispiel). Hier führt ein Weg von archaischen Ursprüngen sowohl der Poesie als auch der Musik von der Antike zu Meister Mevlâna, der in seiner Lehre und in seinem Werk, was einmalig ist im islamischen Raum, Wort und Musik miteinander verbindet. Haben dabei auch byzantinische Überlieferungen als Bindeglied Pate gestanden? Die altgriechische Musik kannte zwei elementare Instrumente: den Aulos, die sogenannte Doppelflöte, und die Lyra, die Leier. Sie war das Instrument des Hermes (Georgiades), aber auch Apollons. Georgiades charakterisiert die Aulos-Musik als »musikalische Darstellung des Wehklagens«, eine Beschreibung, die vortrefflich zum klagenden Ton der persischen Rohrflöte und zur gnostischen Gestimmtheit von Mevlâna Rumis Dichtung passt. Bei den Griechen bildete die Lyra offenbar den apollinischen Kontrapunkt zur klagenden, bisweilen wohl auch wild herausfahrenden Melodie der Doppelflöte, deren exakten Klang wir freilich nur imaginieren können. Dem Aulos dürfte dionysische Gestimmtheit (im Sinne Friedrich Nietzsches) nicht fremd gewesen sein. Auch die Mevlevi-Musik bringt, im Gegensatz zu landläufigen Vorstellungen von Derwisch-Musik, eine wohlstrukturierte, geordnete Ekstase, einen durchaus kontrollierten mystischen Überschwang zum Ausdruck. Die Rohrflöte als klagendes Element weist sogar, wie unlängst festgestellt worden ist, in die Anfangsgründe menschlicher Musik überhaupt zurück: Forscher haben eine aus Schilf hergestellte Flöte gefunden, deren Alter auf etwa 30 000 Jahre geschätzt wurde. Wahrlich eine archaische Dimension der Spiritualität, die da aufbricht.

[28] »Musik und Rhythmus bei den Griechen«, Hamburg 1958

Mevlevi-Kunst und Literatur
Scheich Galib und Asaf Halet Çelebi

Es nimmt angesichts der großen Offenheit und »Liberalität« von Mevlâna Celâlettin Rumis Lehren nicht Wunder, dass sich der aus seinem Wirken entstandene Derwischorden der Mevleviye gerade in der Kunst als besonders schöpferisch erwiesen hat. Die Zahl der klassischen Dichter in der alten Türkei, die Mevlevis waren, ist Legion, und der Ritus des Sema, des kosmischen Reigentanzes, hat die türkische Kunstmusik geprägt wie kaum etwas anderes. Selbst wer heute im Fernsehen der Türkei in modernen Orchestern den klagenden Ton der Rohrflöte vernimmt, kann sich an einen Nachhall von Meister Mevlânas Wirken erinnert fühlen, des Dichters und Denkers der im Weltall wirkenden göttlichen Liebe.

In der modernen Türkei haben sich Gelehrte wie der schon mehrfach erwähnte Abdülbaki Gölpinarli darum bemüht, nicht nur das Werk Mevlâna Celâlettin Rumis aus dem Persischen in ein zeitgemäßes Türkisch zu übertragen, sondern auch die auf Mevlâna folgende authentische osmanisch-türkische Literaturtradition der Mevlevis interpretierend aufzuarbeiten und populär zu machen. Natürlich müssen auch diese, in verschiedenen Stufen des Osmanischen verfassten Dichtungen in ein heutiges Türkisch transponiert werden. Schon Mevlânas Sohn Sultan Veled (1226–1312), der auch der eigentliche Gründer des Mevlevi-Ordens gewesen ist, dichtete in Türkisch und verbreitete das Denken des Vaters und die dahinter stehende Mystik. Mit Fug und Recht kann man sagen, dass es wohl kaum einen führenden Scheich des Ordens gegeben hat, der dem Ordensgründer nicht nachgeeifert und die Ideen Mevlânas nicht in Form von Poesie verbreitet hätte. In der Mehrzahl der Fälle war dies natürlich das Übliche, die Nachahmung. Die Mevlevis bildeten, im Unterschied zu den anatolisch-volkstümlichen, aus dem turkmenischen Nomadentum kommenden Bektaschis, die wir noch näher kennenlernen werden, so etwas wie einen aristokratischen Sufi-Orden, ihre Scheichs waren höfisch gebildet und legten darauf auch großen Wert. Sie waren stärker als die volksnahen Bektaschis mit der herrschenden Schicht des Osmanischen Reiches verbunden und hatten unter anderem das Privileg, einen neuen Sultan mit dem Schwert Osmans zu umgürten – eine Zeremonie, die der Krönung im christlichen Westen nahekam. Fast überall im großen Reich der Osmanen gründeten die Mevlevis Ableger ihres »Klosters«

in Konya, selbst im fernen Ägypten. Jede größere Stadt hatte ihr Mevlevihane, in dem der Sema aufgeführt wurde und Zentren von Musik und Dichtung entstanden.

Zu den berühmtesten dieser Mevlevihanes gehört das von Galata in Istanbul. Man erreicht es vom modernen Taksim-Platz aus zu Fuß in etwa fünfzehn Minuten, oder von der Tünel-Station in Pera in wenigen Schritten. Aus bedrängender Fülle kommt man in eine heilige Stille. Im Mevlevihane selbst kann man nicht alleine kostbare Manuskripte von Mevlânas Versepos betrachten, sondern auch Werke der Nachfolger aus späteren Jahrhunderten, dazu Instrumente, die im Kult der Mevlevis Verwendung finden.

Zu den bekanntesten und beliebtesten Dichtern ihrer Tradition gehört Scheich Galib, der eine Zeit lang diesem Istanbuler Mevlevihane vorstand und dessen Dichtungen noch heute populär sind. Galib schuf lyrische Gedichte religiösen Inhalts, in denen unter anderem auch der Lobpreis Meister Mevlânas thematisiert wurde. So etwa in dem folgenden sufischen Poem, in dem auf Gott und den mystischen Meister gleichzeitig angespielt wird:

> Du bist mein Herr, und was ich konnte, das war nur durch dich
> Wenn ich mir Ruhm erwarb als Liebender, dann war es nur
>   durch dich.
>
> Was mir das Leben reich macht, was meinen Geist beruhigt,
> Was alles mir zu Nutz und Frommen reicht, war nur durch dich.
> …
> Dem Falter gleich ich, der sich sehnt; du bist die Kerze des
>   Begehrens,
> Dass ich des nachts den Kuss des Nichtseins wünsche, das ist nur
>   durch dich.
>
> Ein Märtyrer der Liebe bin ich, ein Beet aus Wunden meine
>   Brust,
> Dass Lichter mir mein Grab erhellen, das ist nur durch dich.
> …
> Mevlâna, nur noch in dir sucht GALIB seine Zuflucht,
> Dass ich den Hut des Stolzes trage, das ist nur durch dich.

Unsterblich wurde er jedoch durch sein mystisches Versepos »Hüsn ü Aşk« (»Schönheit und Liebe«), ebenfalls ein Mesnevi, in dem er einmal die klassische islamische Liebesmystik und ihre Literatur aufgriff, wie sie in den großen Werken von Sana'i, Attar, Nizami und vielen anderen persischen Dichtern vorliegt, zum anderen aber auch seinem Meister Mevlâna nacheifert, indem er dessen sufischen Liebesbegriff aufnimmt. Am Beispiel von Liebespaaren gestalteten die orientalischen Dichter ja, wie das auch Şeyh Galib tut, seit Jahrhunderten schon das komplexe Subjekt-Objekt-Verhältnis unter dem Aspekt der oben skizzierten religiös-mystischen Eros-Theorien: »Laila und Madschnun«, »Chosrau und Schiri«, »Yusuf und Sulaika«, »Wamik und Asra« und so weiter. Allein von dem berühmtesten dieser mystischen Epen, »Laila und Madschnun«, sind – über den gesamten Orient verstreut – mehr als hundert Fassungen bekannt. Die berühmteste in türkischer Sprache stammt von Fuzuli (»Mehmet Ibn Süleyman«), einem türkischen Klassiker der höfischen Literatur, der zur Zeit Sultan Süleymans des Prächtigen, also im 16. Jahrhundert lebte, in einer aserbaidschanischen Familie im Irak geboren wurde und sich niemals in der Reichshauptstadt Istanbul / Konstantinopel aufhielt.

Der Mevlevi-Ordensmann Scheich Galib lebte von 1757 bis 1799, starb also in noch jungen Jahren. Er stammte aus Istanbul und war Spross einer Mevlevi-Familie. Seine Erziehung erhielt er in der Heimatstadt, wurde Derwisch im Mevlevihane von Yenikapi, dann, ab 1791, in Galata selbst. Seine Novizenzeit brachte er zuvor ab 1784 in Konya, dem Mutterhaus der Mevlevi-Derwische, zu, wo auch Meister Mevlâna selbst und seine Nachkommen begraben sind. Im Jahre 1780 trat er erstmals mit seinen lyrischen Gedichten hervor, als er unter dem Dichternamen »Esad« seinen Diwan veröffentlichte. Die türkischen Literaturhistoriker weisen darauf hin, dass Scheich Galib sogar ein Gedicht in silbenzählendem Versmaß (hece vezni) verfasste und sich damit volksnah gab. Denn dieses Metrum war besonders volkstümlich und in der hohen Dichtung mit ihren persischen und arabischen Vorbildern eigentlich verpönt. Mitte der achtziger Jahre begann er mit der Arbeit an seinem Epos »Schönheit und Liebe«, das sein Hauptwerk wurde und das er erst in den neunziger Jahren abschloss. Obwohl aus der mystischen Tradition kommend, die manchem Religionsgelehrten auch verdächtig war, weil ihr Antinomismus sich gelegentlich gegen das religiöse Gesetz richtete, behandelte Galib mit seiner Dichtung um »Schönheit« und »Liebe« auch durchaus koranische Vorgaben. »Wahrlich, Gott ist schön und liebt das Schöne«, heißt es ja nicht umsonst im heiligen Buch der Muslime. Galib gestaltet das Epos freilich ebenso sehr nach Vorstellungen, deren Grundlage – neben Mevlânas Werk – jener Platonimus ist, der vor allem in Gestalt des Neuplatonismus in die persische (damit osmanische) Mystik eingedrungen war.

Es gelang Scheich Galib, in Beziehung zum Hof zu treten und vor allen Dingen die Zuneigung Sultan Selims III. zu gewinnen. Dieser Sultan, der 1789 den Thron bestieg, gehört zu den interessantesten Persönlichkeiten unter den 37 Herrschern der osmanischen Türkei. Er war aufgrund seiner Erziehung der erste moderne Sultan auf dem Kalifenthron, interessierte sich für westliche, insbesondere französische Kultur und auch für westliche Musik. Er selbst war hochtalentiert und übernahm, was symbolisch sein mag, just in jenem Jahr 1789 die Herrschaft, da die Französische Revolution ausbrach. Ihr Fortgang fesselte ihn und regte ihn zu jenen ersten Reformen im Militär an, die unter dem Namen »Nizam-i cedid« oder »Neue Ordnung« bekannt geworden sind. Es mutet schicksalhaft an, dass der Mevlevi-Dichter Galib mit seinem genialischen Epos von der mystischen Liebe gerade zu einem Zeitpunkt die poetische Tradition des Ordens zu letzter und später Blüte brachte, da sich das Osmanische Reich anschickte, der westlichen Moderne zaghaft ein erstes Tor zu öffnen, bevor Sultan Mahmud II. es dann wenige Jahre später weit aufstieß.

Natürlich wurde die Tradition der Mevleviye auch im 19. Jahrhundert fortgesetzt, doch war sie verbraucht. Galib war der letzte große unter ihren Derwisch-Dichtern.

Etwas anderes ist die Lehre Mevlâna Celâlettins selbst. Sie kann unverändert Gültigkeit und Zuspruch für sich in Anspruch nehmen. Sie macht es türkischen Intellektuellen bis heute möglich, eine unorthodoxe religiöse Haltung einzunehmen und diese auch ästhetisch, etwa in Dichtung, auszudrücken. So nimmt es nicht wunder, dass das zwanzigste Jahrhundert mit Asaf Halet Çelebi (1907–1958) einen Poeten hervorgebracht hat, der sich weltanschaulich wie poetisch als Erbe der Mevlevi-Tradition begreift. Doch nicht allein das: Die Mevlevi-Scheichs trugen den Titel eines »Tschelebi«, sodass deutlich wird, dass Asaf Halet Çelebi selbst, wie Scheich Galib, von Mevlevis abstammte. Von seinem Vater Sait Halet Bey lernte er schon als Junge das Arabische und Persische; der Mevlevi-Scheich Remzi Efendi und Rauf Yekta Bey unterwiesen ihn viele Jahre lang in der Musiktheorie und Notation der Mevlevi-Derwische.

Getreu der sufischen Vorstellung, dass viele Wege zu Gott führen, verarbeitet Asaf Halet diesen Ansatz in seinen modernen Gedichten. Der späte Erbe Mevlânas und seiner Schule befasste sich mit den anderen Weltreligionen und ihren beschaulichen Lehren und ließ diese Inhalte mit in seine Poesie einfließen. Natürlich hat Asaf Halets Lyrik nichts mehr mit den alten poetischen Formen der Tradition gemein, sondern gibt sich ganz zeitgenössisch. Immerhin war der junge Asaf Halet schon siebzehn, als der letzte Kalif Abdülmecit, der nur noch als religiöse Autorität fungiert hatte, die Türkei in Richtung Exil verließ. In Istanbul geboren und in den Stadtteilen Cihangir und Beylerbeyi aufgewachsen, ist Asaf Halet auf ganz natürliche, weil familiäre Weise mit der geistig-aristokratischen Mevlevi-Tradition bekannt geworden. Nach verschiedenen Studien, unter anderem an der Akademie für Schöne Künste, verdiente sich der Mevlevi-Nachkömmling seinen Lebensunterhalt als Sekretär und Bibliothekar. Letzteres kam seinen gelehrten Neigungen gewiss entgegen. Er war ein ausgesprochener Poeta doctus. Neben eigenen Gedichten publizierte er literarhistorische Arbeiten über den osmanischen Historiker Mustafa Naima (1655–1716), der zu der Garde der durchaus lesenswerten Chronisten der Osmanen gehört, dann über den volkstümlichen Dichter Eşrefoğlu (15. Jh.) und den wegen seiner pessimistischen Vierzeiler berühmten persischen Poeten Omar Khajjam (gest. ca. 1123). Asaf Halet hatte in seiner Jugend klassische Formen, wie Ghasele und Rubai (Vierzeiler), bevorzugt, die ebenfalls in seinen gesammelten Gedichten vertreten sind, ging jedoch seit 1937 zum mehr oder weniger freien Vers über, der damals die türkische Poesie eroberte.

Ich bringe zwei Gedichte, die jene sufische Tradition in modernem Gewande aufgreifen und popularisieren, in der Übertragung der verstorbenen Annemarie Schimmel, die wie kaum sonst jemand zur Erschließung islamischer, gerade auch türkischer Mystik und ihres abgehobenen Lebensgefühls beigetragen hat:

Die Farben kamen aus der Sonne
Die Farben gingen in die Sonne
Die Farben starben ohne Sonne
Ich brauche Farben nicht
Noch Farblosigkeit

Die Sonnen kamen aus einem Ort
Die Sonnen gingen zu einem Ort
Die Sonnen starben ohne ihn
Ich brauche Helle nicht
Noch Dunkelheit

Die Formen kamen aus einem Ort
Die Formen gingen zu einem Ort
Die Formen wurden unsichtbar

Schlage die große Pauke
Alle Stimmen ersticken in einer –
Mansur
Mansuur

Das Gedicht trägt den Titel »Mansur« und bezieht sich auf Leben
und Sterben des Bagdader Mystikers al-Hussain Ibn Mansur, genannt al-Halladsch (»Der Wollkrempler«), der in der Türkei unter
dem Namen Hallac-i Mansur bekannt ist. Dieser frühe Sufi aus der
Abbasidenzeit wurde im Jahre 922 hingerichtet, weil er – so der
Vorwurf seiner Ankläger – sich mit seinem Ausspruch »Ich bin die
schöpferische Wahrheit« (ana al-haqq) der Blasphemie schuldig gemacht habe. Er habe sich mit Gott verglichen. Auch Halladsch war
ein Liebesmystiker, der die Absolutheit seines mystischen Strebens,
das alle weltlich-diesseitigen Bezüge sprengt, mit dem Tode bezah-
len musste. Der Galgen Mansurs (dar-i Mansur) ist in den Kreisen
der Sufis fast aller Richtungen bis heute sprichwörtlich geworden
für das »Martyrium der kompromisslosen Gottesliebe«, die freilich
zur Menschenliebe mahnt. Der moderne türkische Dichter Asaf Halet verknüpft das Schicksal Halladschs mit dem des Şems-i Tebris,
der »Sonne des Glaubens«, bei Mevlâna.
    In einem anderen Gedicht thematisiert Asaf Halet Çelebi die eige-
ne sufische Tradition, ihr Denken und ihren Ritus:

Die Bäume, mit Tanzgewändern
bekleidet, flehen in Liebe
Mevlâna

Das Bild in mir
ist ein anderes Bild
in den Reigen in mir
Fallen wie viele Sterne!
Ich kreise und kreise
die Himmel kreisen
Rosen erblühn mir im Antlitz

Die Bäume im sonnigen Garten
»Er schuf den Himmel, die Erde«
(diese Zeile in Arabisch)
Die Schlangen lauschen dem Flötenlied
in den Bäumen mit Tanzgewändern
Die Wiesenkinder berauscht …

Herz …
sie rufen nach dir

Ich blicke lächelnd auf Sonnen
die ihren Weg verloren
Ich, ich fliege
die Himmel fliegen

Eine deutlichere Adaption der Lehre Mevlânas ist kaum vorstellbar. Das Gedicht trägt denn auch den Titel jenes Tanzes, dessen entgrenzende Liebenssehnsucht von der gesamten Schöpfung wie vom Dichter selbst herbeigesehnt und erfahren wird: »Mystischer Reigen«. Es ist Mevlânas Sema. So hält sich in der türkischen Literatur ein Werk durch, das inzwischen fast achthundert Jahre alt ist und inhaltlich sogar bei einem europäischen Denker wie Klages seine Parallele findet.

Freilich war Asaf Halet nicht nur ein moderner Mystiker. Er schrieb innerhalb seines recht schmalen poetischen Werkes auch Gedichte, in denen er das Weltumspannend-Objektive der Mevlevi-Mystik verließ und sich ganz subjektiv gab. Es sind Gedichte, die modern in der Form sind, aber klassische Themen wie die Zuneigung oder Liebe zu einer Frau thematisieren, etwa das einer Portugiesin, Maria aus Lissabon, die in die Türkei gekommen war und Asaf Halets literarische Zusammenkünfte besuchte.

Der Dichter hat dieser Maria ein etwas längeres Poem gewidmet, mit einem Motto, das auf den portugiesischen Begriff der *saudade* anspielt, der melancholischen Leidenschaft, die durchaus Orientalisches an sich hat, wie er auch ganz persönliche Erlebnisse, etwa den Tod seines Sohnes Ömer, der im Alter von 19 Jahren an Tuberkulose starb, aufgriff. Mit dem Osmanischen Reich, in dessen geistigem Raum und politischem Gefüge seine Vorfahren eine so wichtige Rolle spielten, identifizierte sich Asaf Halet lange, bevor das modern wurde. So greift er in dem Gedicht »Meine Heimat« oder »Mein Land« (»Memleketim«) den Gründungsmythos des Reiches, den berühmten »Traum Osmans«, aus dessen Nabel ein Baum wächst, auf und fährt dann fort:

Der aus Osman Ghazis Nabel
Hervorwachsende Baum
Flüsse
Bäche
Herden
Die Erde, auf der ich lebe
Mein Murad mein Yildirim mein Fatih

Meine Janitscharen
Mein Evliya Tschelebi
Mein Bursa mein Istanbul
Besonders mein Istanbul
Meine Geschichte meine Kunst
Meine Mutter und mein Vater
Meine Nachbarn
Die Schwarze Nerkis Kalfa
Meine tscherkessische Kinderfrau Nevres
Mein Haus in Dschihangir, vom Meer
umglitzert,
Nicht in einem Korb kam ich hierher
Das Kind dieser Plätze bin ich
Hier ist mein Istanbul
Dies sind meine Menschen
Dieser Himmel ist meiner
Mein ist dieses süße Kind Ömer
Meine Vorfahren, meine Heimat und
alles von mir
Ist im Traum, den Osman Ghazi erschaut,
Ömer und alles, was ich habe.

Es wäre fatal, wollte man meinen, mit einem Dichter wie Asaf Halet Çelebi sei der Einfluss der Mevlevi-Kunst und Literatur gestorben. Ganz im Gegenteil: Mevlânas Gedanken sind so populär wie selten. Kaum ein zeitgenössischer Schriftsteller, der an seiner Figur und ihrem enormem Einfluss auf die Kultur und Literatur der Türken vorbeikäme. So wurde das Gedenken an Mevlânas 800. Geburtstag am 30. September des Jahres 2007 zu einem Triumph für diesen Dichter und Denker, den auch Perser, Afghanen, Mittelasiaten und andere islamische Völker auf das Höchste verehren. Mevlânas Weltbild und Lehre sind in ihrer Harmonie und dem Streben nach Toleranz frei von jener übertriebenen Exaltation, die bei anderen Sufis hier und da angetroffen werden kann, von billigem Mummenschanz einmal ganz zu schweigen, der auch vorgekommen ist. Nicht nur in Konya, wo er wirkte, ist dieser Geist bei Literaten populär, sondern im ganzen Land. Er wird in Gedichten behandelt, ihm werden Gedichte gewidmet und nicht selten kommt er sogar als Protagonist in Romanen und Erzählungen in Betracht. So sind einige Romane und Erzählungen der modernen Autorin Elif Şafak ohne die Entdeckung oder Wiederentdeckung Mevlânas nicht denkbar.

Von der Fremdartigkeit des Seins
Orhan Veli Kanik und die Dichtung des Garip

Sind das überhaupt Gedichte?, fragten viele Leser, als Ende der dreißiger und vor allem in den vierziger Jahren des vorigen Jahrhunderts die Verse Orhan Velis, Melih Cevdet Andays und Oktay Rifats in lockerer Folge in Zeitungen und Literaturzeitschriften wie »Garip« oder später dann »Yaprak« erschienen. Was die drei Freunde insbesondere seit dem Jahre 1941 an Gedichten vorlegten, unterschied sich so grundlegend von allem, was Generationen jahrhundertelang als Poesie gegolten hatte. Der Eindruck einer völligen Kunstlosigkeit herrschte zunächst vor, verstörte und erregte teilweise hitzige Debatten unter den Ästhetikern des Wortes. Erst allmählich begann man zu begreifen, dass hinter diesen Versen ein gänzlich neuartiges Verständnis und Konzept von Poesie stand, das geradezu revolutionär war und natürlich nur denkbar auf dem Hintergrund der grundstürzenden gesellschaftlichen, politischen und nicht zuletzt kulturellen Veränderungen, welche die Türkei in den zwanziger und dreißiger Jahren, das heißt nach Gründung der Republik 1923, durchgemacht hatte, und über die nun schon hinlänglich berichtet wurde.

Heute gilt vor allem Orhan Veli vielen – neben Nazim Hikmet (1902–1963), dem marxistisch geprägten Revolutionär der Literatur und insbesondere Poesie des Freien Verses – als der bedeutendste moderne Lyriker der Türkei. Sein schmales Werk ist populär, etliche seiner Zeilen wurden geradezu zu zeitgenössischen Sprichwörtern. Und auch seine Freunde Anday (geb. 1915) und Rifat (1914–1988), mit denen zusammen er die Künstlerkneipen Istanbuls unsicher machte, haben längst einen festen Platz in der Geschichte der modernen türkischen Poesie errungen.

Orhan Veli war der führende Kopf und die treibende Kraft dieses Dichterbündnisses; als er – mit 36 Jahren schon – im Jahre 1950 viel zu früh an einer Gehirnblutung starb, war die Sache so weit auf den Weg gebracht, dass seine Freunde ihre poetischen Prinzipien endgültig etabliert hatten. Freilich gingen dann sowohl Anday als auch Rifat wieder andere poetische Wege, sie entwickelten sich weiter, nachdem sie mit dem Garip sozusagen einen Neuanfang gewagt hatten und nun wieder frei waren für anderes. An Orhan Veli und seiner Dichtung kam später niemand mehr vorbei, der selbst Gedichte schrieb, sei es in Gegnerschaft oder in Zustimmung und

Nachfolge. Reaktionen auf solch eine Umwälzung konnten gar nicht ausbleiben, wie die Entwicklung der türkischen Poesie in der zweiten Hälfte des vorigen Jahrhunderts zeigte.

Um zu verstehen, worin das Revolutionäre dieser Dichtung bestand, muss man zunächst vielleicht noch einmal erläutern, was das Vertraute war: Viele Jahrhunderte lang hatte die türkisch-osmanische Dichtung jene arabisch-persischen Vorbilder aufgenommen und sich anverwandelt, die als gewissermaßen klassische Dichtung der islamischen Völker zu gelten haben. Es war eine im Wesentlichen unveränderte Formensprache mit allseits vertrauten Metaphern und Wortspielen, die von den großen Dichtern immer aufs Neue variiert wurden. Das Originelle dieser höfischen Poesie (divan edebiyati) bestand, wie im Essay über Ömer Nef'i deutlich wurde, darin, die gewohnten Formen und Inhalte der Dichtung auf ungewohnte und ungewöhnliche Weise zusammenzufügen, zu erfinden hatte der Dichter aber nichts. Die Ausdruckswelt bestand aus zwei großen Themenkreisen: der Panegyrik zum Lobe des Herrschers, des Sultans und seiner Glück verheißenden Regierung, und einer – entweder religiös orthodoxen oder freigeistigen – Feier der Schöpfung mit mystischem Hintergrund. Das große Vorbild waren Hafis (Mohammad Schams al Din Hafez aus Schiras aus dem 14. Jahrhundert) und andere Dichterkönige Irans, die diese schillernden Sprachspiele vollkommen beherrscht hatten und als unerreichte Vorbilder galten. Wir haben sie schon bei Ömer Nef'is Frühlingskasside erwähnt.

Vor allem in der zweiten Hälfte des 19. Jahrhunderts und im ersten Drittel des 20. kamen nun neue Strömungen auf, die sich einmal am volkstümlich-nationalen Gedanken, zum anderen am westlichen Empfinden und seinen dichterischen Ausdrucksformen orientierten. Charakteristisch dafür waren die beiden und nun schon hinlänglich zitierten literarischen Bewegungen des »Servet-i Fünun« (Reichtum der Künste) und des »Fecr-i Ati« (Morgendämmerung der Zukunft). Formal wie inhaltlich wurden neue Schwerpunkte gesetzt. Entweder die türkischen Dichter machten sich die Vorbilder des literarischen Impressionismus und Symbolismus zueigen, oder sie wandten sich den volkstümlichen Strophenformen und Versmaßen der Türken, den Elementen der Volkspoesie zu, die von der höfischen Dichtung nicht berührt worden waren, aber lange Zeit als kunstlos und primitiv gegolten hatten. Silbenzählende Versmaße (hece vezni) und gesellschaftlich relevante Inhalte kamen da zusammen, während bei Symbolisten, wie Ahmet Haşim, auch Elemente des europäischen l'art pour l'art Verwendung fanden. Diese literarischen Aufbrüche begleiteten die umwälzenden Entwicklungen der späten Sultanatszeit und erst recht der neuentstandenen Republik. Es kam wieder ein hoher Ton in der Poesie auf, der nun im Patriotismus seine Grundlage hatte und extrem auch mit politisch und gesellschaftlich begründeten lehrhaften Tendenzen befrachtet war.

Doch Orhan Veli und seine Freunde brachen auch damit. Unter dem Titel »Fremdartig« (»garip«) lehnten sie alle Formen der Erhabenheit und Überhöhung im Gedicht ab. Gewöhnliche Gegenstände wurden da plötzlich besungen, und das in einer Sprache, die zunächst überhaupt nichts Poetisches an sich zu haben schien. Alltäglichkeiten und existenzielle Grunderfahrungen traten ganz in den Vordergrund der Dichter. Alltägliche Wörter wurden verwendet, sparsam und unpathetisch eingesetzt; nirgendwo ist eine im traditionellen Sinne lyrische, gar romantische Stimmung in den Dichtungen des Garip zu spüren. Garip heißt nicht nur fremdartig, fremd, man kann es auch mit seltsam übersetzen. Doch Kern dieses Wortes ist die Bedeutung »fremd«. Das ursprünglich arabische *garib* scheint auf in dem Substantiv *gurbet* – Fremde, Exil, Diaspora. Diese Bedeutungen zeichnen den Kreis der Empfindungen nach, denen Orhan Veli in seinen Gedichten Ausdruck gab. Fremd in der Welt, fremd in der bisherigen Dichtung. Orhan Veli ging es vor allem auch darum, die Dichtkunst massiv zu demokratisieren. Eines der entscheidenden Merkmale der Diwan-Lyrik, aber auch noch der Dichtung in der Reformperiode des Reiches war ja die Exklusivität des Poetischen gewesen: Ohne eine höhere Bildung waren die Werke dieser Poeten nicht wirklich zu rezipieren. Orhan Veli vertrat dagegen die Auffassung, ein jeder Mensch habe grundsätzlich ein Recht auf Dichtung. Dies war natürlich nur einzulösen, wenn man entsprechend handelte, das heißt wenn Gedichte, wenn Literatur überhaupt ihren Charakter vollständig wandelten. Dies, vor allem, liefert den Schlüssel zum Verständnis der Garip-Schule. Diese angestrebte Verwandlung galt keineswegs nur als radikale Veränderung der Sprache des Dichters, vielmehr gerade auch als inhaltliche Neudefinition dessen, was poetisch ist und sein kann.

Der Lebensweg des vielleicht größten Erneuerers der türkischen Poesie ist unspektakulär und rasch erzählt. Als der Dichter 1914 in Istanbul geboren wurde, saß zwar noch der Sultan und Kalif auf seinem Thron, doch war Orhan Veli noch ein Junge, als das Reich zusammenbrach. Eine Generation, aber historisch-politisch ein ganzer Abgrund liegt zwischen ihm und etwa Ahmet Haşim, der, wie wir sahen, durchaus noch als Osmane zu charakterisieren war. Nach Beendigung des Lyzeums studierte er an der Istanbuler Universität Philosophie, brach das Studium jedoch nach der Hälfte der Zeit ab und war dann eine Weile, zwischen 1936 und 1942, bei der Generaldirektion der Türkischen Post in Ankara, wo man noch heute sein Wohnhaus besichtigen kann, als Beamter tätig. Doch mit dem nüchternen, damals noch besonders sterilen Ankara konnte er nichts anfangen. Er lebte bis zu seinem frühen Tod, an dem sein Alkoholkonsum nicht ganz unschuldig war, in Istanbul; zuerst als Beamter im Übersetzungsbüro des Erziehungsministeriums, danach als freischaffender Dichter, Mitherausgeber und Autor der Literaturzeitschrift »Yaprak« (»Das Blatt«). Die Freundschaft mit Melih Cevdet Anday und Oktay Rifat sowie die gemeinsamen poetischen Interessen halfen ihm über viele seiner nicht eben seltenen melancholischen Anfälle hinweg. Aus Anlass seines Todes gaben die Freunde eine Nummer mit dem Titel »Son yaprak« (»Letztes Blatt«) heraus, in dem sie den Verstorbenen würdigten.

In seinen Gedichten erweist sich Orhan Veli unter anderem als der Dichter Istanbuls schlechthin. Diese Stadt und ihr Wesen, das zwischen historischer Größe, kulturellem Glanz, flüchtiger Vergänglichkeit, leidvoller Melancholie und dynamischem Aufbruch angesiedelt ist, verstand er instinktiv und gab all dem Ausdruck. Der Vers »Ich höre Istanbul, geschlossen die Augen« wurde populär. Gleichzeitig ist Istanbul jedoch auch immer der Hintergrund jener Alltäglichkeiten, denen Velis Gedichte gelten. In einer einführenden, programmatischen Abhandlung mit dem Titel »Garip«, die der von Asim Bezirci herausgegebenen Sammlung seiner Gedichte »Bütün Şiirleri« beigegeben ist, hat der Dichter denn auch begründet, dass seine Poesie ganz bewusst Abstand nehmen wolle von allem, was bisher formal wie inhaltlich als spezifisch poetisch gegolten hatte: Reim und geschlossene Strophenform, berückende, aber mit Tradition befrachtete symbolische Bilder und Metaphern, eine vertrackte, gehobene Sprache mit Assonanzen und Echoreimen (redif), dazu natürlich sogenannte erhabene Inhalte, die allein der Würdigung im Gedicht wert erschienen. All das wollte die Garip-Schule beenden, und sie tat es auch. Bei Orhan Veli werden einfache Leute, Fischer, Angestellte, die Staatsbeamten, Handwerker, wie der Monteur Sabri, Tagelöhner und nicht zuletzt Bohemiens in ihrem alltäglichen Dasein im Gedicht besungen, normale Menschen, die nichts hermachen, doch ihr Schicksal meistern. Etwa Sulaiman Effendi, der an nichts so sehr litt »wie an seinem Hühnerauge«. Auch eine der Zeilen aus diesem Poem (»Epitaph, Grabinschrift«) wurde zum volksmundartigen Sprichwort: »Schade um Sulaiman Effendi!«. Die im Ton ganz spärlich gehaltenen Gedichte über das Thema Reisen zeugen von der inneren Zerrissenheit und Unstetigkeit ihres Schöpfers. Doch zwischen den Gewöhnlichkeiten und Trivialitäten, die in einer lakonischen Kürze gestaltet werden, taucht unvermittelt durchaus Tiefsinn auf – nur eben nicht in jenen poetischen Formen, die man von früher her kannte. Andeutungen genügen, um dem Leser der Gedichte klarzumachen, dass gerade ein Mann wie Orhan Veli auch mit den großen Fragen des Daseins rang: Sinn des Lebens wie des Schicksals, Gottes Ratschluss und seine Bedeutung für den Menschen, die Empfindung der Fremdheit im Leben, das doch nur flüchtige Genüsse zu bieten hat und keine Dauer gewährleisten kann. Auch Orhan Velis Dichtungen sind oft von Trauer umschattet, wenn auch in einer viel unpathetischeren Form als zum Beispiel bei Ahmet Haşim. Aufgebrochen wird sie immer wieder durch einen gewissen sarkastischen Humor, dessen Würze ebenfalls die Lakonik ist. In diesem Zusammenhang ist interessant zu wissen, dass der Dichter auch 72 Episoden aus den Schwänken des Hoca Nasrettin, des türkischen Eulenspiegels, poetisch nacherzählt hat. Eben dessen Lebensklugheit war derjenigen des Dichters verwandt, desgleichen seine Art und Weise, die menschlichen Probleme kurz und treffend auf den Punkt zu bringen. Die in der Türkei ungeheuer populären, ja sogar außerhalb des Landes zumindest nicht unbekannten »Schwänke des Hodscha Nasreddin« sind nicht nur typisch für den Humor des türkischen Landvolkes, sondern in ihrer Lakonik auch wirksam geworden bei Poeten von der Art Orhan Velis. Ein schöneres Kompliment kann man den scheinbar kunstlosen Versen dieses Dichters gar nicht machen.

Nicht ohne Grund nehme ich immer wieder Bezug auf Ahmet Haşim, denn Orhan Veli empfand diesen bedeutenden Lyriker als so etwas wie seinen Antipoden. So wie dieser wollten er und seine Freunde nun ganz und gar nicht mehr schreiben. Das ging so weit, dass Veli Verszeilen oder auch Gedichte Haşims aufgriff und sie ironisierte, indem er sie in ihr Gegenteil verkehrte. Das bekannteste Beispiel ist Haşims fast ätherisch-schwebend gehaltenes Gedicht »Die Nelke« (»Karanfil«), dem Orhan Veli ein realistisches, jeglicher Poesie (im traditionellen Verständnis des Wortes) beraubtes Gegenstück mit demselben Titel kontrastiert. In diesem Gedicht wird Orhan Veli übrigens auf direkte Weise politisch, eine Dimension, die ihm ansonsten nicht besonders liegt, jedenfalls als Dichter.

Die sogenannte Gesellschaftskritik kommt bei ihm ebenso lakonisch und leise daher wie alles andere. Auch Orhan Veli war kein unpolitischer Dichter, der sich für die Probleme seiner Gesellschaft nicht interessiert hätte (zu dieser Zeit des radikalen Umbruchs hätte dies auch gar nicht gepasst); doch die Größe seiner Lyrik resultiert gerade daraus, dass die Conditio humana, ihre Verstrickung in Fehlbarkeit, alle anderen Themen grundiert und transzendiert. Trauer und Melancholie angesichts des Scheiterns und des Todes sind von gesellschaftlichen Reformen unabhängige Sachverhalte. Orhan Velis Poesie hat insofern etwas ausgesprochen Existenzialistisches.

Orhan Velis dichterisches Gesamtwerk ist vor etlichen Jahren fast vollständig ins Deutsche übertragen worden, und zwar von Yüksel Pazarkaya (geb. 1940), dem in Deutschland lebenden bekannten avantgardistischen Lyriker und Essayisten, der so viel für die Vermittlung türkischer Literatur getan hat. Für die Übertragung der hier vorgelegten Auswahl habe ich diese Anthologie natürlich eingesehen und genutzt – als Korrektur eigener Fassungen, wenn mir das nötig erschien und auch als Übersetzungshilfe. Pazarkaya hat gewiss als Muttersprachler den besten Zugang zu vielen Versen Orhan Velis, das heißt seiner Übertragung gebührt im Zweifel allemal der Vorrang.

An manchen Stellen habe ich mich jedoch bemüht, die knappe Lakonik der Verse Orhan Velis noch entschiedener herauszustellen. Veli liebt die Parataxe, die seine Lakonik noch verstärkt und auf dem Wege zum Verstummen sein mag. Ich habe versucht, wie der Dichter selbst, so wenig Worte wie möglich zu machen. Veli ließ sich gelegentlich auch von der Form des japanischen Haiku anregen, der vielleicht verkürztesten Form dichterischen Ausdrucks überhaupt. Will man den Ort Orhan Velis in der modernen Poesie der Türken bestimmen, so kann man vielleicht sagen: Nach Erscheinen seines schmalen, doch umwälzenden Werkes war die türkische Poesie nicht mehr dieselbe wie zuvor. Nach Orhan Veli konnte unwiderruflich nicht mehr auf sogenannte altbewährte Weise gedichtet werden, die poetische Moderne hatte – nach manchen Vorläufern – mit ihm endgültig die Türkei erreicht. Veli und seine Freunde hatten sich einfach das Recht herausgenommen, eine eigene Sprachwelt aufzubauen und damit in Neuland vorzustoßen.

Von der Garip-Schule ist bis heute manches übrig geblieben. Ein künstliches, falsches Pathos ist verpönt in der modernen oder zeitgenössischen Dichtung der Türkei. Jedenfalls bei denjenigen unter den Poeten, denen ein bleibender Rang in der Literaturgeschichte zugesprochen werden muss.

Aus: »Gesammelte Gedichte« (»Bütün Şiirleri«)

DIE NELKE
Sie haben recht, so schön ist es nicht
wie die Kunst der Übertreibung,
dass zehntausend in Warschau starben,
und dass eine motorisierte Truppe
einer Nelke nicht gleicht
von der Lippe der Geliebten gebracht.

EPITAPH I
An nichts litt er so sehr in dieser Welt
wie an seinem Hühnerauge.
Sogar dass er so hässlich war,
fand er nicht weiter schlimm.
Wenn ihn einmal sein Schuh nicht drückte,
dachte er nicht gleich an den lieben Gott,
doch einen Sünder konnte man ihn auch nicht nennen.
Schade um Süleyman Effendi!

EPITAPH II
To be or not to be –
Das fragte er sich nicht,
eines Abends schlief er ein
und wachte nimmermehr auf.
Man nahm ihn und trug ihn weg,
Man wusch ihn, sprach das Gebet, er wurde begraben.
Wenn seine Schuldner hören, dass er tot,
werden sie ihm gewiss die Summe erlassen,
er selbst hingegen, der Verewigte,
hatte keinerlei Forderungen.

EPITAPH III
Seine Flinte brachte man ins Depot zurück,
seine Kleider gaben sie einem anderen.
Nicht ein Krümel Brot in seinem Tornister,
keine Spur seiner Lippen an der Wasserflasche.
Ein starker Wind,
hatte ihn weggeweht.
Nicht einmal sein Name blieb in Erinnerung,
nur jene Verse am Kamin des Cafés

in seiner Handschrift geschrieben:
»Der Tod ist Gottes Gebot,
wenn nur die Trennung nicht wäre.«

EIN ROMANHELD

Es regnet auf mein Zelt,
vom Saronischen Golf wehte Wind,
und ich, ein Romanheld,
im Bett aus Gras
im Zweiten Weltkrieg,
an meinem Kopfende Olivenöl verbrennend,
bemühte mich, meine Rolle zu spielen.
In einer Stadt begann sie,
wer weiß wo,
wer weiß an welchem Tag sie beendet wird
meine Rolle.

DAS IST'S NICHT

Ich weiß nicht, wie es beschreiben,
wie, wie sage ich euch meinen Schmerz!
Ein Schmerz, der in die Seele sticht,
ein Schmerz, den man dem Feind wünscht.
Wenn ich sage: Liebeskummer –
Das ist's nicht!
Wenn ich sage: Brothunger –
Das ist's nicht!
Ein Schmerz ist das,
den man nicht aushält.

GEDICHTE ÜBER DIE REISE

I
Immer, wenn ich reise,
sprechen die Sterne;
was sie sagen,
ist meistens traurig.

II
Abends, wenn ich trinke,
pfeife ich ein fröhliches Lied;
nicht fröhlich aber
klingt dasselbe Lied,
wenn ich am Zugfenster stehe.

Der Monteur Sabri

Mit dem Monteur Sabri
sprechen wir immer nachts
und immer auf der Straße
und immer betrunken.
»Ich komme zu spät nach Hause«,
sagt er jedes Mal,
und jedes Mal
hat er zwei Pfund Brot unterm Arm.

Mahmud der Träumer

So ist halt meine Arbeit:
Jeden Morgen streiche ich den Himmel an,
während ihr alle schlaft,
ihr wacht auf und seht, dass er blau ist.
Das Meer zerreißt manchmal,
ihr wisst nicht, wer es flickt:
ich flicke es.
Manchmal nehme ich einen auf den Arm,
auch das gehört zu meinen Pflichten;
einen Kopf denke ich in meinem Kopf,
einen Magen denke ich in meinem Magen,
einen Fuß denke ich an meinem Fuß.
Wer weiß, was ich noch Dummes reden werde.

Quantität

Ich liebe schöne Frauen,
auch Arbeiterfrauen liebe ich,
schöne Arbeiterfrauen
liebe ich noch mehr.

Gedicht mit Glocke

Wir Beamte,
um neun Uhr, um zwölf und um fünf,
sind ganz für uns auf den Straßen,
so hat der Erhabene Gott es uns zugeteilt,
wir warten auf die Feierabendglocke
oder auf den nächsten Ersten.

FÜRS VATERLAND

Was haben wir nicht alles für dies Vaterland getan!
Manche von uns sind gestorben,
manche von uns hielten Reden.

UMSONST

Umsonst leben wir, umsonst.
Die Luft umsonst, die Wolke umsonst,
Bach und Hügel umsonst;
Regen und Dreck umsonst.
Die Autos von außen,
der Kinoeingang,
die Schaufenster umsonst;
Käse und Brot nicht umsonst, aber
bitteres Wasser umsonst;
den Kopf kostet die Freiheit,
Gefangenschaft umsonst.
Umsonst leben wir, umsonst.

DARIN

Meere haben wir, in der Sonne,
Bäume haben wir, in den Blättern,
morgens und abends gehen und kommen wir,
zwischen unseren Meeren und Bäumen,
aber im Nichts.

SCHÖNES WETTER

Mich hat dieses schöne Wetter vernichtet.
Bei solch einem Wetter
Gab ich mein Amt bei den Stiftungen auf.
Bei solch einem Wetter begann ich zu rauchen,
Brot und Salz nach Hause zu bringen,
vergaß ich bei solch einem Wetter.
Meine Krankheit, Gedichte zu schreiben,
erlitt einen Rückfall, bei solch einem Wetter.
Mich hat dieses schöne Wetter vernichtet.

ZWEIFEL

Ist dieses Meer jeden Tag so schön?
Sehe ich das Firmament denn immer so?
Sind jeden Tag so schön
Diese Dinge hier, dieses Fenster?
Nein,
Bei Gott, und abermals nein,
Irgendetwas ist faul an dieser Sache.

ILLUSION

Ich bin einer alten Liebe ledig,
und alle Frauen sind jetzt schön;
Mein Hemd ist frisch,
ich bin gewaschen
und rasiert;
der Frieden ist ausgebrochen,
der Frühling ist gekommen.
Die Sonne kam heraus.
Auf die Straße bin ich gegangen, die Menschen sind ruhig,
ich bin es auch.

MEINE SCHIFFE

In den Blättern meiner Fibel
meine Schiffe, Segelschiffe.
Sie fahren in die Länder der Menschenfresser,
meine Schiffe Seite an Seite;
meine Schiffe, mit Bleistift gezeichnet,
meine Schiffe mit roten Fahnen.
In den Blättern meiner Fibel
der Mädchenturm
und meine Schiffe.

WIE SCHÖN

Wie schön ist die Farbe des Tees
An jeglichem Morgen,
in frischer Luft.
Wie schön ist die Luft,
wie schön ist der Sohn,
der Tee, ach wie schön!

IN DEN KRIEG

Blondes Kind, das in den Krieg zieht,
kehre gesund wieder zurück,
mit dem Duft des Meeres auf deinen Lippen,
in deinen Wimpern das Salz,
blondes Kind, das in den Krieg zieht.

GEDICHT MIT PINZETTE

Weder die Atombombe
Noch die Londoner Konferenz;
In einer Hand die Pinzette
In der anderen der Spiegel;
Was geht die Welt sie an!

KESCHAN

21.8.1942
Im Hotel »Zur Republik«
welch schöne Nacht es war!
Gegen Morgen regnete es.

Die Sonne ging auf, der Horizont färbte sich blutrot,
meine Suppe kam, ganz heiß,
dann hielt der Lastwagen vor unserer Tür.

Mein Magen satt,
mein Rücken stark,
gib deine Hand, Stadt Edirne.

FÜR EUCH

Für euch, meine Menschenbrüder,
alles ist nur für euch;
sowohl die Nacht als auch der Tag,
am Tag Sonnenlicht, in der Nacht Mondlicht,
im Mondlicht die Blätter,
in den Blättern die Neugier
und der Verstand.
Im Licht des Tages tausendundein Grün,
die Gelbtöne für euch und auch das Rosarot,
das Berühren der Haut, die Hand,
die Wärme,
das Weiche,
das Ausruhen im Bett,

die Morgengrüße sind für euch.
Für euch die Masten, die im Hafen schaukeln,
die Namen der Tage
wie die der Monate,
die Farben der Nachen;
für euch die Füße des Briefträgers,
des Töpfers Hände,
der Schweiß, der von den Stirnen rinnt,
die an der Front verschossenen Kugeln,
für euch die Gräber, die Grabsteine,
die Kerker, die Handschellen, die Todesurteile.
Für euch,
alles für euch.

PLÖTZLICH
Alles geschah plötzlich.
Plötzlich fiel Sonnenlicht auf die Erde,
das Firmament riss plötzlich auf
wurde blau plötzlich.
Alles geschah plötzlich.
Plötzlich begann
Rauch vom Boden aufzusteigen,
die Knospe plötzlich, die Blüte plötzlich,
die Früchte reiften plötzlich.
Plötzlich,
plötzlich,
alles geschah plötzlich;
das Mädchen plötzlich, der Junge plötzlich,
die Wege, Weiden, Katzen, Menschen.
die Liebe kam plötzlich,
die Freude plötzlich.

ANTWORT
(Die Hauskatze an die Straßenkatze)
Du sprichst vom Hunger,
das heißt, du bist Kommunist,
das heißt, du steckst alle Häuser an,
die in Istanbul – du,
die in Ankara – du.

Was für ein Schwein du doch bist!

Ich höre Istanbul

Ich höre Istanbul, geschlossen die Augen.
Zuerst ein Wind, der sachte weht,
ganz langsam bewegen sich die Blätter an den Bäumen.
In der Ferne, in weiter Ferne
die rastlosen Glöckchen der Wasserträger.
Ich höre Istanbul, geschlossen die Augen.

Ich höre Istanbul, geschlossen die Augen.
Schwärme von Vögeln ziehen vorbei schreiend von der Höhe herab,
die Fischernetze werden eingezogen,
eine Frau berührt das Wasser mit ihren Füßen.
Ich höre Istanbul, geschlossen die Augen.

Ich höre Istanbul, geschlossen die Augen.
Der kühle, kühle bedeckte Basar,
Mahmudpascha mit seinem Geschrei,
die Höfe voller Tauben,
das Dröhnen der Hämmer von den Docks.
Im zarten Frühlingswind liegt Schweißgeruch.
Ich höre Istanbul, geschlossen die Augen.

Ich höre Istanbul, geschlossen die Augen.
In meinem Kopf die Trunkenheit alter Welten,
ein Sommerhaus mit dunklen Bootshäusern,
im Lärm der Südwinde, der sich legt,
höre ich Istanbul, geschlossen die Augen.

Ich höre Istanbul, geschlossen die Augen.
Eine Schöne geht über das Pflaster,
Flüche, Lieder, Gesänge, Geschwätz,
aus ihrer Hand fällt etwas zu Boden,
wohl eine Rose.
Ich höre Istanbul, geschlossen die Augen.

Ich höre Istanbul, geschlossen die Augen.
Ein Vogel zappelt an deinem Saum.
Ob deine Stirne heiß oder nicht, ich weiß es,
Ob deine Lippen feucht oder nicht, ich weiß es,
ein weißer Mond geht hinter den Pistazienbäumen auf,
ich erkenne es am Schlag deines Herzens.
Ich höre Istanbul.

GALATABRÜCKE

Auf der Brücke stehend,
schau ich euch allen gelassen zu:
Mancher von euch rudert langsam dahin,
mancher von euch holt Muscheln von den Pontons,
mancher von euch hält das Ruder seines Kahns,
mancher von euch ist Matrose am Tau;
mancher von euch ist ein Vogel, fliegt wie der Dichter,
mancher von euch ist Fisch und schimmert,
mancher von euch ist Dampfer, mancher Boje,
mancher von euch ist Wolke hoch in den Lüften,
mancher ist Schiff, das mit geknicktem Schornstein
rasch unter der Brücke hindurchgleitet,
mancher von euch ist Sirene und pfeift,
mancher von euch ist Rauch und raucht;
aber ihr alle, ihr alle
sorgt euch um euer tägliches Brot.
Bin ich unter euch der Einzige, der so gelassen?
Schaut nicht so streng, ich werde eines Tages
ein Gedicht verfassen, das euch alle betrifft,
ein paar Kurusch kommen in meine Hand,
auch ich werde satt.

DAMALS UND HEUTE

Von Oktay Rifat
Der erste Herrscher war Sultan Osman Sultan Osman
Hinterließ uns unser Land
Als sein Vermächtnis
Marschiert marschiert immer vorwärts
Der persische Feldzug der Bagdader Feldzug der kretische Feldzug
Die Feste Esztergom, du meine Schöne
Nisch Amselfeld Tschaldiran
Blätter über uns darunter Erde
Marschiert marschiert immer vorwärts
Der Krim-Feldzug der Irak-Feldzug der russische Feldzug
Marschiert marschiert
Passarowitz Karlowitz Kainardscha
Kainardscha Passarowitz Karlowitz
Karlowitz Passarowitz
Vorwärts Bruder, vorwärts sag ich
Lepanto Preveza Plevna

Warm tropft mein Blut auf das Gras
Vorwärts immer vorwärts
Ägyptischer Feldzug Jemen-Feldzug Suez-Feldzug
Reform Verfassung Republik
Wien und Sèvres und Lausanne
Reden Reden und wieder Reden
Eine Anordnung nach der andern
Noch ist ein Holzpflug in unserer Bauern Hand
Unser Volk halb satt und halb verhungert
Heute
Als finge alles erst an.

Unsere Himmelskuppel
Yahya Kemal Beyatli: Klassizismus und Moderne

Kaum ein Literat und Dichter hat die moderne türkische Literatur wie auch die ästhetische Dimension der zeitgenössischen türkischen Kultur so beeinflusst wie Yahya Kemal Beyatli (1884–1958), ein Name, der in den hier vorliegenden Essays immer wieder auftaucht. Seine Person und sein Werk bilden gewissermaßen die große Klammer, die Tradition und Moderne – trotz aller Umbrüche und »Revolutionen«, die das Land und die Literatur durchlebten – zusammenbindet und inhaltlich wie formal befruchtet. Gerade die Besten unter den Autoren des 20. Jahrhunderts, gerade diejenigen, die am Ende mit völlig eigenständigen Werken hervortraten, haben Yahya Kemal Beyatli vieles zu verdanken. Dieser Autor wird heute im Allgemeinen als der letzte bedeutende Vertreter der klassischen Poesie charakterisiert, das heißt als ein Dichter, dem es perfekt gelang, die jahrhundertealten Formen der osmanischen Hochpoesie, ihre Versmaße und Strophenformen zu bewältigen – und zwar auf eine Weise, die, wie größere Kenner sagen, dem Charakter der türkischen Sprache, sprich ihrer Vokalharmonie, vollkommen entspricht. So stuft man ihn meistens als Neoklassizist ein.

Aber das ist nur die eine Seite an ihm, die der Vergangenheit zugewandte. Yahya Kemal Beyatli war auch ein Mann der Zukunft, ein literarischer Erwecker. Ihm war klar, dass die alten Formen der Dichtkunst sich überlebt hatten und auf Dauer in der schöpferischen Wortkunst der Türken keine herausragende Rolle mehr spielen konnten. So wurde er als Ratgeber wichtig gerade für Dichter, die – wie zum Beispiel Ahmet Hamdi Tanpinar (wir werden noch von ihm hören) – ganz Neues anstrebten. Allerdings vertrat er die Auffassung, dass man erst einmal selbst ein Meister sein müsse, bevor man zu neuen Ufern strebe. Dilettantismus in der Dichtung lehnte er ab. Deshalb gab er vielen jungen, ambitionierten Poeten erst einmal den so richtigen Rat, sich gründlich mit den klassischen Dichtern der Diwan-Poesie vertraut zu machen, von ihnen zu lernen. Erst wer die alten Formen und Inhalte beherrsche, habe auch das Zeug dazu, mit ihnen zu brechen – und zwar auf gehaltvolle, ästhetisch anspruchsvolle Weise, auf demselben Niveau sozusagen. Yahya Kemal selbst fühlte sich nicht als Sprachrevolutionär, sondern eher als ein melancholischer Sänger auf das Abgetane in der Dichtung, dessen Größe und Glanz er noch einmal im eigenen Werk nostalgisch feiern wollte. Sein Ratschlag war insofern richtig, als sowohl ein Orhan Veli Kanik als auch ein Nazim Hikmet und viele andere bekannte Dichter der modernen Türkei mit den Klassikern anfingen, um dann auf ihre je eigene Weise selbstständig zu werden. Man muss dazu wissen, dass das Kennenlernen der klassischen Dichtung in jenen Tagen nicht allein eine Angelegenheit der schulischen Erziehung war, sondern schon in der Familie begann, wo in den Kreisen der Höhergestellten das Dichten weit verbreitet war. Nicht nur in der osmanischen Türkei, sondern im gesamten Orient.

Yahya Kemal Beyatli stammte, wie so viele Angehörige der osmanisch-türkischen Führungsschicht, aus jenem Teil des Reiches, der Rumelien[29] genannt wurde, das heißt vom Balkan. Bis heute sehen sich diese »weißen Türken« als Träger des Fortschritts, im Gegensatz zu den »schwarzen Türken« Anatoliens. Seine Heimatstadt ist Skopje, die heutige Hauptstadt der jungen Republik Mazedonien. Damals hieß Skopje noch Üsküp. Zusammen mit Monastir, heute Bitola, bildete Üsküp ein Zentrum der politischen Unruhe und einen Brennpunkt fortschrittlicher Strömungen, zumal unter den Offizieren, die dort stationiert waren. Unter dem Namen Ahmet Agâh wurde er also in eine Zeit des Aufbruchs, ja des Aufruhrs hineingeboren – etwa zur selben Zeit wie Atatürk (Jahrgang 1881) in Saloniki (Selânik). Kemal hat berühmte Verse über die Stimmung jener Tage verfasst:

Balkan şehirlerinde geçtigim çocukluğum
Her lahzada gibi hasretimi duyduğum …

Als ich in den Städten des Balkans meine Jugend verbrachte,
Spürte ich immer eine Sehnsucht, die der Flamme glich …

Sein Vater war der Bürgermeister von Üsküp, Ibrahim Naci Bey, seine Mutter, Nakiye Hanim, war Tochter eines hohen Beamten von der Insel Zypern. Väterlicherseits gehörte ein hoher Pascha mit dem Beinamen »Şehsüvar«, was man etwa mit »Reiter« oder »Ritter« übersetzen könnte. Yahya Kemal übernahm ihn später in türkisierter Form als »Beyatli«. Schon früh interessierte sich der angehende Dichter für die Politik, was möglicherweise tatsächlich mit den balkanischen Turbulenzen seiner Kindheit und Jugend zu haben mag. Jedenfalls ging das Interesse so weit, dass er beschloss, Politikwissenschaft zu studieren. Er tat dies unter anderem an der Sorbonne in Paris, wo er bei bekannten Größen jener Zeit, wie Albert Sorel, Vorlesungen hörte.

[29] Rumeli – Rum ili, d. i. Land der Byzantiner oder Griechen

Zuvor hatte er vergeblich versucht, in Istanbul Eliteschulen zu besuchen; den größten Teil seiner Bildung erwarb er deshalb in Saloniki.

Nach seiner Rückkehr in die Türkei wurde Yahya Kemal Dozent für Geschichte und Literatur an höheren Bildungsanstalten, dann schlug er die Diplomatenlaufbahn ein. Er vertrat sein Land als Gesandter und Botschafter in Warschau, Madrid, Lissabon und zuletzt Karatschi. Zeitweise war er auch Abgeordneter von Yozgat in Zentralanatolien. All diese Posten ließen ihm augenscheinlich so viel Muße, dass er sich nebenher der Dichtkunst widmen konnte. Als Dozent in Istanbul publizierte er Gedichte in Literaturblättern, unter anderem auch in »Servet-i Fünun«. Interessant ist, dass zum Zeitpunkt seines Todes (seit 1949 hatte der Dichter im Ruhestand gelebt) kein einziger Gedichtband von ihm erschienen war; diese wurden erst postum publiziert. Innerhalb von sieben Jahren, zwischen 1961 und 1968, erschienen: »Kendi Gök Kubbemiz« (»Unsere eigene Himmelskuppel«), »Rubailer« (»Vierzeiler«), »Hayyam Rubailerini Türkçe Söyleyiş« (»Die Vierzeiler Omars des Zeltmachers auf Türkisch«), »Eğil Dağlar« (»Steile oder schräge Berge«), »Aziz Istanbul« (»Liebes oder Geliebtes Istanbul«), »Siyâsi Hikâyeler« (»Politische Erzählungen«) und »Siyâsi ve Edebi Portreler« (»Politische und literarische Porträts«).

Als Ästhetiker ist Yahya Kemal ein der Zukunft zugewandter Konservativer gewesen, und in diesem Sinn hat er auch all jene geprägt, die er unterrichtete oder mit denen er sich austauschte. Eine beredte Summe seiner Ansichten findet sich in dem Band »Geliebtes Istanbul«, das Essays und Feuilletons über die Stadt umfasst, die immer wieder durch Gedichte aufgelockert und unterbrochen werden:

Dich sah ich gestern von einem Hügel, geliebtes Istanbul
All deine Plätze kenn ich, habe ich besucht und liebe ich …
Wie viele glanzvolle Städte gibt es doch auf der Welt!
Doch du allein schaffst zauberische Schönheiten …
In dir lebe ich viele Jahre, in dir sterben werde ich
Und in dir ruhn.

Mit diesen begeisterten Versen über die alte griechisch-byzantinisch-osmanische Metropole am Bosporus, die er tatsächlich ungezählte Male durchstreift haben mag, leitet er seine Prosasammlung ein. Ergebnisse der Stadtwanderungen dieses Flaneurs sind sprachliche Miniaturen, deren Gesamtheit ein treffendes Bild von der Begegnung der Zeiten und Epochen, des Alten mit dem Neuen vermitteln. Was in Yahya Kemals Gedichten anklingt, dass nämlich das Alte unwiederbringlich dahin ist, taucht auch in dieser schönen Prosasammlung auf. Den Grundstock bilden zwei längere Essays über das »türkische Istanbul«, das heißt historische Rückblicke in die Zeit vor der Eroberung der Stadt am 29. Mai 1453, auf die Eroberung selbst und ihre Umstände und darauf, was diese bewirkte im Bewusstsein der türkischen Menschen und in der Geschichte des Landes. Immer aufs Neue wird ein Spaziergang (gezinti) Anlass für Gedanken und Erinnerungen, für die Wiedergabe von gegenwärtigen und früheren Eindrücken und Überlegungen.

Yahya Kemal feiert Istanbul auch als eine Stadt des Glaubens, des islamischen natürlich. Auch dabei mischen sich Nostalgie und Klage in die Beschreibung, denn ihm war klar, dass auch in dieser Stadt, die man auch »Darüssaadet« nennt, Pforte der Glückseligkeit, der Halbmond im Sinken begriffen war. Einer der Essays beschreibt neue Viertel, die keine Moschee, keine Minarette und keinen Gebetsruf kennen (Ezansiz semtler). Da schwingt viel Trauer über einen Substanzverlust mit, der durch die kommenden Umbrüche nicht wettgemacht werden kann. In dem Kapitel über den Topkapi Serail kann sich der Dichter immerhin damit trösten, dass in jenem Teil, der die heiligen Reliquien des Islams beherbergt, seit Jahrhunderten ohne Unterbrechung der Koran von einem »Hafiz« rezitiert wird. Solange das geschieht, kann der Stadt nichts Schlimmes zustoßen. Ein Gedicht widmet sich der Stimmung im Ramadan:

Vor dem Iftar ging ich ins Viertel von Atik-Valide.
Die Gassen, die ich oft durchschritt, waren heute wieder
Stumm. Doch die Geistigkeit des Ramadan
Hatte die Stille in süße Erwartung verwandelt.
Das fastende Volk, ganz dünn geworden,
kehrte nacheinander schweigend vom Markt zurück.
Die kleinen Mädchen der Armen, beim Krämer
Warteten sie sehnlichst auf Kanonenschuss und Fastenende.
Kanonenlärm beschloss den Tag an diesem Strand
Seitdem der Schuss erklungen war, seit man das Fasten brach,
Bedeckte eine lichte Freude die gekalkten Häuser.
O Herr, wie schön ist diese Welt, wie rein!

Allein blieb ich zurück, ohne Fasten, ohne Freude …
Nur ein Gedanke konnte trösten meinen Kummer,
Ich wurde froh und sprach dann zu mir selbst:
»In jedem Augenblick bin ich betrübt, seit sie verschwanden,
Doch blieb mir dies Gefühl noch. Dafür Dank!«

Das Erinnern und die Beschwörung eines Augenblicks, der einem teuer ist, durchzieht als Motiv auch viele der Gedichte Yahya Kemal Beyatlis:

Vollkommen der Mensch, der von Erinnerungen lebt,
Von der Zukunft kein Glück mehr erwartet,
Allzeit sehen seine Augen die Geliebte und den Frühling,
Im Leben hat er sich erkannt, sein Ziel endlich erreicht.

Wenn er einmal geliebt und in der Welt Erfüllung fand,
Kann die Seele in seinem Lebenstraum auf ewig ruhn,
Mit dem Wunsch, sein Lebensglück zu finden,
Mühte Noah sich vergebens ab und lebte tausend Jahre.

Er war ein Kontemplativer, der noch ein Gespür hatte für das Große des Osmanischen Reiches, dessen Dekadenz andererseits zu offenkundig war, als dass man sie hätte übersehen oder leugnen können. Also war er nicht nur Nostalgiker und Neoklassizist, sondern in seinem Denken viel weiter, wenn auch seine Dichtung der Tradition verhaftet bleibt, so bejahte Yahya Kemal, der auch mit führenden national gesinnten Intellektuellen, wie Ziya Gökalp, Kontakte hatte, den republikanischen Neuanfang der Türken und diente dem frisch gebackenen Staatswesen mit Eifer und Überzeugung.

In seinen Gedichten, darin eben gleicht er dem Zeitgenossen Ahmet Haşim, herrschen Abendstimmungen vor, der Herbst rangiert gewissermaßen vor Frühling und Sommer. Von der Grundgestimmtheit her gemahnt vieles an den deutschen Expressionismus, etwa an Trakl, in dessen Gedichten auch Abend- und Herbstmotive überwiegen. Auch »Erinnerung« ist bei Yahya Kemal ein Schlüsselwort, das immer wiederkehrt, zum Beispiel in dem Gedicht mit der Überschrift »Abendmusik«:

In den alten Hainen Kandillis,
Wenn der Abend allmählich herniederfällt,
Lässt Schwermut uns die Erinnerung genießen.

Niemand kommt mehr, niemand wird erwartet,
In der Mitte des öde gewordenen Weges
Spielt der Wind mit dem Oktoberlaub.

Tiefer und tiefer versinken die Stunden,
Sanft und langsam, von Ort zu Ort
Schreitet rastlos die Stille.

Die Dunkelheit, die durch die Türen schleicht,
Zerstört unsere Träume,
Da ihre Schritte immer deutlicher werden.

Wenn sich die Welt von unseren Augen entfernt,
Beginnt in einer der tausendundein Nächte
Wohl so etwas wie der Traum in einem Traum.

Ein uraltes Motiv der Poeten: dass die Welt einem Traum gleicht, von ähnlich flüchtigem Charakter – wie das gesamte Leben. Nicht nur an die großen spanischen Klassiker, etwa Calderón, fühlt man sich erinnert, sondern auch an Edgar Allan Poe. Die Befindlichkeit einer kulturellen Spätzeit, einer Abenddämmerung könnte nicht treffender zum Ausdruck gebracht werden.

Doch kehren wir zurück zum Anfang unserer Ausführungen über den großen Einfluss, den weniger der Dichter Yahya Kemal Beyatli, als vielmehr der Lehrer der Ästhetik auf die türkische Moderne hatte.

Es gibt in der türkischen Literatur ein Porträt von ihm, das aus der Feder von Ahmet Hamdi Tanpinar (1901–1962) stammt, der vielleicht sein größter Adept gewesen ist. Auf Tanpinar selbst und sein Werk werden wir an anderer Stelle noch zu sprechen kommen. Nur so viel sei hier gesagt: Tanpinar war als junger Mann Beyatlis Student, später wirkte er als dessen Nachfolger an der Istanbuler Güzel Sanatlar Akademisi, der Akademie für Schöne Künste. Wenn man verfolgt, welche Ratschläge Yahya Kemal als Ästhetiker den jungen Dichterkollegen gegeben hat, lässt sich das immer wieder in dem Satz zusammenfassen, der Dichter müsse zwar individuell und schöpferisch sein, doch ein Gedicht ohne Schönheit sei keines. Mag dies auch sehr allgemein formuliert sein, so weiß man doch, was damit gemeint ist. Vor allem spürt man es, wenn man Yahya Kemals eigene, musikalische und rhythmische Verszeilen liest.

Zwischen Himmel und Erde
Volkstümliche Poesie, Alevitentum und Mystik

»Kara toprak« (»Schwarze Erde«), ein Poem des zeitgenössischen Poeten Aşik Veysel (1894–1973), war das Lieblingsgedicht Kemal Atatürks, des Begründers der Türkischen Republik. Dies nicht ohne guten Grund. Der blinde Sänger Veysel, aus dem Osten Anatoliens, aus einem Dorf bei der Stadt Sivas stammend, war einer jener Barden in der Tradition der türkisch-anatolischen Volkssänger, die seit Jahrhunderten durch die Dörfer zogen und dort ihre volkstümlichen, meistens aus vier kurzen Verszeilen bestehenden Strophen vortrugen. Dies war und ist eine Wortkunst, die sich radikal von den artifiziellen Formen des Dichtens in der Türkei unterschied und unterscheidet, insbesondere von der höfischen Poesie mit ihren vertrackten arabischen Versmaßen und Versformen, den komplexen Vergleichen und Sprachspielen, den rhetorisch-poetischen Ausgefeiltheiten. Aber natürlich, in späteren Zeiten, auch von den im 19. Jahrhundert übernommenen Neuerungen aus Europa. Es ist eine kunstlose Dichtung, die freilich nicht primitiv ist, sondern volksnah. Sie wurde in osmanischer Zeit auf dem flachen Lande gepflegt, wurde wichtig für die Schaffung einer »nationalen Literatur« (millî edebiyat) und ist seit Entstehen der Republik im Jahre 1923 ungeheuer populär geworden. Selbst in der türkischen Diaspora kannte und kennt man Leute wie den Lautensänger Ruhi Su oder den Literaten und Musiker Zülfü Livaneli, die zu dem Instrument der türkischen Laute, der *saz*, diese eingängigen, dennoch oft tiefsinnigen Dichtungen vortragen. Man nennt die türkischen Volksdichter deshalb auch *saz şairleri*, Poeten der Laute. Ein Mann wie Zülfü Livaneli kann vielleicht am besten mit einem westlichen Terminus als »Liedermacher« bezeichnet werden, denn er bringt auch eigene Texte, die in der Traditionslinie dieser Volksliteratur (halk edebiyati) stehen.

Den einfachen, im Grunde immer gleichen Strophenformen dieser Dichtung korrespondiert die einfache Prosodie, die sich völlig von dem Aruz, den klassischen Versmaßen der Diwan-Poesie, unterscheidet. Die Volksdichtung in der Art eines Aşik Veysel verwendet silbenzählende Versmaße (hece vezni) unterschiedlicher Kürze und Länge, häufig Acht- und Sechssilber (besonders beliebt war und ist allerdings ein elfsilbiges Versmaß), die auch besonders melodisch und sangbar sind. Sie fügen sich leichter in die Gesetze der Vokalharmonie, die für den Charakter der türkischen Sprache typisch sind, als der mit Längen und Kürzen arbeitende Aruz der Araber und Perser, zweier Sprachen, die sich nach Grammatik und Struktur radikal vom Türkischen unterscheiden. In der Zeit des Übergangs der Türkei vom Osmanischen Reich zur Republik, in den zwanziger und dreißiger Jahren des vorigen Jahrhunderts, trat sogar eine Gruppe von fünf Lyrikern hervor, die sich bewusst als die »Fünf Dichter der Silbe« (»Hecenin beş şairi«) bezeichneten: Orhan Seyfi Orhon (1890–1972), Enis Behiç Koryürek (1891–1949), Halit Fahri Ozansoy (1891–1971), Yusuf Ziya Ortaç (1895–1967) und Faruk Nafiz Çamlibel (1898–1973). Sie galten gewissermaßen als besondere Vorreiter des Dichtens im Silbenversmaß. Doch waren sie beileibe nicht die einzigen Dichter, die diese Versmaße wieder zu pflegen begannen. Das silbenzählende Versmaß findet auch bei Lyrikern Verwendung, die – wie zum Beispiel Mehmet Emin Yurdakul (1869–1944) – die Kunst des aus Europa adaptierten Sonetts pflegten. Yurdakul rief in seinen Versen zu Weltzugewandtheit, Aktivität und Fortschritt auf, ganz im Sinne der neuen Staatsdoktrin mit ihren propagandistisch-lehrhaften Tendenzen. Der »Abschied vom aruz«, wie man das genannt hat, von der arabisch-persischen Klassik vollzog sich entweder durch den freien Vers eines Nazim Hikmet oder eben durch die Hinwendung zu den volkstümlichen Weisen des Dichtens, wie es auch ein Riza Tevfik Bölükbaşi (1869–1949) vorgemacht hatte.

Es ging den Dichtern der neuen Türkei unter anderem auch darum, die dramatischen Veränderungen im Verständnis von Staat und Gesellschaft in ihren Werken zum Ausdruck zu bringen. Im Gegensatz zu dem dahingeschiedenen Imperium der Ottomanen, das islamisch-universell, doch auch kosmopolitisch und multikulturell gewesen war, sollte nun eine Dichtung für die junge türkische Nation geschaffen werden, in deren Mittelpunkt die Lebenswelt und die Empfindungen, die Glaubensvorstellungen, Sitten und Gebräuche des anatolischen Bauern- und Nomadenvolkes standen, das man jahrhundertelang verachtet, schlimmstenfalls als Kanonenfutter in den Heeren der Sultane angesehen hatte.

An der Schaffung des Türkismus (türkçülük) waren viele beteiligt, überragende Bedeutung dabei kommt freilich dem Soziologen, Sprachwissenschaftler und Dichter Ziya Gökalp (1876–1924) aus dem kurdischen Diyarbakir zu, der in seinem Hauptwerk »Die Grundlagen des Türkismus« (»Türkçülüğün esaslari«) zum Anreger späterer Sprachreinigungsbestrebungen sowie der Nationalisierung der gesamten Kultur wurde – ein Vorgehen, das zu seiner Zeit verständlich, wohl auch notwendig war, aber auch immer die Gefahr eines übertriebenen Nationalismus in sich barg. Es war eine umfassende Transformation vom Osmanischen ins Türkische. Gökalp schrieb selbst Gedichte, in denen er auch einen neuartigen Blick auf religiöse Themen warf. So war er überzeugter Säkularist und wurde eine der wichtigsten Stimmen jenes Lagers, das sich gegen die strukturelle Überwältigung der Gläubigen durch das religiöse Gesetz (şeriat) wandte. Gökalp wollte auch die Religion türkisieren, entarabisieren, ein Bestreben, das ganz im Sinne des Republikgründers Mustafa Kemal war, der über den »arabischen Beduinen« Mohammed, den Stifter des Islams, nicht immer nur Günstiges sagte. Dazu wandte sich Gökalp auch der Volksmystik zu, die im anatolischen Bauernvolk lebendig war und ist:

»Nicht aus Furcht noch Paradiesverlangen –
Aus Liebe bete ich zu meinem Gott ...«

heißt es in einem der Gedichte Ziya Gökalps, in dem bereits das wichtigste Element dieser Volksmystik angesprochen wird. Im Mittelpunkt der Gottesverehrung, die Gökalp anspricht, stehen nicht Not und Gebot, sondern die Liebe (aşk) zum Schöpfer der Welt.

Auf der sprachlichen Ebene gehörte Gökalp zu den Förderern der Volksdichtung, weil er dort einen Wortschatz vorfand, wie ihn der gemeine Mann sprach und verstand, nicht das hochartifizielle, gedrechselte Osmanisch-Türkisch der Gebildeten, insbesondere der Istanbuler Effendis. Ein Mann wie Aşik Veysel, der schon als Jugendlicher durch seine volkstümlichen Verse Ruhm errang, war so recht nach dem Geschmack sowohl Gökalps als auch Atatürks.

Es wäre allerdings grundfalsch, wollte man dieser Volkslyrik wegen ihrer Einfachheit, bisweilen sogar Schlichtheit, nur Oberflächlichkeit attestieren. Ihre Tradition geht auf das 13. und 14. Jahrhundert zurück, auf mystische Poeten wie Haci Bayram Veli (gest. 1429) und Yunus Emre (gest. 1321) mit ihren *ilâhi* genannten religiösen Spruchdichtungen oder den volkstümlichen Poemen:

Was hat dieses Herz, was hat dieses Herz,
Welchen Schmerz muss es ertragen?
Brennen tut es, dieses Herz, dieses Herz
Nur im Brennen findet Heilung dieses Herz.

Brenne mein Herz, so brenne doch!
Durch Brennen findet Heilung der Schmerz.

Motte zum Licht, Motte zum Licht,
Licht-Trunkenheit Gottesnähe verspricht …

Haci Bayram Veli

Yunus Emre ist vielleicht schon der größte Vertreter dieses populären
Genres, ein gelehrter Mann, der – obwohl er auch in den klassischen
Formen dichtete – niemals den Wirkungskreis der Volksmystik und
ihrer volksnahen Poesie verließ. Über sein Leben ist nicht besonders
Verlässliches bekannt. Er wanderte viel umher in Anatolien, erwarb
sein Wissen in Theologie und Mystik bei seinem Meister Taptuk
Emre im Sakaryagebiet nordwestlich von Ankara, traf offenbar in
Konya auch noch mit Mevlâna Celâlettin Rumi zusammen, der sein
Wissen über die mystischen Doktrinen vertiefte und gelangte über
Sivas nach Tokat. Immer wieder taucht die Stadt Sivas auf, wenn es
darum geht, Zentren der Mystischen Volksdichtung festzumachen.
Schon früh schätzten besonders die Aleviten, auf die wir gleich zu
sprechen kommen werden, die Verse von Yunus Emre; der Osten
Anatoliens war und ist ein Mittelpunkt der islamischen Hetero-
doxie, das Zusammenleben dort mit den orthodoxen Sunniten war
niemals einfach.

Die anatolische Volksmystik des Islams enthält viele Elemente, die
sie mit der klassischen Sufik, dem Tasavvuf, gemeinsam hat. Dort
unterschied man zwei große Schulen, eine orthodoxe, die an Gottes
absoluter Transzendenz und Unerreichbarkeit durch den Menschen
festhielt, sodass der Mystiker zwar den Graben zwischen Schöpfer
und Geschöpf durch Kontemplation und ein heiligmäßiges Leben
mildern, doch nicht überbrücken oder gar aufheben konnte; und
eine unorthodoxe, für die man, wenn man will, Ausdrücke wie Pantheismus oder idealistischer Monismus verwenden kann. Dies sind
freilich westliche Terminologien, die nur wenig besagen. Es geht
um einen theologisch-metaphysischen Weltentwurf in der Bildersprache der Mystik, der alles, was existiert, alles zwischen Himmel
und Erde als eine durch den Schöpfer geheiligte universale Einheit
ansieht. Diese Lehre von der »Einheit des Seins« (»vahdet-i vücut«)
wurde im Osten der islamischen Welt schon Jahrhunderte vor Yunus
Emre und Haci Bayram gepredigt, von berühmten Sufis wie Bayezit
Bistami und Mansur al Halladsch. Im Westen sowie im Kernraum
des Islams war es dann der große Ibn Arabi, der diesen mystisch-
theosophischen Entwurf einer gottweltlichen Einheit intellektuell
zusammenfasste und in seinem Werk »Tardschuman al-aschwaq«
(»Der Dolmetscher der Liebenden«) auch dichterisch gestaltete.

Im Paradies die Flüsse all
Sie fließen mit dem Ruf Allah
Und unsres Glaubens Nachtigall
Singt allezeit Allah, Allah.

Des Tubabaumes Zweige dicht,
Die Zunge, die den Koran zitiert,
Die Rosen im Paradies allein
Sie duften nur Allah, Allah …

Zum Freund soll YUNUS schließlich gehn,
Das Heute schließlich überstehn,
Zu Gott will ich am Ende gehn
Und wandern mit dem Ruf Allah.

Yunus Emre

So kommen Himmel und Erde zusammen. Die anatolische Volksmystik verbindet sufische Liebes- und Gottessehnsucht ganz konkret
mit der Erde, dem Boden, auf dem sich der türkische Bauer schin-
den musste, aber auch mit der Weide, der Flur, auf der die Tiere der
türkischen, turkmenischen Nomadenstämme, die nach Anatolien
eingewandert waren, ihr Fressen, die Menschen dadurch ihre Nah-
rung und ihr Auskommen fanden. *Toprak* (Erde, Boden) ist nicht
umsonst bei dem späten Adepten des Yunus Emre, Aşik Veysel, ein
Schlüsselwort. Neben dem Lobpreis Gottes, neben dem Preis seiner
konkreten Schöpfung, neben der Feier der Natur stehen auch immer
das Schicksal des Menschen (kader), die oft unverständlichen Welt-
läufte, das sogenannte Kismet im Mittelpunkt dieser Dichtung, die
sich erst in der Hinwendung zu der geheiligten Fülle alles Seins, in
der auch das Unglück einen sinnvollen Platz einnimmt, erschließt.
Allerdings gibt es auch ein Hadern mit Gott, eine metaphysische
Klage elegischen Zuschnitts, die sogar dazu führen kann, dass diese
mystischen Poeten sich in ihren Gedichten zum Anwalt der Unter-
drückten und Armen machen. Wir haben bei der Darstellung von
Nazim Hikmets sozialem Engagement im Gedicht, vor allem in seiner Epik auf diese Elemente der Volksmystik schon hingewiesen.
Wenn das Osmanische Reich so etwas wie soziale Unruhen erlebte,
speisten sie sich immer aus diesen heterodoxen religiösen Quellen
und aus den Volkstraditionen.

Die Einheitsmystik, das konkrete Dasein der türkischen Bauern,
vor allem jedoch der turkmenischen Nomaden, und die Volksdichtung verbanden sich im Verein mit der Übernahme der schiitischen

Form des Islams, und zwar seiner heterodoxesten Form, zu jener anatolischen Kultur des Alevismus-Bektaschismus, die im 14. Jahrhundert entstand und bis heute, trotz mannigfacher Brüche und Veränderungen, fortexistiert. Nicht alle Vertreter der türkischen Volksdichtung, nicht alle *saz şairleri* gehören dem Alevitentum an, doch viele taten es und bereicherten durch ihre spezielle Glaubensform diese Volkspoesie.

Wir können hier nicht in Einzelheiten gehen, zumal es auch schwierig ist, ein konzises Bild des Alevitentums zu zeichnen. Jahrhunderte während Unterdrückung durch die islamische Orthodoxie und gewisse Praktiken des Verschweigens haben dazu geführt, dass in Berichten über das Alevilik Wahres, Falsches, schlicht Erlogenes und Diffuses so eng miteinander verwoben wurden, dass es schwierig ist, diesen Knoten zu lösen. Nur so viel sei gesagt: Ausgehend von einem Theologen und Mystiker namens Haci Bektaş Veli, der im 13. Jahrhundert lebte und aus dem Osten Persiens, aus Chorassan, stammte, formierte sich unter den anatolischen Turkmenenstämmen ein heterodoxer Schiismus, das heißt eine Verehrung des Propheten-Vetters Ali Ibn Abi Talib (Alidentum, Alevitentum), der die islamischen Lebensformen des religiösen Gesetzes (şeriat, scharia), den größten Teil der Sunna mithin, ablehnte und in die schiitischen Lehren sowohl schamanistische als auch christliche Elemente einfügte. Aus dieser Bewegung, die auch in Iran im 16. Jahrhundert an die Macht kam, dort freilich die Scharia übernahm, formierte sich der Derwischorden der Bektaschi, dessen Weltanschauung und Riten eigentlich dem Selbstverständnis des Osmanenstaates widersprach. Das Osmanische Reich war nicht nur auf die sunnitische Orthodoxie gegründet, es war auch deren machtvollste Vormacht geworden. Zwar hatte Sultan Selim I. im Jahre 1514 in der Schlacht von Çaldiran erreicht, dass zumindest die iranischen Schiiten auf Persien als Machtbereich zurückgeworfen wurden; doch in Anatolien hielt sich das heterodoxe Alevitentum. Die islamische Mystik fand in den Jahrhunderten osmanischer Herrschaft vielerlei Formen der Organisation, fast alle traditionellen Bruderschaften (tarika) etablierten sich dort. Und die osmanische Kultur wurde sozusagen mit Mystik durchtränkt. In der Endphase des Reiches dürfte es kaum einen männlichen Untertan des Sultans und Padischah gegeben haben, der nicht Mitglied in einem der Derwischorden gewesen wäre.

Doch zwei dieser Bruderschaften hatten einen überragenden Einfluss: Die Mevleviye, zurückgehend auf Mevlâna Celâlettin Rumi, und eben die mit dem Alevitentum verbundenen Bektaschi. Beide konnten unterschiedlicher nicht sein. Die Mevleviye entwickelte sich mehr und mehr, wie wir sahen, zu einem Gelehrten- und Intellektuellenorden, während das Bektaschitum seine Volksnähe behielt. Die osmanische Hochkultur in Dichtung und Musik ist auf weite Strecken den Anhängern Mevlâna Rumis und der Mevleviye zu verdanken, während die Volkskultur, die Volksdichtung an erster Stelle, den Bektaschi geschuldet ist. Staatstragend waren beide – trotz ihres ungeheuren theologischen Gegensatzes. Der »Großmeister« der Mevlevis hatte die Aufgabe, einen jeweils neuen Sultan bei seiner Thronbesteigung mit dem Schwert Osmans zu umgürten, eine feierliche Zeremonie dies, die in ungefährer Weise unserer Krönung entsprach. Und die Bektaschi-Derwische stellten den Löwenanteil der Feldprediger im osmanischen Heer, vor allem bei der gefürchteten Elitetruppe, den Janitscharen, die über Jahrhunderte hinweg ein sicherer Garant für militärische Siege war. Die Janitscharen wurden vornehmlich aus Christenknaben rekrutiert, die man mit Hilfe der »Knabenlese« (devşirme) erwarb. Man erzog sie in der Hauptstadt zu Muslimen, doch eben in jenem heterodoxen Sinne, der Sinn und Gehalt des Bektaschitums war.

Die alevitisch-bekatschitische Lehre ist eine stärker individuell als durch das Religionsgesetz geprägte Ethik aus religiösen Quellen, in deren Mittelpunkt besonders die Verehrung Alis und seiner leiblichen Nachkommen, der Imame, sowie des Haci Bektaş und des Balim Sultan (16. Jahrhundert) stehen, der oftmals als der zweite Gründer des Alevilik bezeichnet wird. Eine Moral der Freiwilligkeit wird dem Zwang des Religionsgesetzes entgegengestellt. Ethische Verinnerlichung ist wichtiger als das Befolgen der Scharia-Orthopraxie. Da die Aleviten bis heute erhebliche Teile der Sunna zurückweisen, vor allem auch der sunnitischen Orthopraxie, und eigene Riten und Zeremonien in ihren Gemeindehäusern (cem evleri) unter Führung eines Dede entwickelt haben, ist ihr Verhältnis zur sunnitischen Mehrheit bis heute gespannt. Nie waren sie vor Übergriffen von Seiten der »Rechtgläubigen« sicher – ein Zug religiösen Märtyrertums, der auch in ihre Mentalität sowie in ihre Volksdichtung eingeflossen ist. Unter Sultan Mahmud II. wurden die Janitscharen im Jahre 1826 vernichtet und der Bektaschi-Orden enteignet, doch bedeutete das keineswegs das Ende seiner Existenz. Die Bektaschi machten den Balkan (Albanien und das Kosovo) zu einem neuen Schwerpunkt ihres Daseins, in Istanbul gab es noch am Ende des Osmanischen Reiches einige Konvente, und das Alevitentum in der Türkei hat sich sogar in den vergangenen Jahrzehnten erholt (wie übrigens alle Tarikas, die Atatürk 1925 hatte offiziell verbieten lassen). Der Antagonismus schwelt weiter. Wir werden davon noch hören. Wer etwas über die Lebenswirklichkeit der türkischen Aleviten erfahren möchte, kann dies anhand von zwei deutschen Literaturwerken tun.[30] Freilich gilt es dabei immer zu berücksichtigen, dass das Bild der Aleviten zu weiten Teilen auf Informationen zurückgeht, die von ihren religiösen Gegnern stammen, worunter die Anhänger dieser Konfession bis heute zu leiden haben. Bis heute wirkt zum Beispiel nach, was der bekannte Autor Yakub Kadri in seinem Roman »Nur Baba« um 1920 herum über die »Freigeistigkeit« der Alevi-Konvente und ihre vorgeblich lockere Moral niedergeschrieben hat. Der Autor hatte damals offenbar als Mitglied einer solchen Gemeinschaft negative Erfahrungen gemacht, die ihre Ursache wahrscheinlich mehr in der allgemeinen Dekadenz hatte als im eigentlichen Wesen des Alevitentums.

Die religiöse Nomenklatur, die Sehnsüchte der Aleviten, ihre Schicksale und ihre Hagiografie sind in ihre Volksdichtung eingegangen. Ihre Poeten trugen häufig – wie auch die sunnitischen Volksbarden – den Ehrennamen Aşik, Gottesliebender. Oder auch Kul, Gottesknecht, und Abdal, etwa: Gottesnarr. Die Anzahl alevitischer Poeten ist so groß, dass sie ganze Bibliotheken füllen könnte.[31]

Der bekannteste und wohl auch bedeutendste unter ihnen ist Pir Sultan Abdal, der noch heute in der Türkei eine große Popularität genießt, keineswegs nur bei alevitischen Intellektuellen. Für die Aleviten ist er freilich ihr Märtyrer an sich. Er stammte aus Sivas, der Stadt Aşik Veysels also, und lebte im 16. Jahrhundert, zu einer Zeit, da das Osmanische Reich unter der Herrschaft von Sultan Süleyman Kanuni (»dem Prächtigen«), der zwischen 1520 und 1566 den Thron innehatte, seine größte Machtfülle und seinen größten höfischen Glanz entfaltete. Über das bewegte Leben dieses Dichters

[30] Die österreichische Autorin Barbara Frischmuth bietet in ihren beiden Romanen »Das Verschwinden des Schattens in der Sonne« (1996) und »Die Schrift des Freundes« (1998) durch eigene Erfahrungen untermauerte Einblicke in die Denkweisen und -kategorien alevitischer Menschen. Der Autorin kam dabei zugute, dass sie als ausgebildete Turkologin schon über ein Vorverständnis alevitischer Lebenswelten verfügte.

[31] In der Türkei hat in den vergangenen zwei bis drei Jahrzehnten insbesondere der Literaturkritiker und -wissenschaftler Attila Özkirimli (»Alevilik-Bektaşilik. Toplumsal bir başkaldirinin ideolojisi«, Istanbul 1990) über die Aleviten-Dichter gearbeitet.

ist immer noch zu wenig bekannt. Nach landläufiger Auffassung war er in einen der schiitischen Aufstände, die im Osten Anatoliens stattfanden, verwickelt, sodass er von dem Gouverneur der Region, Hizir Pascha, zum Tod verurteilt und gehenkt wurde. Vorausgegangen war eine lange und demütigende Gefangenschaft, während derer der Dichter seinen eigenen Tod in Versen antizipierte. Als ihm das Todesurteil zur Gewissheit wurde, soll Pir Sultan Abdal zur Laute gegriffen und eines seiner bekanntesten Gedichte vorgetragen haben, das mit dem Doppelvers beginnt:

> Da uns Hizir Pascha den Tod bestimmt,
> Öffnet die Tore, gehen wir zum Schah …

Die zweite Zeile bildet den immer wiederkehrenden Refrain des ganzen Gedichtes, wobei mit dem Schah natürlich nicht der Sultan in Konstantinopel gemeint ist, sondern Gott selbst.

Um Yunus Emre und Pir Sultan rankt sich eine Kette von Volksbarden, die so bekannte Namen wie Kaygusuz Abdal (15. Jahrhundert), Köroğlu (16. Jahrhundert), Karacaoğlan, Aşik Ömer, Aşik Kerem und Aşik Hasan (17. Jahrhundert) oder Bayburtlu Zihni (19. Jahrhundert) umfasst. Der mystische Volksdichter Yunus Emre ist sogar Protagonist eines Oratoriums aus der Feder des modernen türkischen Komponisten Ahmet Adnan Saygun geworden (»Yunus Emre Oratoryosu«) sowie eines bekannten Theaterstücks. Auch Figuren wie Köroğlu und Karacaoğlan sind Legende geworden und selbst Gegenstand von Romanen und Erzählungen, ebenso wie andere Größen der Volkstradition und des Alevitentums.

Religion und Mystik, sozialer Protest hier und da, das Martyrium im Dienste des Glaubens sind jedoch keineswegs die einzigen Themen, denen sich die anatolischen Volksdichter zugewandt haben. Auch das Allgemeinmenschliche ist ihnen nicht fremd. Nicht selten stehen natürlich auch die Liebe zwischen einem Jüngling und einer Schönen im Mittelpunkt – natürlich in Form zarter, bisweilen auch verschlüsselter Andeutungen, denn allzu weit konnte man sich da nicht vorwagen. Noch heute ist ja in der Türkei auf dem Land die Erotik und die Sexualität in einer Weise tabuisiert, die uns Europäer an die Zeit unserer Väter, wenn nicht Großväter erinnern mag. Doch geflirtet wurde durchaus in der Volksdichtung, wie zum Beispiel ein Lied des Volksdichters Emrah Erzurumlu deutlich macht. Emrah lebte im 19. Jahrhundert, stammte aus Erzurum ganz im Osten der Türkei und starb 1860. Er pflegte auch die hohen Formen der Diwan-Dichtung, erwarb jedoch als Lautensänger großen Ruhm:

Eine Schöne traf ich früh am Morgen,
Fragte, ob sie trunken sei, sie sprach: nein, o nein.
Ihre weißen Arme trugen Henna-Farbe,
Fragte, ob heut Festtag sei, sie sprach: nein, o nein.

Sagte ich: Was gleicht den Perlen? Sie drauf:
meine Zähne sind's.
Sagte ich: Was gleicht der Feder? Sie drauf:
meine Brauen.
Sagte ich: Was ist denn fünfzehn? Sie drauf:
meine Jahre sind's.
Sagte ich: Gibt es noch etwas? Sie drauf:
Nein, o nein.

Sagte ich: Es gibt den Tod. Sie darauf:
in meinem Aug.
Sagte ich: Es gibt die Not. Sie darauf:
auf meinem Hals.
Sagte ich: Und weiße Brüste. Sie darauf:
in meinem Bausch.
Sagte ich: Für meinen Mund? Sie sprach:
Nein, o nein.

Sagte ich: Was ist Dir Erzurum? Sie drauf:
Meine Heimat ist's.
Sagte ich: Gehst Du dorthin? Sie darauf:
Es ist mein Weg.
Sagte ich: Was ist Dir EMRAH? Sie darauf:
Er ist mein Knecht.
Sagte ich: Verkaufst Du ihn? Sie sprach:
Nein, o nein.

Dieses scheinbar kunstlose Lied verwendet das Mittel des Zwiege-
sprächs mit einem jungen Mädchen. Neben dem Flirt des Dichters
mit der Schönen kann sich auf diese Weise auch der Dichter selbst
loben und in das rechte Licht setzen. Wie die höfischen Dichter hin-
terließen auch die *saz şairleri* immer in der letzten Strophe ihren
Dichternnamen (mahlas, tahallus) als Hinweis auf ihre Urheber-
schaft, hier Emrah aus Erzurum. Dieses volkstümliche Gedicht ist
im elfsilbigen Versmaß (parmak hesabi) verfasst, das ihm zusätzlich
eine besondere Eingängigkeit verleiht.
   Die moderne, zeitgenössische Lyrik der Türkei bevorzugt, wie das

auch in anderen Ländern und ihren Literaturen der Fall ist, den freien, ungebundenen Vers. Doch finden sich auch bei den Gelehrtesten unter den modernen Poeten immer wieder Übernahmen aus der und Anklänge an die anatolische Volkspoesie. Unter den Menschen in den Dörfern treten bis zum heutigen Tag Poeten auf, die die alte Tradition hochhalten und zur Laute singen. Und auch bei den in unserem Lande lebenden Türken gehören die Lautensänger zu den festen Bestandteilen kultureller Veranstaltungen.

Zum Schluss dieses Kapitels über die anatolische Volksdichtung möchte ich an den Anfang zurückkehren und dem Leser Aşik Veysels Gedicht »Kara toprak« (»Schwarze Erde«), nicht vorenthalten. Die Übertragung ins Deutsche stammt von dem avantgardistischen Lyriker Yüksel Pazarkaya, der aus seiner Verehrung für die *ozanlar*, die umherziehenden Barden, nie ein Hehl gemacht hat:

Freund, Freund rufend umarmte ich so viele
Meine wahre Liebe ist die schwarze Erd
Vergeblich erschöpft, verirrt ohne Ziele
Meine wahre Liebe ist die schwarze Erd

Für viele Schöne war ich eingenommen
Fand keine Treu, keinen Nutzen bekommen
Das Gewünschte von der Erde genommen
Meine wahre Liebe ist die schwarze Erd

Sie gab Schafe, sie gab Lämmer, sie gab Milch
Sie gab zu essen, sie gab Brot, sie gab Fleisch
Schlug man sie nicht mit der Hacke, gab sie wenig
Meine wahre Liebe ist die schwarze Erd

Seit Adam setzte sie mein Geschlecht fort
Sie ließ mir Früchte reifen an jedem Ort
Trug mich täglich auf dem Haupt ohne ein Wort
Meine wahre Liebe ist die schwarze Erd

Mit Hacke und Spaten schlitzte ich ihr den Bauch
Mit Händen und Nägeln ritzte ich ihr das Gesicht
Dennoch empfing sie mich mit Rosen im Strauch
Meine wahre Liebe ist die schwarze Erd

Wenn ich sie marterte, lächelte sie mir
Ist nicht gelogen, alle sahen es hier
Ich gab einen Kern, sie gab der Felder vier
Meine wahre Liebe ist die schwarze Erd

Wenn ich mich zur Luft wende, schnappe ich Luft
Wenn ich mich zur Erd wende, ernte ich Segen
Verlass ich die Erd, finde ich keine Zuflucht
Meine wahre Liebe ist die schwarze Erd

Wenn du einen Wunsch hast, richte ihn an Gott
Bleib bei der Erde, sie gibt dir Korn und Schrot
Fruchtbarkeit ist der Erde verliehn von Gott
Meine wahre Liebe ist die schwarze Erd

Wenn du die Wahrheit suchst, sie ist offenbar
Schöpfer und Geschöpf stehen sich immer nah
Des Herrn verborgener Schatz in der Erde klar
Meine wahre Liebe ist die schwarze Erd

Alle unsere Makel deckt die Erde zu
Sie streicht Balsam auf meine Wunden im Nu
Mit offenen Armen erwartet sie mich dazu
Meine wahre Liebe ist die schwarze Erd

Wer diesem Geheimnis schenkt sein Augenmerk
Hinterlässt in der Welt ein unsterblich Werk
Wenn die Stunde schlägt, drückt sie VEYSEL ans Herz
Meine wahre Liebe ist die schwarze Erd.

In diesem Meisterwerk Veysels sind alle formalen wie inhaltlichen Elemente enthalten, die für die anatolische Volksdichtung charakteristisch sind. Die Einheit von Natur und Mensch, Körper und Seele, Schöpfung und Gott haben eine vollendete Gestaltung erfahren. Und eine Form von Religiosität kommt zum Ausdruck, die auch breite weltlich gesinnte Kreise befriedigen kann.

Lyrik und Geschichte
Ilhan Berk und seine poetische Vergegenwärtigung Istanbuls

Die Geschichte ist schon immer eines der wichtigsten Themen der Dichter gewesen, allerdings vornehmlich der Epiker. Geschichte hat ja einen Drang zum Objektiven, zum Objektiv-Werden, der sich der subjektiven Empfindung und Gestaltung des Lyrikers und auch der Emotionalität zunächst zu widersetzen scheint. Doch da es, wie der Volksmund sagt, keine Regel ohne Ausnahme gibt, sind auch immer wieder Lyriker aufgetreten, die von der Geschichte ihres Volks und Landes besonders fasziniert wurden. Zu ihnen gehört in der Türkei zweifelsohne Ilhan Berk. Schon in jungen Jahren, erst recht im reiferen Alter fühlte er sich von der türkischen und osmanischen Vergangenheit ebenso gepackt wie von den aktuellen Zeitläufen selbst.

Ilhan Berk, geboren im Jahre 1918 in Manisa (dem antiken Magnesia), jener traditionsreichen Stadt an der kleinasiatischen Küste, in der die osmanischen Prinzen sich bewähren mussten, bevor sie herrschen durften, gehört zu den bedeutendsten Gestalten der modernen türkischen Poesie. Allmählich wird sein Name, sofern man das von Lyrikern überhaupt sagen kann, auch außerhalb der Türkei bekannt. Seine Ausbildung zum Französischlehrer beendete er 1945 in Ankara, war danach für zehn Jahre in Kırşehir, Zonguldak und Samsun am Schwarzen Meer als Mittelschullehrer tätig. Dann wechselte er zu einer Bank in die Hauptstadt, für die er bis zu seiner Pensionierung in den sechziger Jahren als Übersetzer und offizieller Sprecher arbeitete.

Mit neunzehn Jahren veröffentlichte Berk seine ersten, noch verstreuten Gedichte, um dann 1947 mit einer ersten, Aufsehen erregenden Sammlung unter dem Titel »Istanbul« hervorzutreten. Seitdem hat ihn, wie viele moderne türkische Autoren, dieses Thema nicht mehr losgelassen. Man kann das nur verstehen, wenn man sich klarmacht, dass Istanbul / Konstantinopel nicht nur länger als fünf Jahrhunderte Hauptstadt und Zentrum des multireligiösen und multikulturellen Reichs der Osmanen gewesen ist, sondern auch noch heute das kulturelle Zentrum des Landes darstellt, während die »neue« Hauptstadt Ankara vor allem als Regierungs- und Verwaltungssitz fungiert. In Istanbul, nirgendwo sonst, muss man sich als Künstler durchsetzen, um Geltung zu erlangen; und es versteht sich, dass diese historische Metropole mit all ihrem Glanz und all ihrer Tragik eine ungleich tiefere und stärkere Inspiration zu gewähren vermag als die meisten anderen Städte und Regionen des Landes.

Ilhan Berk zählt in der Geschichte der modernen türkischen Poesie zu den »Zweiten Neuen« (Ikinci Yeniler), einer Schule, die sich von den »Ersten Neuen«, das heißt den Dichtungsrevolutionären der ersten Stunde, vor allem jedoch von den Anhängern der Garip-Schule um Orhan Veli Kanik, Oktay Rifat und Melih Cevdet Anday und ihrer neuen Poetologie wieder absetzen wollte, ohne sie allerdings ganz zu verwerfen. Denn bei allem Widerspruch zu ihr hat Berk von deren wichtigstem Vertreter, Orhan Veli (1914–1950), ebenso gelernt wie fast alle zeitgenössischen Lyriker der Türkei. Die Garip-Schule erregte Aufsehen, weil sie gänzlich unpoetische Themen auf eine – wie es zunächst schien – gänzlich unpoetische, lakonische Weise aufgreifen und in Kunst verwandeln wollte.

Zu den Zweiten Neuen rechnet man auch Cemal Süreya (1931–1990), dann Ece Ayhan (geb. 1931) und Salâh Birsel, Jahrgang 1919. Später fand Ilhan Berk gegenüber der Gruppe seinen eigenen Stil, der ihm half, formal im Gedicht vollkommene Freiheit zu wahren und dennoch seine Dichtungen nicht ins Unbestimmte »zerfließen« zu lassen. Er verwendet beinahe ausschließlich die freie, ungebundene Verszeile von unterschiedlichster Länge. Das Freiwerden von den Zwängen irgendeiner »Schule« charakterisiert auch die späteren Werke der anderen Zweiten Neuen, insbesondere Berks.

Das Thema »Istanbul« faszinierte ihn lebenslang, bis zu den Gedichtbänden »Galata« im Jahre 1985 und »Pera« von 1990. In diesen Sammlungen thematisierte der Poet jene Istanbuler Viertel, in denen viele Generationen lang vornehmlich Nichtmuslime lebten: Genuesen, Venezianer, Griechen, Armenier, die Diplomaten der auswärtigen, christlichen Mächte, bevor in der zweiten Hälfte des 19. Jahrhunderts immer mehr Türken dorthin zogen, in das heutige Beyoğlu-Viertel, das sich bis zum Taksim-Platz erstreckt, mit seiner Einkaufs- und Flaniermeile und mit seinen Kinos, Bars und Bordellen in den Seitenstraßen. Berk gehört zu jenen Lyrikern, die dessen kosmopolitische, multikulturelle und multikonfessionelle Vergangenheit neu entdecken und im Wort beschwören.

Zehn Jahre zuvor hatte er bereits das »Istanbul Kitabi« vorgelegt, dem wir uns hier auszugsweise widmen werden.

Die gesamte Gedichtsammlung beschreibt und deutet die alte Sultansmetropole am Bosporus als einen eigenen Kosmos, in dem sich historische, religiöse, individuell-persönliche, klassenmäßige (Berk bekannte sich zum Marxismus), geografische und ethnologische, ja auch ganz allgemein gehaltene alltägliche und triviale Elemente zu jener faszinierenden Mischung vereinigen, die wir mit der Stadt traditionell verbinden. Eine unkritische Hymne auf die Stadt im Sinne der alten Meister mit ihrer verklärenden Istanbul-Nostalgie ist es freilich nicht. Darin gerade liegt bei Berk das Historische.

Zunächst wollen wir beschreiben, aus welchen Teilen Berk das Istanbul Kitabi zusammengestellt hat. Es hat folgende Teile, beziehungsweise Abschnitte: »Ilk Şiirler« (»Erste Gedichte«); »Ek« (»Zusatz; Istanbul aus den Jahren 1939 bis 47«); »Yedi vilayet ve eski bir başşehir şiirler« (»Gedichte über sieben Provinzen und eine Hauptstadt«); »Bir halk ayaklanmasi notlar« (»Anmerkungen zu einem Volksaufstand«). [32] Der innere Kern dieser Anthologie ist gewiss der Abschnitt »Istanbul / 1939–47«, der auch, in zeitweise breit ausschwingenden Verszeilen, die meisten Dichtungen enthält. Insgesamt hat das Buch 85 Seiten. Das Istanbul Kitabi mit seinen »Ersten Gedichten« dokumentiert, dass der Dichter, wie das bei vielen Poeten seiner Generation der Fall war, zunächst die eigene Heimat als Sujet wählte, zu der man dann, aus gereifter und gewandelter Perspektive, immer wieder zurückkehrte.

Im Kern der Sammlung bestimmen zuerst die rein deskriptiven Elemente den Inhalt der Verszeilen, das heißt Orte und Schauplätze, die für den Leser oder Hörer dieser Gedichte Identifizierung und Charakterisierung möglich machen – mit Hilfe der Assoziation als Mittel des poetologischen Geschichtsverständnisses. Immer wieder taucht die »Brücke« auf, womit die berühmteste aller Brücken der Stadt gemeint ist: die Galata-Brücke, die den alten Stadtteil mit dem modernen verbindet. Auch andere Lyriker, etwa Bedri Rahmi Eyüboğlu (1913–1975) in seiner ausladenden »Istanbul Saga« (»Istanbul Destani«), haben das in dieser Weise getan. Gebäude und Stadtteile, Landschaften inmitten der Stadt werden ebenso apostrophiert wie etwa besonders bekannte Moscheen mit all jenen historischen und übrigen Assoziationen, die sie bei den Türken und Muslimen zu wecken vermögen. Das große Gedicht »Istanbul« beginnt auf Seite 37 und setzt mit einer Beschwörung der byzantinischen und osmanischen Vergangenheit ein:

Istanbul

Siehe, in Istanbul bist du, der Stadt der bleiernen Kuppeln
In der Luft das Rauschen fliehender Wolken
Es regnet gegen die Scheiben jener Straßenbahnen

---

[32] Nach der Ausgabe von 1994, Verlag Adam Yayinlari

Die vom Basar in Karaköy herüberfahren
Hinter der Neuen Moschee und der Süleymaniye schmutziger
  Himmel
Nichts regt sich
Heftig weint die Hagia Sophia, das Gesicht mit ihren Händen
  bedeckt

Die Menschen füllen Straßen Märkte Häuser
Die Menschen gehen und stehen Rücken an Rücken Schulter an
  Schulter –

Schon auf Seite 28 des »Istanbul Kitabi« finden wir ein Gedicht unter dem Titel »Für seinen letzten Ort« oder »Seinem letzten Ort«
(»Son yerine«). Es setzt mit derselben historisch assoziativen Verszeile ein, wie der oben wiedergegebene »Hauptgesang« über die
Stadt wenige Seiten danach:

Siehe, in Istanbul bist du, der Stadt der bleiernen Kuppeln
Unter dem Regen schwankt ein Mann am Galgen hin und her
Ein Tropfen blauen Himmelsschattens hängt über seinen Augen
Vor den Moscheen liegen Leute mit den Bäuchen auf dem Boden
Dem Meer und den Bäumen gegenüber

Ein Matrose, sich seiner Träume im Stadtpark schämend,
lief davon

Zufrieden der alte Verkäufer der am Fuß der Brücke
Sein Fladenbrot hinter Scheiben aufgereiht
Über diesen Himmel, voll mit gewaltigen Schiffsmasten, hat
  man Gedichte geschrieben
Du siehst gefärbte Segel verschmutzt vor deinen Füßen liegen
Ein gemeiner Himmel, wie in Elfenbein eingelegt, wogt unablässig
Der Beamte, der Clochard haben ihre eigene Liebe, ihre eigenen
  Träume
Die Verrückten vergessen nicht, aus heiterem Himmel zu fluchen
Dass die Wolken auf den Minaretten trunken sind, sagten ehe-
  dem schon die Dichter

Dass des nachts in den Träumen junger Mädchen
Handgroß beflaggte Schiffe umherschweifen, ist unter euch ja
  lange bekannt
Betrunkene Sterne erinnern die Menschen immer an schöne Dinge
Für sie werden Zigaretten angezündet

Für die Clochards hat Istanbul zwei Augen wie zwei Quellen
In allen vier Ecken lebt man und flucht auf Gott
Den Selbstmord teilt man wie ein Stück Obst am Morgen und
   am Abend
Wenn der Raki erwähnt wird, macht man einen Diener
Fragen über das Leben bedenkt man, aber stellt sie nicht.
Mit langen Haaren auf beiden Seiten
Ziehen Menschen vorbei, die auf der Flucht sind:
Vor der geliebten Frau, vor dem Vaterland, vor Kriegen
Sie gingen hinaus, um Welt und Menschen zu sehen
Ein Mann steht mitten auf der Brücke, die Hände auf dem Rück-
   en gefaltet
Wohin er schaut, ist ungewiss

Ich kann sagen, dass er den Himmel, den Park und die weißen
   Schlösser betrachtet
Zum Stürzen und Verrecken bereit ist diese Stadt, aus Wollust,
   nicht aus Liebe
Die Stadt junger Huren, toter Sultane, kranker Menschen
Du niederträchtiges Istanbul![33]

Ilhan Berk beschwört seine Jugendzeit, in der – obschon der große Krieg zuende war – die Kämpfe weitergingen: um Istanbul und um Kleinasien, Kämpfe zwischen der Sultansarmee und den Nationalisten, und natürlich die Kämpfe mit den Griechen, die von einer Wiedererrichtung des Byzantinischen Reiches, von der sogenannten *megali idea*, träumten und mit Truppen an der kleinasiatischen Küste gelandet waren. Es wurde für die Griechen zum Desaster, zur größten Katastrophe ihrer Geschichte, denn sie mussten nach ihrer Niederlage gegen Kemal Atatürk jene Gebiete verlassen, in denen sie fast dreitausend Jahre lang gesiedelt hatten. Doch natürlich litt auch die türkische Seite unsäglich unter den Verheerungen des Krieges.

Das Jahr 1919
Unter einem Nachtlämpchen bin ich auf die Welt gekommen
Der Erdkreis erlebte den Ersten Weltkrieg
Über meinem Kopf waren Wolken, die Taschentüchern glichen

---

[33] Aus: Gedichte von sieben Provinzen und einer alten Hauptstadt

Von einem Berg aus sah ich unsere Städte
Brennen im Griechischen Krieg
Jene Menschen Soldaten Gefangene Zelt an Zelt
Nur mit einem Hemd bekleidet das flüchtende Volk
Die erste Kanone sah ich das erste Flugzeug
Meine Mutter mein Bruder und ich alleweil aufrecht
Auf unsere Basare mit den geschlossenen Läden fiel Regen.

Meine Stadt, von Menschen aller Klassen bewohnt,
Hatte sich in die Berge geflüchtet

Unsere Flüsse unsere Berge unsere Quellen
Wurden gerettet vor diesem Feuerbrand

Unsere Armee betrat gegen Abend die abgebrannte zerstörte Stadt
Menschen, mit einem Stück Brot im Magen, aber ungebrochen
An jenem Tag kannte ich die Menschen und die Welt
An jenem Tag lernte ich,
Über die Stadt unter meinen Füßen zu weinen …

ANMERKUNGEN ZU EINEM VOLKSAUFSTAND
Dschomar Bölükbaschi bin ich
Der in der Schlacht von Üsküdar
Die rechte Flanke hält.
Vom Stamm der Izoli-Kurden.
In den Bergen von Van ertönt mein Name
Der gewaltige Evliya Tschelebi sang mein Lob
Aus Schädeln errichtete ich Burgen.
…
Ich gehöre zu dem niederen Pack der Dschelalis
Kenne keine Städte mit Moscheen und Minaretten.
Aus Gold- und Silberschüsseln aß ich nie
Meine Leute sind die, die man die Armen nennt
Mein Kopf mein Herz mein Blut sind Gefährten.
Nie sahen ihre Gesichter ein Ruhekissen.
Eng wurde die Welt in ihren Köpfen
Sodass sie Dschelalis geworden.

Der Celâli-Aufstand war eine von zahlreichen kleineren sozialen
Erhebungen, die in der ersten Hälfte des 16. Jahrhunderts das Os-
manische Reich aufwühlten. Dieser Aufstand begann im Osten
Anatoliens, in der Stadt Tokat, und wurde von einem Scheich Celâl

inspiriert, der sich – wie andere Aufständische zuvor – als der vom Islam verheißene »Mahdi« (Rechtgeleitete) ausgab und unzufriedene Massen um sich scharte. Die Erhebung fand im Jahre 1519 statt, gegen Ende der Regierungszeit von Sultan Selim Yavuz, der nicht nur einer der bedeutendsten Feldherrn und Eroberer der Osmanen gewesen ist, sondern auch – aus Gründen der Staatsräson, die eine sunnitische war und es auch bleiben sollte – einer der grimmigsten Feinde der schiitischen Heterodoxie. Sein Beiname *yavuz* bedeutet »rücksichtslos, energisch« – und so war er auch. Fünf Jahre vor Beginn des Aufstandes hatte Selim in der Schlacht von Çaldiran die militärische Hauptmacht der heterodoxen Schiiten, die Kizilbaş oder »Rotköpfe« unter ihrem charismatischen Führer Schah Ismail dem Safawiden, vernichtend geschlagen, sodass ihr Einfluss in Anatolien weitgehend gebrochen wurde. Sie erlangten schließlich im benachbarten Iran dauerhaft die Macht und etablierten dort den Schiismus bis heute als Mehrheitskonfession.

Inwieweit der von Ilhan Berk apostrophierte Celâli-Aufstand von den Kizilbaş geprägt worden war, ist bis heute strittig. Er brach jedenfalls aus, weil die osmanische Zentralmacht neuerlich die Steuern erhöht hatte, was von der anatolischen Landbevölkerung nicht mehr hingenommen wurde. Eine ernsthafte Bedrohung für den osmanischen Staat war die Erhebung indessen nicht, obwohl sie sogar die Reichshauptstadt Istanbul erreichte.

Bis heute finden solche historischen Volksaufstände, wie wir bereits bei Nazim Hikmet gesehen haben, das Interesse vieler türkischer Intellektueller, zumal auch der Dichter. Das macht auch deutlich, dass die religiös-konfessionelle Zusammensetzung der Türkei aus ihrer Geschichte heraus unendlich komplexer ist, als die bloßen statistischen Angaben es nahelegen mögen. Gerade die politische Linke hatte immer große Schwierigkeiten, sich mit dem sunnitischen Mehrheitsislam zu identifizieren; die heterodoxen Gemeinschaften, wie die Aleviten (Alevilik, Bektaschilik) anatolischen Ursprungs standen und stehen ihnen näher, ebenso die Mystik (tasavvuf), soweit sie erd- und volksverbunden ist. Nachwirkungen der Celâli-Unruhen dauerten nach Angaben westlicher Historiker, wie etwa Joseph Matuz, noch einige Jahrzehnte nach ihrer Niederschlagung an.

Was im »Istanbul Kitabi« von Berk vorgeformt wurde – die historische Reminiszenz an die Weltstadt am Bosporus – hat der Dichter in den Bänden »Pera« und »Galata« Jahre danach zu höchster Meisterschaft entwickelt. Er widmet sich in ihnen mit Hilfe einer sprachlichen Kollagetechnik, die neben lyrischen Gedichten auch

Prosaabschnitte, eingestreute Plakate, alte Werbeslogans, ja sogar Speisekarten umfasst, zwei Stadtteilen Istanbuls und Konstantinopels, die immer eine legendäre Anziehungskraft besessen haben und auch noch heute, wenngleich aus unterschiedlichen Gründen, fremde Besucher wie Einheimische faszinieren. Im Gedicht beschwört er nicht nur das gegenwärtige, sondern vor allem das osmanische, spätomanische Pera und Galata herauf, mit seinen europäischen Kolonien und Geschäften, die erst im Laufe des 19. Jahrhunderts allmählich (und ganz dann erst seit 1955) in die Hände der muslimischen Bevölkerung gerieten. Zu Beginn von »Pera« nimmt er beispielsweise eine alte Fotografie und schreibt ein Gedicht über das Park-Hotel, in dem zu jener Zeit die Bessergestellten aus Europa abstiegen, aber auch türkische Literaten und Prominente sich tummelten:

Über das Park-hotel auf einer Fotografie

Ein Foto, verschlissen und vergilbt: das Park-Hotel
Mit breiter Front, vier Stock hoch, mit Balkonen
Der Himmel verschlossen
Und niemand ist zu sehen
Doch auf der großen Terrasse Tische mit weißen, gestärkten
    Tüchern, Tellern, Gläsern und Messern, wie dahingestreut
Als hätte es kurz zuvor geregnet und jeder wäre nach drinnen
    geflüchtet
Und alles blickt auf das Meer
Und an der großen Tür ein Schild in Druckbuchstaben:
    PARK-HOTEL
Unterhalb Häuser, elektrische Leitungen, Straßenlampen, Kinder
    und Frauen
König Edwards und Madame Simpsons Schatten schlägt gegen
    ihr Zimmerfenster
Und das Carmen-Pady-Orchester spielt dazu
Es flattert die Fahne des Kuschlu-Palasts
Und Yahya Kemal hatte sein Gesicht nach Skutari gewandt
Falih Rifki an der Bar gestanden
An einem Tisch schrieb Emir Erkilet
Die Frauen des Tabakhändlers Ihsan spielen
In grünen Kleidern und mit Smaragdschmuck angetan
Und Dschahide, die Schönste der Schönen,
Schreitet langsam die Treppe hinab …

Schließlich erfahren wir tatsächlich etwas über die Speisefolge in jenem Park-Hotel, die da lautet:

Mittag- und Abendessen
Jeden Abend auch Tanz und Musik
Von 17.30 Uhr bis 1 Uhr nachts
Zur Matinee Freitagmorgens um 11 Uhr
Wird auf Wunsch ein besonderes Mahl gereicht

Table d'hôte 1 Türkisches Pfund

Russische Suppe / Hühnerbrühe

Hummermayonnaise / Fisch vom Grill
Teigwaren. mit Tomatensauce / Reis / Omelette

Hühnerfrikassee / Volovan
Steak mit Beilage / Kalbfleisch gedünstet

Gefüllter Kürbis / Bohnen-Aysekadin mit Fleisch
Gebutterte Bejelya / Okra in Olivenöl

Kompott / Eis.

Man kann sich den Lebensstil der Herrschaften, die in jenem Hotel des Fin de Siècle abstiegen, recht gut vergegenwärtigen. Es war ein internationales Publikum, das in Pera jene Gepflogenheiten fortsetzen konnte, die es von Hause aus gewohnt war. Und die Grande Rue de Pera, die heute Istiklâl Caddesi heißt, war damals in den Vierteln der Nichtmuslime (gayrimüslim) eine Flaniermeile, wie sie es auch noch in unseren Tagen ist. Volkstümliche Mitte jener Stadtteile ist seit Jahr und Tag der Galata-Turm, der weit in die vortürkische und vorislamische Vergangenheit der Stadt zurückreicht und in byzantinischer Zeit als »Christus-Turm« von den Genuesern in Pera erririchtet wurde. Er diente unter anderem auch als Feuerturm, damit man rechtzeitig erkennen konnte, wenn irgendwo in der Nähe ein Feuer ausgebrochen war. Heute sind die Straßen und Winkel um den Turm, bei dem Sultan Mehmet Fatih seinerzeit die Übergabe durch die Einwohner Peras und Galatas entgegennahm, ein Viertel der kleinen Leute, unter die sich freilich auch Künstler und Intellektuelle mischen.

Überhaupt die Straßen. Sie gehören in beiden Bänden zu den Hauptakteuren Ilhan Berks, etwa die Meşrutiyet Caddesi, die von Tepebaşi in das eigentliche Beyoğlu führt und in deren Nähe das berühmte Hotel Pera Palas liegt. Sprachlich reizvoll ist die von Berk mit großer Meisterschaft praktizierte Verwendung alter, sprich osmanischer Wörter inmitten des neutürkischen Wortschatzes.

Der deutsche Turkologe Mark Kirchner, der in Gießen lehrt, hat sich in den vergangenen Jahren nicht nur speziell mit Ilhan Berk beschäftigt, sondern insbesondere auch mit dessen poetischer Annäherung an Galata und Pera. Über die Einbindung plakativer, malerischer und kartografischer Elemente in den Text von »Pera« schreibt Kirchner in einem Aufsatz (»Das verschüttete multikulturelle Istanbul – zwei türkische Entdeckungsreisen«): »Geografie als Sprache der Oberfläche und Poesie sieht er dabei nicht als unversöhnliche Elemente und verweist auf das Verschmelzen beider Textsorten im klassisch-arabischen Schrifttum. (…) Ästhetische Kriterien scheinen hier eher als inhaltliche Kriterien die Struktur des Textes zu bestimmen. Berk spricht von einer bewussten Durchbrechung der Einförmigkeit des Textes und verweist auch auf die visuelle Gestaltung des Textes mittels Collagen. Dem Labyrinth der Straßen und Gassen, Religionen und Nationalitäten steht ein Labyrinth von Prosa und Lyrik, von Schriftsätzen und Absätzen gegenüber …«

Mancher poetologische Befund und mancher poetische Fund wird da noch zutage treten. Kirchner weist zum Beispiel darauf hin, wie sehr die beiden Stadtteile nach dem Exodus der Minderheiten und ihrer Übernahme durch die türkische Mehrheitsbevölkerung zunächst gelitten haben, bis man in einer Art von Nostalgiewelle den multikulturellen Geist der »Grande Rue de Pera« wiederentdeckte, alte Bausubstanz renovierte, die Istiklâl-Straße zur Fußgängerzone machte und mit einer alten Straßenbahnlinie versah, die bis zum Taksim-Platz fährt. Ilhan Berk freilich möchte seine Werke nicht im Sinne einer platt-modischen Nostalgie verstanden wissen. »Berks Blickwinkel ist (…) differenzierter: Er stellt den historischen Prozess des Übergangs vom multikulturellen Konstantinopel zur türkischen Metropole Istanbul in einer Vielzahl von Brechungen dar … Mit ›Galata‹ und ›Pera‹ ist der Altmeister der modernen türkischen Poesie zum Vorboten für eine Türkei geworden, die ihre multiethnische Vergangenheit nicht mehr versteckt und verdrängt, sondern in einem langwierigen und widersprüchlichen Prozess den Weg aus sakrosankten nationalstaatlichen Doktrinen sucht« (Kirchner).

Erwähnt werden muss zum Schluss, dass Ilhan Berk in seinen spätesten Gedichten in einer Weise zum Lakoniker wird, die alles bis dahin Dagewesene übertrifft. In dem schmalen Band »Kuşlarin doğum gününde olacağim« – etwa: »Am Geburtstag der Vögel werde ich sein« – fasst sich der Dichter so knapp und kurz, dass den Gedichten eine Tendenz beinahe zum totalen Verstummen innewohnt. Nichts erinnert mehr an die schwingenden Zeilen des »Istanbul Kitabi«; komprimierte, einzeln und für sich stehende Zeilen von äußerster Konzentration wechseln sich mit Gedichten ab, die manchmal nur vier oder fünf Wörter umfassen. Mit dieser offenkundigen Lakonik schließt Ilhan Berk wieder an jene Richtung an, der er in seiner Jugend begegnete und mit der er sich kritisch auseinandersetzte: dem Garip. Ähnlichkeiten sind auch mit den Gedichten Behçet Necatigils (1916–1979) festzustellen, mit dem Berk befreundet war und mit dem er manche Ansichten über die Ästhetik des zeitgenössischen Gedichts teilte.

Romane und Erzählungen
Die Emanzipation der türkischen Prosa

Der Literaturnobelpreis für Orhan Pamuk fiel im Jahre 2006 nicht vom Himmel und er kam auch nicht über Nacht; er ist vielmehr das Ergebnis einer kontinuierlichen Entwicklung innerhalb der türkischen Literatur, die länger als ein Jahrhundert zurückreicht. In unserer Darstellung der Tanzimat-Literatur wurde der erste türkische Roman erwähnt, der diesen Namen verdient:»Die Liebe zwischen Talaat und Fitnat«(»Taaşşuk-i Talat ve Fitnat«) von Şemsettin Sami. Sein Entstehen, wie das der gesamten Gattung, war durch westliche Vorbilder bedingt. Zwar kannte die osmanisch-türkische Literatur selbstverständlich auch zuvor Prosaschriftsteller, doch was bis dato einzig zählte, war die Poesie; ein Dichter, der diesen Namen verdiente, schrieb Verse. In der gelehrten Literatur, in der Theologie, in der Geschichtsschreibung zumal, hat die osmanische Türkei bedeutende Prosa-Autoren hervorgebracht: Am Hofe wirkten die Schreiber und Kanzlisten; auch gab es volkstümliche Geschichten, Fabeln und Schwänke, Märchen und die Parabeln des Hoca Nasrettin, des türkischen Eulenspiegel. Doch mit dem modernen Roman hatte das nichts zu tun.

Orhan Pamuk selbst hat viele Male hervorgehoben, wie er durch die Lektüre westlicher, europäischer und amerikanischer Romane und Autoren, wie er durch Tolstoj, Dostojewskij, Melville, Proust, Thomas Mann und andere zum türkischen Romancier geworden sei; und er lässt auch keinen Zweifel daran, wie sehr dies mit den politischen, gesellschaftlichen und kulturellen Veränderungen seines Landes in den letzten anderthalb Jahrhunderten, mit der Verwestlichung und Verweltlichung des Tanzimat und danach Kemal Atatürks zusammenhängt. Der Roman in der Literatur und die klassische Orchestermusik der großen Symphoniker Europas sind für Pamuk typische, unverwechselbare und authentische Produkte der westlich-abendländischen Kultur, die der Orient nicht kannte. Im Roman wie in den großen Symphonien, die sozusagen Romane in Musik sind, werden Schicksale von Individuen abgehandelt und beschrieben, die zwar Teil ihrer Gesellschaft sind, aber nicht mehr nahtlos mit dieser verfugt, sondern oft sogar im Widerstreit mit dieser liegen. Gleichzeitig bietet der Roman auch die Gelegenheit, ein Panorama der jeweiligen Gesellschaft oder eines Teils von ihr zu zeichnen, sodass man, wie Pamuk sagt, das Russland der Zaren besser aus Dostojewskijs Romanen, denn aus Sachbüchern erfahren könne.

Die Emanzipation des Romans, auch der Erzählung und somit der Prosa vollzog sich relativ rasch in der Türkei. Die Literatur der Türken hat auf diesem Feld eine ähnliche Entwicklung durchgemacht wie diejenige der Araber und Perser. Auch bei diesen hatte die Poesie, allenfalls noch die Versepik mit ihren berühmten Klassikern, wie »Leila und Madschnun« von Nizami, für viele Jahrhunderte das Bild dessen geprägt, was Dichtung zu sein hatte. Alles andere zählte weniger. Und auch dort brachen im 19. Jahrhundert, als die existierende Prosaschriftstellerei schon lange in Konventionen erstarrt war, die europäischen Vorbilder ein, häufig durch Exilanten, die sich in Paris oder London mit den modernen westlichen Werken vertraut gemacht hatten. Die moderne Prosaliteratur Irans wie auch die der arabischen Länder umfasst, wie die der Türkei, längst alle Stile und Richtungen, die man unter dem Einfluss des Westens übernommen, dann freilich den eigenen Verhältnissen und Traditionen gehorchend umgewandelt hat.

Auf die wichtige Rolle der Tanzimat-Zeit in der ottomanischen Türkei haben wir schon hingewiesen. An diese Vorläufer knüpften die Romanciers und Erzähler, obwohl an westlichen Vorbildern geschult, im 20. Jahrhundert an. Wir können hier nur einige Namen nennen und versuchen, die großen Linien der literarischen Entwicklung bis heute nachzuzeichnen.

Bereits um 1900 entsteht das erste Meisterwerk der modernen türkischen Prosa, der Roman »Aşk-i memnu« (»Verbotene Liebe«) von Halit Ziya Uşakligil (1866–1945). Dieses inzwischen auch auf Deutsch unter dem Titel »Verbotene Lieben« (in der Mehrzahl also) erschienene, umfangreiche Werk aus dem Umkreis der Schule Servet-i Fünun ist ohne den französischen Gesellschaftsroman der Zeit nicht denkbar. Der Roman zeigt schon ein bemerkenswertes Ausmaß an Realismus. Er spielt in den höheren Kreisen Istanbuls, der damals noch besonders kosmopolitischen Hauptstadt am Bosporus. Es ist eine Dreiecks-Liebesgeschichte, die tragisch endet, mit dem Freitod der Heldin Bihter, die die Spannung zwischen ihrem Ehemann und der eigenen Mutter, die diesen Ehemann ebenfalls liebt, nicht länger aushält. Die seelischen Vorgänge und Gedanken der Protagonisten werden meisterhaft dargeboten, detailgenaue Schilderungen des Lebensstils in diesen Kreisen der spätosmanischen Fin-de-Siècle-Gesellschaft beeindrucken. Es wird deutlich, wie verwestlicht zu jener Zeit der Lebensstil und die Weltvorstellung der gesellschaftlich führenden Schicht bereits waren. Die Themen Liebe, Ehe, Mann, Frau, Familie sind durchgängig bis heute wichtige Anlässe für das Schreiben von Romanen und Erzählungen geblieben.

Den endgültigen Durchbruch der schon einigermaßen realistisch gehaltenen Erzählung schaffte Ömer Seyfettin (1884–1920), ein Istanbuler, mit seinen zahlreichen Kurzgeschichten, die zu Klassikern geworden sind. Seyfettin zeichnet in ihnen ein Panomara des spätosmanischen Alltags und seinen mit kleinen oder auch größeren Schwächen behafteten Menschen, durchaus auch im Zusammenhang mit der west-östlichen Kulturbegegnung. Geschichten wie »Bomba« (»Die Bombe«), »Beyaz Lâle« (»Die weiße Tulpe«) oder »Gizli Mabed« (»Der Geheime Tempel«) haben Lehrbuchcharakter und werden immer wieder aufgelegt. In der zuletzt erwähnten Erzählung thematisiert Ömer Seyfettin schon den Orientalismus der Westler, die sich vom Orient ein Traumbild und Phantasma geschaffen haben mit alle jenen Versatzstücken, die auch noch heute dazugehören mögen. Dieses Thema ist heute, im Zeitalter des »Zusammenpralls der Kulturen«, brisanter und wichtiger denn je, auch Pamuk schöpft daraus Motive für seine west-östlichen Romane. Und es ist auch ein Thema, das von den politisch besonders bewussten Autoren im vorigen Jahrhundert immer wieder behandelt worden ist, nicht zuletzt von Nazim Hikmet in seinem berühmten Poem »Piyer Loti«, das den französischen Autor Pierre Loti als Verfertiger eines wohlfeilen Kolportage-Orients kritisiert.

Ein an Anton Tschechow geschulter und in vielem auch an ihn erinnernder Prosaautor von hohen Gnaden ist Sait Faik Abasiyanik (1906–1954) aus Adapazari, der leider früh dem Trunk verfiel und schon mit 48 Jahren starb. In den Arbeiten dieses unheilbaren Melancholikers, in Erzählungen wie »Mahalle Kahvesi« (»Das Café im Viertel«) oder »Semaver« (»Der Samowar«) erscheint schon der moderne, isolierte, weitgehend beziehungslose Mensch des 20. Jahrhunderts, der dem Verlust des Alten nachtrauert, ohne ihn aufhalten zu können. Zwar lebte Sait Faik in der Epoche des Um- und Aufbruchs, in einer Zeit also, da Optimismus gefragt war, doch er war offenbar auch qua seiner Natur zu dieser Haltung gegenüber dem Leben nur schwer zu bewegen. Sait Faiks Menschen sind natürlich Stadtmenschen, denn auf dem Dorf, tief in der anatolischen Provinz, hat die Moderne noch kaum Einzug gehalten. In dem Roman »Medari Maişet Motoru« (»Ein Lastkahn namens Leben«) spricht sich der Melancholiker in Reinkultur aus, in Lüzumsuz Adam begegnen wir dem Tschechow'schen »überflüssigen Menschen«.

Vom Gegensatz zwischen Stadt und Land handelt der Roman »Yaban« (»Der Fremde«) aus der Feder von Yakup Kadri Karaosmanoğlu (1889–1974), einem der Altmeister der nationalen Prosa. Der Protagonist dieses Romans ist ein Intellektueller revolutionär-kemalistischen Zuschnitts, den es in eine Provinzstadt verschlägt. Dort ist und bleibt er ein Fremder mit seiner Lebensauffassung und seinen Idealen, lebt in gänzlicher Vereinzelung, da ihn mit seinen Landsleuten dort, die alle in Traditionen gefangen sind, nichts verbindet. An ihnen gehen die Veränderungen der Epoche innerlich vorbei. Sie denken anders, fühlen anders, sprechen anders als er. Yakup Kadri war selbst ein begeisterter Anhänger der nationalen Erhebung und der Reformen Atatürks und hat mit den »Mîlli savaş hikâyeleri« sogar Erzählungen geschrieben, die sich mit dem nationalen Befreiungskampf befassen. Umso scharfsichtiger, in gewisser Weise auch zwiespältiger erscheint seine Analyse in dem Roman »Yaban«. In dem Roman »Nur Baba« (»Flamme und Falter«), der schon 1919 erschien, zeichnet Kadri ein Bild jener bektaschitisch-alevitischen Kreise, die sich immer dem Verdacht, ja der Beschuldigung der Ketzerei ausgesetzt sahen. Bis heute ist ja das Verhältnis zwischen der Mehrheit der Sunni-Muslime in der Türkei und den heterodox-schiitischen Aleviten angespannt. Theologisches Weltbild, religiöse Riten und politische Präferenzen weichen so sehr voneinander ab, dass immer wieder Konflikte aufbrechen, die sich sogar in Gewaltakten niederschlagen können. Bis heute ist es auch für die Wissenschaft äußerst mühsam, sich ein zutreffendes Bild über Praxis und Lehre des Alevitentums (Alevilik) zu verschaffen. Yakup Kadri geriet damals in den Verdacht, mit seinem Roman all jene Vorurteile zu bestätigen, die über die Aleviten in Umlauf sind: dass sie Orgien feiern und sexuelle Freizügigkeit praktizieren. Der Autor wehrte sich gegen die Vorwürfe aus bektaschitischen Kreisen, er habe nur die Wirklichkeit am Ausgang des Osmanischen Reiches geschildert. Seither, das heißt in der Türkischen Republik, stehen die Literaten alevitischer Herkunft häufig links, bevorzugen den Laizismus ohne Wenn und Aber und kämpfen gegen das Wiedererstarken des Islams speziell des orthodoxen Islams im Land.

Der Zusammenprall der alten osmanischen und der neuen türkischen Welt des westlichen Modernismus ist Gegenstand der Werke vieler Autoren, darunter auch weiblicher, die sich mit der Ära Atatürks zu emanzipieren beginnen. Der bekannte Romancier Peyâmi Safa (1899–1961) hat in einem dünnen Roman beides miteinander verbunden. Die junge Nermin ist die Heldin in dem Werk »Fatih-

Harbiye« – so lautet der Name zweier Istanbuler Stadtteile, die dem Roman den Titel gegeben haben; der eine ist bis heute ein Hort der Frommen, der andere Sitz der Militärakademie, in der die laizistische Offizierselite der neuen Zeit herangebildet wird. Sie ist ganz dem weltlichen Staat und der modernen Gesinnung verpflichtet. Nermin ist, die zwischen den beiden Stadtteilen spielende Handlung macht es deutlich, hin und her gerissen zwischen den alten, liebgewordenen und vertrauten Traditionen einerseits und den lockenden Reizen des neuen, weltlichen Lebens andererseits. Als Fanale des Neuen hingegen lesen sich die Romane Halide Edip Adivars (1884–1964), der großen alten Dame der türkischen Romanliteratur, die seither viele Nachahmerinnen gefunden hat, darunter eine ganze Menge bedeutender Autorinnen, die das Land in den vergangenen Jahrzehnten beinahe explosionsartig geboren hat. In ihrem Klassiker »Ateşten Gömlek« (»Das Flammenhemd«), das im nationalen Befreiungskrieg spielt, erscheint die Frau als gleichberechtigte Kameradin des Mannes. Dies zu erreichen, war eines der wichtigsten Anliegen des Republikgründers. Das Ziel ist heute vielerorts noch lange nicht erreicht, doch die Autorinnen der modernen Türkei arbeiten daran. Ein zeitgenössischer Klassiker ist da der Roman »Tuhaf Bir Kadın« (»Eine seltsame Frau«) von Leyla Erbil, die darin den offenen bis verborgenen »Osmanismus« der türkischen Gesellschaft kritisiert, die gewissermaßen als natürlich empfundene, als traditionelle Rolle gekennzeichnete oder als Fürsorge getarnte Hintansetzung der Frau im öffentlichen Leben und in der Familie. Leyla Erbil hat in der jüngeren und jüngsten Generation schreibender Frauen Nachfolgerinnen gefunden. Neben der mit nur vierig Jahren verstorbenen Sevgi Soysal (1936–1976) ist es heutzutage vor allem Elif Şafak, die sich in ihren Romanen unter anderem auch Frauenthemen annimmt, doch ist ihr Werk vielschichtiger, umfasst auch geschichtliche und politische Prozesse und Dimensionen, weshalb die Autorin ebenfalls mit dem Staatsanwalt Erfahrungem machen musste. Hintergrund war die Beschäftigung Şafaks mit dem Armenier-Komplex in ihrem Roman »Der Bastard von Istanbul«. Elif Şafak lehrt an einer amerikanischen Universität Gender-Studien.

Jahrzehntelang war die türkische Prosaliteratur zudem von einer Strömung beherrscht, die man als Dorfliteratur bezeichnet hat. Dies folgte gewissermaßen einem natürlichen Gang der Dinge, der irgendwann einmal in Fluss kommen musste. Der anatolische Bauer, der *köylü*, nicht mehr der Istanbuler Effendi sollte nämlich in der jungen Republik das Salz der Erde sein. Doch wie lebte er?

Und wer wusste etwas von ihm? Die Intellektuellen Istanbuls und Ankaras oder Izmirs gewiss nicht. Es war ein junger Dorfschullehrer, Mahmut Makal, 1933 in einem Dorf bei Nigde / Aksaray in Zentralanatolien geboren, der 1950 mit dem Text »Bizim Köy« (»Unser Dorf«) hervortrat. Es war weniger ein Roman, als vielmehr eine eindringliche Beschreibung der ärmlichen, erniedrigenden und entwürdigenden Zustände in anatolischen Dörfern. Zwei Jahre später legte Makal, der übrigens seit 1980 auch als Lehrer in Deutschland lebte, nach mit dem Buch »Köyümden« (»Aus meinem Dorf«). Schon 1981 erschien eine deutsche Fassung von Makals kunstloser Dorfprosa unter dem Titel »Unser Dorf in Anatolien«. In der Türkei aber war eine Richtung der Literatur geboren, die in Romanen und Erzählungen um Anatolien und seine Menschen kreiste. Sie brachte eine Vielzahl von Autoren hervor, die sich teilweise auch ganz bestimmten Regionen ihres Landes widmeten, sodass man auch bald von einem Regionalismus in der Dorfliteratur sprach.

Der mit Abstand bekannteste Vertreter dieser Richtung, auf dem höchsten Niveau eines traditionellen Schreibstils, ist Yaşar Kemal, Jahrgang 1922, der mit seinem Fortsetzungsroman »Ince Memed« (»Memed, mein Falke«), einer Robin-Hood-Geschichte auf Türkisch, zum Weltklassiker wurde, in viele Sprachen übersetzt. Kemal wurde in einem Dorf beim südtürkischen Adana geboren und ist teilweise auch kurdischer Abstammung. Beides bestimmte sein Leben und Schreiben. Von wenigen Ausnahmen abgesehen hat sein umfangreiches Werk aus Romanen und Erzählungen den türkischen Süden als Hintergrund, insbesondere die wildzerklüfteten Berge des Taurus und die heiße, aber fruchtbare, vom Baumwollanbau geprägte Kilikische Ebene, die Çukurova. Bei kurdischen Themen, die der Schriftsteller auch behandelt (»Die Ararat-Legende«), spielt auch der Osten Anatoliens eine wichtige Rolle. Da er sich in seinen Werken fast immer für diejenigen einsetzt, die im modernen Staat aus vielerlei Gründen Schwierigkeiten haben oder diskriminiert werden, machte er zahllose Male Bekanntschaft mit türkischen Gerichten. Allerdings war dies bis in die jüngste Zeit hinein das Los vieler Autoren der Türkei, Orhan Pamuk nicht ausgenommen. Kemals Helden sind die Armen, die Dörfler, die turkmenischen Nomaden, die Yürüken (»Bin Boğalar Efsanesi«, »Das Lied der tausend Stiere«), die ausgepowerten Plantagenarbeiter und Tagelöhner (»Teneke«, »Anatolischer Reis«), die Kurden und andere Minderheiten. Insbesondere bei Letzteren reagiert der türkische Staat bis heute angesichts der bürgerkriegsartigen Kämpfe mit der kurdischen PKK von

Abdullah Öcalan, die die vergangenen Jahre prägten, hypersensibel. Im Jahre 1997 erhielt Yaşar Kemal den Friedenspreis des Börsenvereins des Deutschen Buchhandels in der Frankfurter Paulskirche. Die Laudatio hielt kein Geringerer als Günter Grass. Auch für den Literaturnobelpreis war der Schriftsteller immer wieder einmal im Gespräch.

Eine andere Region der Türkei hat sich ein Autor vorgenommen, der sich das Pseudonym »Der Fischer von Halikarnass« (»Halikarnas Balikçisi«) gegeben hat. Es ist der Schriftsteller Musa Cevat Şakir (1886–1973), der aus politischen Gründen aus Istanbul »verbannt« worden war und sich für viele Jahrzehnte in dem Ort Bodrum, dem Halikarnass der Griechen, niederließ. Damals war dieser Ort in der klassischen Landschaft Lykien nahezu unbekannt, heute ist er ein Dorado des internationalen Tourismus. Der Autor hat mit seinen Erzählungen und Romanen, welche die türkische Ägäisküste und die Südküste (auch die Landschaft Karien) thematisieren, zur Popularisierung dieser türkischen Region nicht wenig beigetragen. Historische Themen, die etwa um die berühmten türkischen Seefahrer Uluç Reis oder Turgut Reis (in den Augen des Westens »Korsaren«) kreisen, dazu mehr folkloristisch-kulturgeschichtlich ausgerichtete Erzählungen über Teile Anatoliens (»Merhaba Anadolu«) bilden sein – auch feuilletonistisch ausgerichtetes – Gesamtwerk, das freilich literarisch nicht auf der Höhe der Werke Yaşar Kemals steht.

Zwar wird man dem Autor Ferit Edgü, Jahrgang 1936, überhaupt nicht gerecht, wenn man ihn unter dieselbe Gruppe von Schriftstellern rechnet, doch hat er zumindest einen Roman geschrieben, der sich dem Regionalismus und der Dorfliteratur zurechnen lässt. In seinem Roman »O« (Jener), dessen Untertitel »Hakkâri 'de Bir Mevsim« (»Eine Jahreszeit in Hakkâri«) heißt, ist die südöstliche Grenzregion zum Irak Schauplatz des Geschehens. Das Werk, das im Übrigen ganz anders geschrieben ist als die Romane Kemals: stilistisch äußerst experimentell ausgerichtet, trägt es stark autobiografische Züge. Der Roman kreist um einen Lehrer, der voller Idealismus in diesen hintersten und ärmsten Winkel seines Landes geschickt wird, um den vornehmlich kurdischen Kindern und den Dörflern die Segnungen der Bildung und des allgemeinen Fortschritts zu bringen. Er scheitert, wie man sich leicht denken kann; zu sehr klaffen Anspruch und Wirklichkeit auseinander, zu fremd sind sich der »Intellektuelle«, der zudem als Repräsentant des unterdrückerischen Staats und seiner Bürokratie empfunden wird, als dass daraus wirklich Segensreiches sich entwickeln könnte. Dabei belässt Edgü es nicht beim wohlfeilen Beschuldigen der einen oder anderen Seite, sondern lässt die Realität sprechen, wie sie nun einmal ist, das wechselseitige Unverständnis und Misstrauen unter den Menschen der Region. Dass das seine Gründe hat, weiß ohnehin jeder. Das Buch ist auch verfilmt worden und hat über den Film auch seinen Weg nach Europa und Deutschland gemacht. Der von Zeit zu Zeit immer wieder aufflammende Konflikt im Südosten des Landes macht deutlich, dass Edgü mit seinem Roman ein Thema berührt, das wohl noch auf absehbare Zeit aktuell bleiben wird. Die unerledigte Minderheitenfrage – der religiösen wie die der ethnischkurdischen – gehört zu den Erbübeln der Neuordnung der Türkei nach dem Ersten Weltkrieg. Nicht nur kurdischer Separatismus und Radikalismus, auch der wenig kompromissfreudige türkische Nationalismus, der in letzter Zeit vielleicht sogar zugenommen hat, stehen sich bei der Normalisierung der Beziehungen zwischen Kurden und Türken im Wege.

Sozialer Realismus (sosyal gerçekçilik) und Psychologie, um von der Regionalliteratur wegzukommen, prägen die Werke eines Schriftstellers, der in der Türkei ebenfalls als wichtiger Pionier und Vorläufer all dessen, was danach kam, verehrt wird: Sabahattin Ali (1907–1948). Der Autor, dessen verwandtschaftliche Beziehungen zum ottomanischen Herrscherhaus ihn nicht davon abhielten, ein politisch Linker zu werden, gilt darüber hinaus als Märtyrer der Literatur, denn es kann als sicher gelten, dass er beim Verlassen der Türkei in Richtung Bulgarien an der Grenze von Staatsorganen erschossen wurde. Seine starken linken Sympathien – damals unter vielen Autoren verbreitet, Nazim Hikmet (und andere) saßen im Gefängnis – bestimmten, neben seinem Interesse für psychologische Fragen, seinen Horizont als Schriftsteller. Der realistischen Prosaerzählung verhalf er endgültig zum künstlerischen Durchbruch. Ali, im griechischen Komotini (türkisch: Gümülcine) geboren, arbeitete als Lehrer, unter anderem für Deutsch, denn er hatte sich seit 1928 einige Zeit in unserem Land aufgehalten. Die realistische deutsche Literatur, Alfred Döblin, Bertolt Brecht und andere beeindruckten ihn. Mitte der dreißiger Jahre, nach seiner Rückkehr, erschienen »Kagni« (»Der Karren«) und »Ses« (»Die Stimme«), deren wirklichkeitsnaher, doch auch psychologisch stimmiger Stil dem Autor zu frühem Ansehen verhalfen. Als Meisterwerk dieses Realisten gilt der im Jahre 1940 erschienene Roman »Içimizdeki Şeytan« (»Der Teufel in uns«), in dem das Verhältnis der Geschlechter in einer für die damalige Zeit ungewöhnlich offenen Art und Weise aufgegriffen und dargestellt wird. In einer noch immer sehr konservativen, im traditionellen Islam wurzelnden Gesellschaft wie der türkischen ist diese Thematik auch heute noch ein ungleich heißeres Eisen als in Europa.

Zu den ganz Großen der türkischen Prosaliteratur wird man eines Tages wahrscheinlich Ahmet Hamdi Tanpinar (1901–1962) rechnen. Dieser Autor, in spätosmanischer Zeit als Sohn eines Beamten groß geworden und zwischen Mossul im heutigen Irak und Istanbul sozialisiert, galt lange Zeit als lyrischer Dichter und als Ästhetiker, denn er verdiente sein Geld bis zu seinem Tod als Professor an der Güzel Sanatlar Akademisi, der Akademie für Schöne Künste, in Istanbul. In dieser Position trat er mit literarischen Essays hervor, die ganz unter dem Einfluss seines wichtigsten Lehrers, Yahya Kemal Beyatli, standen. Tanpinar war bei vielen Intellektuellen umstritten, weil er vor jenem eindeutigen gesellschaftlichen Engagement zurückschreckte, das insbesondere die linken und kemalistischen Schriftsteller mit Begeisterung eingingen. Bin ich ein Linker, bin ich ein Rechter? Diese Frage wusste der Autor am Ende seines Lebens selbst nicht zu beantworten. Von Proust und Bergson beeinflusst, dazu von Mevlâna Rumi, ein Freund der Musik Beethovens und Debussys, war er ein Wanderer zwischen Orient und Okzident, ein Autor der Schwebe, der Zeitlosigkeit, vielmehr der Rekapitulation und »Aufhebung« (im Hegel'schen Sinne) der Zeit. Von seinen Romanen und Erzählungen – sein Werk ist relativ schmal – hat in den vergangenen Jahren der schon 1949 erschienene Roman »Huzur« (»Harmonie«) für Furore gesorgt. In diesem umfangreichen Werk, das in den dreißiger Jahren des vorigen Jahrhunderts spielt und mit Beginn des Zweiten Weltkriegs endet, gestaltet der Autor anhand seiner vier Hauptprotagonisten seinen ganzen geistigen Kosmos und liefert darüber hinaus noch einen Roman, in dem die Stadt Istanbul gewissermaßen Mitspieler der Handlung ist. Menschenschicksale werden in psychologisch tiefgründiger Weise mit der Umbruchsituation der Zeit verwoben. Der Titel »Harmonie« ist natürlich verfremdend gemeint.

Fast existenzialistisch zu charakterisieren ist das Romanwerk von Yusuf Atilgan (1921–1989), einem Schriftsteller, der ein schmales Werk hinterlassen hat, aber großes Ansehen genießt. Mit seinem Erstling, dem 1959 erschienen Roman »Aylak Adam« (»Der Müßiggänger«) erregte der in Manisa geborene Autor, der auch als Journalist tätig war wie so viele Schriftsteller der Türkei, Aufsehen und Interesse. Einzelgängertum, Ausgesetztheit und Fremdheit inmitten der Gesellschaft prägen auch den Roman »Anayurt Oteli« (»Hotel Heimat« oder »Hotel Mutterland«) aus dem Jahre 1973.

In der türkischen Prosaliteratur herrscht, wie anderswo auch, schon lange eine ungeheure Vielfalt der Themen, von Beziehungsgeschichten angefangen über Familiensagas bis hin zu historischen Romanen, etwa jener von Nedim Gürsel (Jahrgang 1951). Dies hat gewiss auch mit der Entwicklung der Zivilgesellschaft zu tun und mit den demokratischen Prozessen, die trotz der Rückschläge durch die Militärinterventionen nach dem Zweiten Weltkrieg nicht aufzuhalten sind. In den vergangenen Jahren hat auch der Kriminalroman und der Politthriller in der Türkei Fuß gefasst, zum Beispiel mit Ahmet Ümit (Jahrgang 1960), der es liebt, beide Genres miteinander zu verquicken: »Gece ve Sis« (»Nacht und Nebel«). In den vergangenen zwei Jahrzehnten ist eine Vielzahl von Autoren und Autorinnen hervorgetreten, was umso erstaunlicher ist, als die Türken noch immer kein Volk von Lesern sind. Gerade Orhan Pamuk beklagt dies immer wieder. Immer noch ist das gesprochene und gehörte, weniger das geschriebene Wort in der islamischen Kultur von größerer Bedeutung, insbesondere bei den einfacheren Leuten. Eine gewisse Rolle spielt auch das Fernsehen: Die islamischen Gesellschaften sind aus stark analphabetisch geprägten Verhältnissen innerhalb weniger Jahre zur visualisierten Weltwahrnehmung durch die Tele-Medien gelangt. Europa hingegen ist durch das Lesen als weit verbreitete Kulturtechnik hindurchgegangen, bevor es von der Fernsehwelle überrollt wurde.

Es ist erstaunlich, dass angesichts dieser Verflachung in einem Land, in dem ohnehin nicht viel gelesen wird, eine ganze Anzahl von Autoren und Autorinnen auf den Plan getreten ist und Werke von beachtlichem Niveau vorgelegt hat, etwa Bilge Karasu (geb. 1930), Selim Ileri (geb. 1949), Erendiz Atasü (geb. 1947) und andere. In der jüngsten Vergangenheit hat zum Beispiel der Roman eines Schriftstellers Aufsehen erregt, der lange Zeit Fernsehjournalist war, bevor er sich dem Schreiben widmete: »Gezgin« (»Der Wanderer«) von Sadik Yalsizuçanlar. Der Protagonist dieses Romans ist eine der größten Figuren der islamischen Geistesgeschichte, der andalusische, aus Murcia stammende Sufi-Denker und Mystiker Muhyittin Ibn-i Arabi (1176–1240). Er führte ein unstetes Wanderleben, das ihn vom Maghreb über Ägypten und das heutige Saudi-Arabien, wo die heiligen Stätten des Islams liegen, bis nach Syrien führte; dort starb er und wurde begraben. In Damaskus soll er mit dem jungen Mevlâna Celâlettin Rumi zusammengetroffen sein und ihn in seine sufischen Doktrinen eingeweiht haben. Ibn-i Arabi ist der Schöpfer eines philosophisch-mystischen Systems, das als *vahdet-i vücud* bezeichnet wird, als Einheit des Seins. Diese metaphysische Einheitsvision der Welt kann mit Begriffen wie »idealistischer Monismus« oder »Pantheismus« nur unvollkommen beschrieben werden. Jedenfalls hat Yalsizuçanlar mit diesem Romanwerk an eine spirituelle Tradition erinnert, die in der Türkei gepflegt werden sollte.

In den großen Romanen des Nobelpreisträgers Pamuk, dem wir uns noch eingehender widmen werden, ist eine Vielfalt all dieser Themen und ihrer Gattungen miteinander verwoben, einmal mehr, einmal weniger. Praktisch alle Romane sind auf je eigene Weise Kriminalgeschichten, in denen es um das Verfolgen einer Spur geht. Historische Romane sind sie insofern, als sie entweder in vergangenen Zeiten spielen oder diese Zeiten als historischer, politischer und kultureller Hintergrund bedeutsam sind. Alle Romane sind auch von Anziehung und Abstoßung der west-östlichen Verhältnisse und Beziehungen geprägt, was ihre Spannung erhöht, aber auch ihren Gesichtskreis erheblich erweitert. Man geht kaum fehl in der Annahme, dass Orhan Pamuk mit seinem gesamten Romanwerk das leisten will, was seine nichttürkischen Vorbilder geleistet haben: das eigene Land für sich selbst, insbesondere aber auch für andere verstehbarer zu machen. Gerade auch die politischen Verschiebungen der jüngsten Zeit hin zu einer Regierungspartei und einem Staatspräsidenten, die aus der islamischen Bewegung herausgewachsen sind, machen deutlich, dass der mühsame Prozess der Identitätsfindung in der laizistischen Türkischen Republik noch nicht abgeschlossen ist. Vor allem die Prosawerke haben dabei eine herausragende Bedeutung. Interessant ist in diesem Zusammenhang, dass im Frühjahr und Sommer des Jahres 2007, als es zu massiven, obschon vergeblichen Demonstrationen der Opposition gegen den Präsidentenkandidaten Abdullah Gül von der islamisch-konservativen Regierungspartei kam, die Schriftsteller sich merklich zurückhielten. Im Folgenden sollen deshalb, neben Orhan Pamuk, noch einige andere Autoren behandelt werden, die mit Romanen und Erzählungen von großer Bandbreite zu diesem Prozess der Klärung beigetragen haben und im Lande selbst längst moderne Klassiker geworden sind. Sie standen beileibe nicht immer im gleichen politischen Lager. Heute ist die Zeit, da ein Autor unbedingt links sein musste, ohnehin vorbei. Es reicht, wenn er Demokrat ist. Der Literatur hat diese Öffnung der ideologischen Verkrampfungen gut getan.

Satiriker und Menschenfreund
Über Aziz Nesin

Als der türkische Schriftsteller Aziz Nesin am 6. Juli 1995 in dem Urlaubsort Çeşme bei Izmir nach einer Lesung aus seinen Werken starb, trauerte (fast) das ganze Land. Die Nachrufe in der Presse wurden schon bald in einem ansehnlichen Band veröffentlicht, der sage und schreibe etwa 700 Seiten umfasste (»Aziz Nesin güle güle« – »Auf Wiedersehen, Aziz Nesin«). Mit Aziz Nesin hatte die Türkei nicht nur einen über die Grenzen seines Landes hinaus bekannten Schriftsteller verloren, sondern auch einen Weisen, der den Regierenden, ja den Autoritäten und Mächtigen insgesamt immer wieder ins Gewissen geredet hatte – und zwar auf die nur ihm eigentümliche Weise. Aziz Nesin war und schrieb unverwechselbar. Der Autor war fast achtzig Jahre alt, als er starb.

Aziz Nesin verband in seinen mehr als 130 Büchern (den Nachlass nicht eingerechnet), die Erzählungen, Romane, Gedichtbände und Theaterstücke umfassen, sowie in seinen zahlreichen journalistischen Arbeiten sprachliche Prägnanz mit intellektueller Schärfe, dazu den Humor mit einer in vielen Fällen treffenden Kritik, die dem Volk aus dem Herzen gesprochen hat. Viele hundert Male stand Aziz Nesin deshalb sprichwörtlich vor dem Kadi, insgesamt – rechnet man alles zusammen – inhaftierte ihn sein Land für fünfeinhalb Jahre, was in der Literaturlandschaft der Türkei, gerade auch im 20. Jahrhundert, im Grunde einem Ritterschlag gleichkommt. Selbst Konservative schätzten das gesellschaftliche und politische Engagement dieses Sozialisten, weil es ehrlich war; und konservativ ist der größte Teil des türkischen Volkes bis heute ohnehin geblieben. Nesin verschonte weder verbohrte islamische Geistliche noch die Militärs, weder hohe Politiker noch das Volk, wenn es in seinen Augen versagte. In den letzten Jahren seines Lebens übte er mehr und mehr auch Kritik an der Lauheit und Laxheit europäischer Intellektueller; da stand er im Zentrum der Debatte um Salman Rushdie und dessen in der islamischen Welt verfemten Roman »Die Satanischen Verse«. Er hatte sich ganz entschieden für die Freiheit, ein solches Werk zu schreiben und zu publizieren, ausgesprochen und wollte es sogar ins Türkische übersetzt sehen. Das schlug bei vielen wie eine Bombe ein und brachte den Autor in Lebensgefahr.

Der Dichter war ein Istanbuler. Unter dem Namen Mehmet Nusret wurde er auf Heybeliada, einer der Prinzeninseln, die der Stadt vorgelagert sind, am 20. Dezember 1915 in eine eher ärmliche Familie hineingeboren, mitten im Ersten Weltkrieg, als das Osmanische Reich seinem Ende entgegenging. Immer hat er seine Eltern hochgeschätzt, vor allem die Mutter, die früh starb, und der er viel zu verdanken hatte. Die Eltern taten trotz ihrer beschränkten Mittel alles, um ihrem Sohn eine gediegene Bildung zu vermitteln. Sie brachten Mehmet auf der berühmten Militärakademie von Kuleli am Bosporus unter, die er bis 1935 besuchte. Doch man hätte sich kaum einen Menschen vorstellen können, der für die Offizierskarriere weniger geeignet gewesen wäre als Aziz Nesin. Zeitlebens verabscheute er Drill und hinterfragte nicht rational einsichtige Unterordnung. So verließ er die Militärakademie, 1945 endgültig auch die Armee und versuchte sich als freier Schriftsteller und Journalist durchzuschlagen, ein Abenteuer, das in einem Land wie der Türkei zur damaligen Zeit noch aberwitziger war als es das anderswo ist. Auch mit der gediegenen religiösen Bildung, die er erhalten hatte, wusste er wenig anzufangen: Aziz Nesin blieb sein Leben lang ein Skeptiker, er bezeichnete sich selbst als Atheist: Er wollte, dass die Menschen ein selbstbestimmtes Leben führen, nicht am Gängelband irgendeiner Dogmatik entlanggeführt werden. Seine Neigung zur undogmatischen politischen Linken wird auf diese Weise verständlich. Es war eine Wahl, die – ganz ähnlich derjenigen für einen dezidierten Islam bei anderen Autoren und Intellektuellen – in der jungen Republik, die ganz auf Atatürk und seine Reformen fixiert war, nur zu Schwierigkeiten führen konnte. Unter Atatürks Nachfolger Ismet Inönü begann der ehemalige Kadett unter dem Namen »Aziz Nesin« zusammen mit dem Prosaisten Sabahattin Ali (1909–1948), dem Begründer der realistischen Schule in der türkischen Literatur, der auch sein Freund wurde, zu publizieren. Erst vor wenigen Jahren hatte man Familiennamen eingeführt in der Türkei; der Journalist Nusret nannte sich bewusst »Nesin« mit Nachnamen, was übersetzt heißt: »Was bist du?« Ein sprechender Name, der seinen Träger bis zum Lebensende in jenem fragenden Sinne begleitete, als Suche nämlich nach sich selbst. Aziz Nesin machte literarische, satirische Zeitschriften zum Sprachrohr für seine Texte: »Markopaşa«, »Malumpaşa«, »Merhumpaşa« und »Ali Baba«. Die wechselnden Namen erklären sich daraus, dass die Zeitschriften immer wieder verboten wurden und immer wieder unter anderem Namen neu gegründet werden mussten. Sabahattin Ali übrigens, Nesins bester Freund, der wegen seiner linken Gesinnung bald große Schwierigkeiten mit der Regierung bekam, wurde unter bis heute nicht ganz geklärten Umständen an der türkischbulgarischen Grenze »auf der Flucht erschossen«. Der Verdacht auf Staatsterrorismus ist begründet.

Nesin machte freilich weiter mit seinen kritischen Artikeln. Er meinte einmal selbst, eigentlich habe er die Menschen mit seinen Texten mehr zum Weinen und zur Rührung bringen wollen, doch sie hätten immer gelacht. So habe er schließlich sein Metier und seinen Stil gefunden. Ende der vierziger Jahre »verbannte« ihn der Staat von seinem geliebten Istanbul nach Bursa, auf das anatolische Festland. Der republikanische Staat, in dem alles besser und fortschrittlicher sein sollte als zuvor, bediente sich auf diese Weise desselben Mittels wie das Osmanische Reich, das missliebige Autoren und Geistesgrößen ebenfalls in das innertürkische Exil geschickt hatte, etwa in den Jemen oder nach Zypern.

Nach seiner Rückkehr eröffnete Aziz Nesin 1952 in Istanbul eine Buchhandlung, blieb aber immer Mitarbeiter verschiedener Blätter und gab eigene heraus. Wegen »Propaganda für den Kommunismus« und »Untergrabung der Grundlagen der Republik« kam er viereinhalb Monate in Untersuchungshaft, wurde aber schließlich freigelassen. Bis vor Kurzem war dies die übliche Methode des türkischen Staates, kritische Autoren oder andere vermeintliche Gegner mundtot zu machen. Verstöße gegen die Verfassung ließen sich immer schnell finden, gegen Linke ebenso wie gegen dezidierte Muslime. Wie viele in der Türkei damals lehnte Aziz Nesin die bedingungslose Annäherung seines Landes an die Vereinigten Staaten von Amerika und dessen Einfügung in die Nato ab. In jenen Jahren regierte Adnan Menderes mit seiner Demokratischen Partei, der allen Linken ohnehin ein Dorn im Auge war, aber 1950 aus den ersten wirklich pluralistischen Parlamentswahlen als Sieger hervorgegangen war. Nesin gab als Verleger die Zeitschrift »Zübük« heraus, doch schon 1962 wurde sein Verlag, dem er den Namen »Düşün« (»Denke nach!«) gegeben hatte, Opfer eines Brandanschlags, dessen Täter und Hintermänner aber niemals gefasst wurden. Der Verdacht, dass dies auch gar nicht geschehen sollte, liegt nahe.

In seinem langen Schriftstellerleben ist Aziz Nesin viele Male vor die staatlichen Autoritäten zitiert worden, und dies, obwohl er seit 1977 Vorsitzender der Türkischen Schriftsteller-Gewerkschaft gewesen ist, oder eben gerade deswegen. Als er schon fast achtzig war, schreckten seine Feinde nicht davor zurück, einen Anschlag auf sein Leben zu unternehmen. Anfang Juni 1993 fand in der ostanatolischen Stadt Sivas, einem Zentrum des islamischen Fundamentalismus, ein Treffen von Liedermachern, Dichtern und anderen Intellektuellen statt, die dort des großen mystisch-heterodoxen Poeten Pir Sultan Abdal gedenken wollten. Dieser alevitische Sänger der volkstümlichen Sufi-Tradition, wir haben darüber im Zusammenhang mit der türkisch-anatolischen Volksdichtung schon berichtet, war im 16. Jahrhundert in der Stadt wegen seiner unorthodoxen, schiitisch-radikalen Neigungen von dem Gouverneur Hizir Pascha grausam hingerichtet worden – wegen schiitischer »Ketzerei«. Die von ihm und seinem Werk ausgehende poetische Tradition ist auch noch heute für viele alevitische wie generell »linke« Autoren ein Vorbild, da sie für freiheitliche und demokratische, volksnahe Traditionen des türkischen Denkens steht. Bis heute wird die alevitische Volksdichtung bei den Gemeindeversammlungen rezitiert, aber auch bei rein weltlichen Kulturveranstaltungen zum Besten gegeben. Meistens zur türkischen Laute, der *saz*, also mit musikalischer Begleitung.

Nesin nahm an diesem Kongress teil, denn auch er verehrte diesen Dichter Pir Sultan Abdal, der bereit gewesen war, für seine abweichenden religiösen wie politischen Überzeugungen den Tod am Galgen zu sterben. Die Streitereien innerhalb der alevitischen Gemeinde interessierten ihn indessen weniger. Vor dem Madimak-Hotel, in dem die Literaten abgestiegen waren, versammelte sich alsbald eine fanatisierte Menge, als sie gehört hatte, auch Aziz Nesin, der Unterstützer des »Ketzers« Salman Rushdie, sei da. Nesin, wir sagten es schon, wollte dessen Roman übersetzen lassen. Für die Islamisten war dies eine Herausforderung ohne Beispiel, die das Maß voll gemacht hatte. Sie begnügten sich freilich nicht mit dem Demonstrieren, was noch hingegangen wäre, sondern steckten das Hotel in Brand. 37 Menschen starben, Nesin konnte über eine Leiter vor dem Erstickungstod gerettet werden, aber nur, weil ihn die fanatisierte Menge nicht gleich erkannte. Der Dichter war damals 78 Jahre alt, und die Frömmler hätten demnach nicht davor zurückgeschreckt, sich an einem Greis zu vergreifen.

Zum Skandal der Vorgänge in Sivas kam noch ein weiterer hinzu: Aus der Politik verlauteten zwar Verurteilungen des Vorfalls, man fügte jedoch an, Aziz Nesin habe die Gegner durch sein provozierendes Verhalten herausgefordert. Mit anderen Worten: nicht der Mörder, der Ermordete ist schuldig. Damals war Frau Tansu Çiller Ministerpräsidentin des Landes. Zu den Hintergrundinformationen dieser Krise und der Reaktionen darauf gehört auch, dass die Aleviten, immerhin ein nicht unbeträchtlicher Teil der Muslime des Landes, immer noch nicht im Diyanet, dem Amt für Religiöse

Angelegenheiten in Ankara, vertreten sind, was sie schon lange fordern. Von dort ist immer wieder zu hören, dessen bedürfe es gar nicht, denn das Diyanet repräsentiere alle Muslime, also auch die Aleviten. Doch die gelebte Wirklichkeit widerspricht solchen Behauptungen.

Warum gehen wir so ausführlich auf diese Ereignisse ein? Sie zeigen, wie auch noch Jahre später das öffentliche und gefährliche Kesseltreiben gegen den prominenten Autor Orhan Pamuk, dass unbequeme Geister in der modernen Türkei längst nicht den Spielraum der Kritik haben, wie das in einer demokratischen Zivilgesellschaft selbstverständlich sein sollte. Und der Vorgang machte (wie andere auch) deutlich, wie recht ein Schriftsteller wie Aziz Nesin hatte, immer wieder auf die schädlichen Folgen von Dogmatismus und Fanatismus hinzuweisen, gleichgültig wo und bei wem sie anzutreffen sind. Nicht allein die Frommen kritisierten ihn und die Nationalisten, sondern auch nicht wenige Linke warfen ihm zeitweise »Verrat« vor, als er den Stalinismus ebenso kritisch attackierte wie den Kapitalismus. Bis zuletzt verstand sich der Schriftsteller als Anwalt des selbstbewussten Individuums und seiner unveräußerlichen Rechte.[34]

Obwohl im Laufe der Jahre insgesamt zwanzig Bücher Nesins ins Deutsche übersetzt wurden, ist er doch nie wirklich populär geworden, wie etwa Yaşar Kemal oder Fakir Baykurt. Lag das daran, dass er Kritik in Humor verpackte, eine Erzählweise, die bei den inhaltsschweren Deutschen, insbesondere ihren Literaturkritikern, im Allgemeinen nicht so gut ankommt? Das merkt man ja daran, wie wenig in der »ernsthaften Literaturkritik« die eigenen Humoristen gelten, von ganz wenigen Ausnahmen einmal abgesehen. In seiner Heimat hingegen erlebten die Bücher Nesins immer höhere Auflagen, obwohl die Türken eigentlich kein Volk von Lesern sind. Für seinen speziellen, bisweilen sarkastischen Humor fand Nesin das bezeich-

---

[34] Ich selbst wurde erstmals in den sechziger Jahren mit den Werken von Aziz Nesin bekannt. Damals, 1962, erschien im Paul Neff-Verlag eine Sammlung von 28 kurzen Geschichten unter dem Titel »Der unheilige Hodscha. Türkische Humoresken«, übersetzt von Sepp Finger. Der Untertitel traf die Sache. Es waren zum Schmunzeln und Lachen reizende Geschichten, die mir köstlich ausgedacht schienen, bis ich später bemerkte, wie viel realen Hintergrund sie hatten. 1968 bereiste ich zum ersten Mal die Türkei – Edirne, Istanbul, Bursa, Ankara, Adana, Izmir. Da sah ich leibhaftig die Figuren, die der Dichter liebevoll-sarkastisch beschrieben hatte. Man musste sich nur umschauen in den Straßen und auf den Plätzen.

nende Wort *gülmece*, abgeleitet von *gülmek* (lachen); er will einen Unterschied machen zu dem, was mit dem traditionellen Begriff für Humor, *mizah*, bezeichnet wird. Humoresken sind ja innerhalb des Gebietes Humor eine eigene Spezies, die sich vom bloßen Witz und anderen Arten humorvollen, zum Lachen reizenden Amusements oder Schmunzelns unterscheiden. Menschliche Schwächen und Eigentümlichkeiten werden mit einem gewissen Sarkasmus, aber auch mit Verständnis aufgespießt. Auf dieser Ebene ist der Schriftsteller tatsächlich als ein moderner und legitimer Nachfolger jenes Nasrettin Hoca zu verstehen, den die Türken als ihren »Eulenspiegel« verstehen und dessen Geschichten und Aphorismen zu ihrer alten, volkstümlichen Literatur gehören. Zwar zeigt man heute in der Stadt Akşehir sein Grab, doch könnte es sein, dass hier – bezogen auf wen auch immer – eine bestimmte Erzähltradition im gesamten Orient zu einem Topos geworden ist. Auch in Buchara kennt man Geschichten von Nasrettin Hoca, und in den arabischen Ländern die Streiche von Dschuha oder Hudscha, die sich sogar bis zu den sizilianischen und italienischen Volkshumoristen verbreitet haben, aus deren Reservoir der Harlekin (arlecchino) hervorging.

Doch es gibt, der Autor ist alles andere als nur ein intelligenter Spaßvogel, natürlich auch noch politische Schriften von Aziz Nesin, wo der Humor buchstäblich zum Galgenhumor wird: »Surnâme« (»Man bittet zum Galgen«) ist der einzige Roman Nesins, der gegenwärtig noch auf dem deutschen Markt zu haben ist. Sein Originaltitel lautet nur »Surnâme«. Unter einem *surnâme* verstand man in osmanischer Zeit eine bestimmte Gedichtgattung: Wenn eine hochgestellte Persönlichkeit, etwa des Hofes, heiratete (nikah), oder wenn ein Prinz beschnitten wurde (sünnet), fanden vierzig Tage dauernde üppige Festlichkeiten und Volksbelustigungen statt, welche die Dichter in einem *surnâme* zu preisen hatten. 1973 nun kam der Dichter, wie er in seinem Roman selbst schreibt, in dem Istanbuler Stadtteil Burhaniye auf die Idee, ein republikanisches *surnâme* zu verfassen, das freilich eine ganz andere Volksbelustigung zum Thema haben sollte: eine öffentliche Hinrichtung. Solche gab es in der Türkei noch bis in die siebziger Jahre hinein. Im Mittelpunkt dieser bitterbösen Satire steht der Friseur – eigentlich Barbier – Hayri, der wegen der Schändung und Ermordung eines Jungen zum Tod am Galgen verurteilt wird, aber die Zeit bis zur Verkündung des Todesurteils und zur öffentlichen, als »abschreckendes« Staatsspektakel organisierten Hinrichtung noch im Gefängnis zubringen muss. Der Leser erhält Einblicke in die Verhältnisse türkischer

Gefängnisse mit ihrer streng hierarchischen Gliederung, mit ihren Beziehungsgeflechten zwischen den Häftlingen, ihren Aufgaben, Geschäften, Belohnungen und Leiden in einem Reich der Schatten, das sich freilich unter den Augen der Aufsicht abspielt. Ungekrönter Herrscher in diesem Schattenreich, in dessen Schutz die Verbrechen und Gewalttaten der Außenwelt (»Freiheit«) nur hinter die Gefängnismauern gewandert sind, ist »König Kamil«, der dort alles unter Kontrolle hat. Nur ganz beiläufig wird erwähnt, dass dieser Kamil nach einer Haftentlassung in einer Absteige im Viertel Fatih in Istanbul ermordet aufgefunden wird. Aber diese Geschichte wird nicht erzählt.

Hayri, der Todeskandidat, lernt sich zu behaupten. Er legt sich sogar vier Leibwächter zu. Selbstbehauptung des einzelnen, sexuelle Praktiken unter den Gefangenen, Geschichten über den Sexualverkehr, Sodomie und Päderastie, bestimmen den Alltag und die Gespräche der Gefangenen. Aziz Nesin benennt diese Dinge in ungewöhnlicher Offenheit. Überall auf der Welt sind Gefängnisse eine Welt für sich, doch unterscheidet sich der Strafvollzug je nach Land erheblich. Nesin kämpft mit diesem Buch nicht allein gegen die damals in seinem Land noch übliche Todesstrafe, sondern auch gegen die unmenschlichen, ja widermenschlichen Verhältnisse in den Gefängnissen.

Schließlich, drei Tage bevor man Hayri in einem öffentlichen Schauspiel (»Das Volk muss vor Verbrechen abgeschreckt werden«) henkt, kommt der Gefangene in das *kapali*, die geschlossene Todeszelle. Zuvor muss man aber noch den Henker Ali auftreiben, ein versoffenes Subjekt, das unter seinem »Beruf« leidet. Und natürlich muss auch die Bürokratie alles in Ordnung halten oder bringen: »Der schwierigste Punkt war der, aus welcher Kasse solche Ausgaben zu bestreiten wären. Das Steuerjahr ging zu Ende, der Etat war erschöpft. Das Ministerium hatte Sparmaßnahmen verfügt. Im Verzeichnis der abrechenbaren Hinrichtungsmittel waren Posten wie Galgenstützen, Seil, Olivenöl nicht aufgeführt. Zwar, verbuchen könne man sie, etwa unter Sonstige Ein- und Ausgaben, Paragraf 15129 des Haushaltsgesetzes, doch wo nähme man schlicht das Geld her? Man müsste einen Vorschuss beantragen. Nur, morgen war der Termin ...«[35]

Der Henker Ali wird gefunden. Der Barbier Hayri wird hingerichtet.

[35] Übertragung von Gisela Kraft und Semiramis Aydinlik

Aziz Nesin konnte kurz nach der Veröffentlichung des Romans erleben, dass die öffentlichen Hinrichtungen in der Türkei aufhörten. Geheime Hinrichtungen hingegen wurden bis zur Abschaffung der Todesstrafe »in Friedenszeiten« durch das Parlament im Jahre 2004 noch vollzogen. Dieser Erfolg der Humanität kam für seine Lebensspanne zu spät, obwohl er sicher war, dass in seinem Land Todesurteile über kurz oder lang abgeschafft würden. Er vertraute da auf die allgemeine Entwicklung des humanistischen Denkens, das im Zentrum seines gesamten Werkes stand.

Verwiesen sei auch auf den Roman von Aziz »Der einzige Weg« (»Tek Yol«), in dem türkische Literaturkritiker so etwas sehen wie einen klassischen Schelmenroman in modernem Gewand. Auch dieses Werk, dessen Schauplatz und Hintergrund an verwandte Publikationen in anderen Ländern erinnern, ist noch in deutscher Übertragung verfügbar. Ein Panorama eines türkischen Schilda wird vom Autor aufgeblättert, in dem menschliche Schwächen mit Verständnis und Sarkasmus dargeboten werden. Wer, wenn nicht er, hätte eine solche Geschichte überhaupt schreiben können?

In seiner Heimat weniger durchgesetzt haben sich die – meist vierzeiligen – Strophengedichte, die der Autor unter dem Titel »Aziznâme« (Buch des Aziz) zusammengestellt hat. Freilich darf man gespannt darauf sein, was der umfangreiche literarische Nachlass noch alles zu bieten haben wird. Ihn zu sichten, dürfte eine Sisyphusarbeit sein, nicht allein wegen seines Umfangs, sondern auch weil der Dichter für seine Entwürfe und Aufzeichnungen immer noch jene alte osmanisch-arabische Schrift verwendete, die er als Junge gelernt hatte. Dabei spielte vielleicht auch eine Rolle, dass solches Vorgehen eine gewisse Sicherheit gegen die Schnüffelei der türkischen Zensurbehörden bot. Nur wenige Menschen sind heutzutage in der Türkei in der Lage, Texte in der alten Schrift zu entziffern, geschweige denn zu lesen und wirklich zu verstehen. Der Lyriker Yüksel Pazarkaya, ein enger Freund Nesins, gehört zu den literarischen Nachlassverwaltern dieses Autors.

So wird noch manches Satirische aus der Feder dieses Humanisten publiziert werden, den man in Deutschland viel zu wenig kennt, obwohl er im Laufe seines langen Lebens viele Auszeichnungen erhielt, unter anderem auch deutsche Ehrungen wie den Carl von Ossietzky-Preis im Jahre 1993. Aziz Nesin hatte schon im Jahre 1973 ein eigenes Kinderdorf gegründet, in dem er Kindern und Jugendlichen aus wenig begüterten Familien wie auch Waisenkindern eine gründliche Ausbildung angedeihen lassen wollte. Diese

Nesin-Stiftung besteht bis heute in dem Istanbuler Vorort Çatalca und wird vom Sohn, Ali Nesin, einem Mathematiker und Künstler, geleitet. Die Kinder werden dort unentgeltlich in jenem kritischen und offenen Geist erzogen, der Aziz Nesin lebenslang selbst zueigen war. Das Individuum und seine umfassende Förderung stehen ganz im Mittelpunkt der pädagogischen Bemühungen und des Zusammenlebens überhaupt. Den Kindern sollen dort all jene Tugenden und Verhaltensweisen vermittelt werden, die in Europa zum Standard der Überzeugungen der Menschen gehören und ihre Institutionen tragen. Und inmitten seiner Kinder, auf dem Gelände seines Internats, wurde er, der von allen verehrte Hoca, auch begraben. Er hatte es so verfügt.

Die Kultur des Übersetzens
Des Nobelpreisträgers Orhan Pamuk west-östliche Spurensuche

Die Verleihung des Nobelpreises für Literatur im Jahre 2006 und des Friedenspreises des Börsenvereins des Deutschen Buchhandels 2005 an den Autor Orhan Pamuk machten deutlich, dass die Türkei auch auf dem Gebiet der Literatur Europa und den Europäern immer näher rückt, denn es war das erste Mal, dass ein Türke die höchste literarische Auszeichnung erhielt und bereits das zweite Mal innerhalb weniger Jahre, dass ein türkischer Schriftsteller den angesehenen Frankfurter Preis zugesprochen bekam. Schon 1997 war der auch außerhalb seiner Heimat populäre Autor Yaşar Kemal, dessen Hauptwerk »Memed, mein Falke« in viele Sprachen übersetzt worden ist, in der Paulskirche ausgezeichnet worden. Man sprach seither zu Recht davon, die türkische Literatur sei in Europa, wie auch im Rest der Welt im Kommen.

Pamuk erhielt den Nobelpreis für seine Vermittlerrolle im »Zusammenprall der Kulturen, besonders aber für seine »Jugenderinnerungen«, die nur wenige Wochen später auch auf Deutsch erschienen sind, den Frankfurter Preis aber unter anderem auch dafür, dass er in seinen Werken »Spuren des Ostens im Westen und des Westens im Osten sichtbar« gemacht habe, wie es in der Verleihungsurkunde treffend hieß. Orhan Pamuk sei ein kultureller Brückenbauer, der mit seinen großen Romanen eine eigenständige »Kultur des Übersetzens« – von einer Kultur jeweils in die andere – geschaffen habe.

Tatsächlich ist genau dies das wichtigste Anliegen dieses Autors, der die türkische Prosaliteratur, wie jetzt, offiziell beglaubigt, zweifelsfrei feststeht, endgültig auf Weltniveau gebracht hat. Er hat die Prosa, die traditionell immer im Schatten der Lyrik stand, als eigenständige Literaturgattung ebenso eindeutig emanzipiert wie sein muslimischer Vorgänger Nagib Machfus dies für die arabische Welt getan hatte. Vor allem in seinem vorläufig letzten Roman »Kâr« (»Schnee«) ist ihm das gelungen. Dieser Roman ist sein modernstes und vielschichtigstes Werk, sein bisheriges Opus magnum. Pamuk ist freilich noch so jung, dass noch einiges von ihm erwartet werden kann; so muss manches Urteil über ihn und sein Werk noch vorläufig bleiben. Anders als Yaşar Kemal, der im Grunde ein konventioneller Erzähler ist, ist Orhan Pamuk mit allen Wassern der klassischen wie modernen westlichen Romantheorien gewaschen und praktiziert diese Techniken des Erzählens, die Perspektivenwechsel, die Zeitsprünge und vieles andere immer meisterhafter.

Seine Themen ergeben sich aus der Suche nach der Identität seines Landes, der Türkei, zwischen ihrem osmanisch-islamischen Erbe einerseits und der europäischen Moderne andererseits, dies alles auf dem Hintergrund des heute stattfindenden, freilich ganz unterschiedlich bewerteten »Zusammenpralls der Kulturen« (»Clash of Civilizations«); hinzu kommen persönliche Erlebnisse und Erfahrungen wie bei jedem Autor dieses Formats. Ein ebenfalls wichtiges Thema für Pamuk ist die Stadt Istanbul, in welcher der Autor lebt und deren faszinierender Anziehung und Abstoßung er verfallen ist, anders kann man das kaum bezeichnen. Istanbul ist für ihn, wie für viele andere türkische Autoren auch, eine Welt für sich, ein geistiger, materieller und historischer Kosmos, dessen speziellen Charakter der Autor Pamuk in seinem der Stadt gewidmeten Erinnerungsbuch mit dem schlichten Titel »Istanbul. Hatiralar ve Şehir« (»Istanbul. Erinnerungen und die Stadt«) immer wieder auslotet und umkreist. Die Stadt ist auch für ihn weitaus mehr als nur Staffage und bloßer Hintergrund.

Der Schriftsteller ist 1952 in der Stadt am Bosporus geboren. Er stammt allerdings aus einer Familie, die ursprünglich in Anatolien beheimatet war. Der Großvater war Ingenieur (mühendis) und machte in den zwanziger und dreißiger Jahren des vorigen Jahrhunderts als Unternehmer ein Vermögen. In jenen Jahren ging es darum, in den meisten unterentwickelten Regionen Anatoliens ein modernes Eisenbahn-Schienennetz aufzubauen. Pamuks Vater hingegen, Gündüz Pamuk, war eher musisch als technisch begabt und besaß, wie der Autor in seiner Dankesrede in der Paulskirche ausführte, eine umfangreiche Bibliothek, die er als Junge und Jugendlicher »plünderte«. Schon der Vater bot ihm auf diese Weise die Möglichkeit, sich mit den großen Werken der europäischen Literatur des 19. Jahrhunderts zu beschäftigen, mit Balzac und Flaubert, mit Tolstoj und Dostojewskij, mit Melville und Dickens. Später las er dann auch die modernen Klassiker des 20. Jahrhunderts, Proust und Joyce, vor allem aber Thomas Mann, den er bis heute besonders verehrt. Damals wusste Pamuk freilich noch gar nicht, dass er einmal als Schriftsteller hervortreten werde. Sein Berufswunsch war zunächst Maler. Er malte, wie er selbst sagte, als Jugendlicher »wie besessen«. Allerdings ging er nach Beendigung der Schulzeit einen Kompromiss ein, indem er das Studium der Architektur aufnahm. Der Wunsch, ja der Drang zu schreiben wurde jedoch übermächtig. Er absolvierte an der Universität Istanbul auch ein Studium der

Journalistik und trat dann in die Fußstapfen seines Vaters; dieser hatte nämlich auch geschrieben, obschon die Familie das nicht wusste. Nach seinem Tod fand man in einem Koffer einige Manuskripte von Romanen und Erzählungen. In seinen Erinnerungen beschreibt Pamuk eine Jugend relativ vermögender und verwestlichter Kreise, die sich in vielem kaum vom Üblichen unterschieden haben dürfte. Belastet wurde die Familie dadurch, dass der Vater offenbar ein schlechter Kaufmann war und das Unternehmen finanziell kaum über die Runden bringen konnte; auch die zahlreichen Affären mit anderen Frauen verschweigt Pamuk nicht.

Erstes Aufsehen erregte Orhan Pamuk Anfang der achtziger Jahre mit dem Roman »Beyaz Kale« (»Die Weiße Festung«), einem Werk, das schon viele Charakteristika der späteren Romane des Autors enthält.[36] Es thematisiert bereits den Konflikt, respektive das komplexe Konfliktgeflecht Orient – Okzident, Westen – Islam, das Pamuk, wie viele andere Autoren heute, beschäftigt. Die Handlung spielt im 17. Jahrhundert im Osmanischen Reich der Köprülü-Wesire. Unter der Leitung dieser tüchtigen Familie erholte sich das angeschlagene Imperium der Türken damals vor allem finanziell so gut, dass es 1683 als End- und Höhepunkt einer neuen Eroberungswelle unter dem Großwesir Kara Mustafa Pascha in der Ukraine und in Podolien zur zweiten großen Belagerung Wiens ansetzen konnte, die beinahe erfolgreich verlaufen wäre für die Osmanen, wenn das Ersatzheer des polnischen Königs Sobienski nicht rechtzeitig eingetroffen wäre.

Die beiden Protagonisten der Handlung sind der Hodscha, ein türkischer Würdenträger, und ein Europäer, der von türkischen »Korsaren« entführt worden ist und an den Hof des Hodscha gebracht wurde, ein Schicksal, das zu jener Zeit gar nicht so selten war. Man denke nur an die insgesamt fünf Jahre während Gefangenschaft des Dichters Miguel de Cervantes am Hof des Beys von Algier. Cervantes hatte in der Schlacht von Lepanto 1571, die zwischen der vereinigten christlichen Flotte unter Don Juan d'Austria und der Flotte der Osmanen geschlagen wurde, mitgekämpft und dabei einen Arm verloren. Solche Geiselnahmen kamen immerhin so häufig vor, dass sie in der europäischen Kunst, wie wir wissen, oft als Thema aufgegriffen und gestaltet wurden, nicht allein in Mozarts »Entführung aus dem Serail«, sondern auch in vielen anderen sogenannten Türkenopern des späten 18. und frühen 19. Jahrhunderts.

[36] Das Buch ist, wie die meisten Romane Pamuks bisher, die auf Deutsch erschienen sind, von Ingrid Iren meisterhaft übertragen worden.

Auf diesem historischen Hintergrund nun entfaltet Pamuk eine Parabel vom west-östlichen Drama, das aus offener Feindschaft und geheimer Anziehung, Fremdheit und Vertrautheit, wechselseitigem Austausch und Zurückweisung besteht und sich gerade in der heutigen Zeit des (auch gewalttätigen) Clash of Civilizations, vornehmlich jedoch des Zusammenpralls mit dem Islam, bestürzend aktuell liest. Natürlich ist das vom Autor so gewollt. Als er diesen Roman schrieb, standen zwar die New Yorker Twin Towers noch, doch die Konfrontation war längst im Gange; im Jahre 1979 hatte in Iran Ayatollah Chomeini mit seinen Anhängern die Macht ergriffen unter der Devise: »Weder Westen noch Osten, sondern Islam!« Und im gleichen Jahr besetzte die Sowjetunion das fragile Afghanistan, um dort die Herrschaft ihrer kommunistischen, also im weitesten Sinne »westlich inspirierten« Gesinnungsgenossen zu stabilisieren. In der »Weißen Festung« gelingt es dem Autor zum ersten Mal, Tradition und Krisis der eigenen Kultur mit dem als bedrohlich empfundenen Aufbruch der fremden Kultur zu verknüpfen und mit Hilfe zweier Romanhelden paradigmatisch zu gestalten. Die unterschiedlichen Denkrichtungen und Lebenswelten der beiden Protagonisten treffen aufeinander, doch zur Katastrophe kommt es nicht.

Die Krise, von der hier zu sprechen ist, hat Orhan Pamuk übrigens auch persönlich durchgemacht und erlitten. In seiner durch und durch kemalistischen Familie galt allein das Moderne, Westliche etwas. Der Rest zählte nicht. Der Islam als gelebte Religion war weitgehend abwesend. Die sechshundert Jahre während Tradition der Osmanen waren für die Eltern nichts als jene von Mustafa Kemal Atatürk beschworene »Welt von Gestern«, eine Epoche der Entfremdung vom wahren Türkentum, ein Zeitalter der gesellschaftlichen und kulturellen Dekadenz, das es möglichst rasch zu vergessen und zu überwinden galt. In seinen Jugenderinnerungen in dem Band »Istanbul«, der im Jahre 2006 auch auf Deutsch erschienen ist, beschreibt Pamuk eindrucksvoll diese Kluft, die damals auch zwischen der verwestlichten Elite und den »Armen« bestand, insbesondere auch im Verhältnis zur praktizierten islamischen Religion, der man sich in jenen Kreisen nur noch formal zugehörig fühlte. Religion, das war nichts anderes mehr als ein Trost für die Armen, die Erniedrigten und Beleidigten. Eine strenge Zweiteilung, die in dieser Schroffheit in der gegenwärtigen Türkei nicht mehr auszumachen ist. Irgendwann einmal begann sich der junge Orhan Pamuk gegen diese Bildungsdiktatur aufzulehnen, als er demonstrativ im Monat Ramadan fastete. Das war in der kemalistischen Familie nicht mehr üblich gewesen. Atatürk hatte den Islam als ein den Türken im Grunde fremdes religiöses Konstrukt arabischer Beduinen begriffen, das es weitgehend abzuschütteln galt, wenn die junge Nation im Sinne westlicher Entwicklung voranschreiten wollte.

Diese Einstellung mag in der Zeit des national-revolutionären Umbruchs, da man nach neuen, modernistischen Ufern strebte, berechtigt gewesen sein, doch wird sie den historischen Leistungen des Osmanischen Reiches als eines universalistischen Staatswesens islamischer Prägung in vielen Belangen nicht gerecht. Orhan Pamuk jedenfalls wusste bis zu seinem 35. Lebensjahr nur wenig über die osmanische Geschichte und über die Traditionen dieses Reiches, vom Islam und seinen Institutionen angefangen bis zur höfischen Dichtung der osmanischen Türken und der Perser. Letztere haben insbesondere Sprache und Kultur dieses Imperiums, das sich über drei Kontinente erstreckte, wie ja hinreichend deutlich wurde, zutiefst beeinflusst. Heute ist Orhan Pamuk überzeugt, dass zur Identitätsfindung der neuen Türkei Geschichte und Kultur des Ottomanenreiches unbedingt beitragen müssen, auf eine natürliche, unverkrampfte, auch durchaus kritische Weise. Von bloßer Nostalgie hält er allerdings nichts. Dazu gehören die dunklen Seiten der Geschichte, so zum Beispiel die Armeniermassaker unter dem Sultan Abdülhamit II. und während des Ersten Weltkrieges unter den sogenannten Jungtürken – Ereignisse, für deren vorbehaltlose Aufklärung sich Pamuk seit Jahren einsetzt, gegen Revisionisten und Verharmloser, wobei das letzte Wort tatsächlich bei der historischen Forschung liegen muss. Wie groß die Widerstände gegen eine rückhaltlose Aufarbeitung etwa der Armeniermassaker sind, musste Pamuk am eigenen Leib erfahren, als man ihn der »Verunglimpfung des Türkentums« anklagte. Zwar wurde er nicht wirklich vor Gericht gestellt, aber von türkischen Nationalisten bedroht. Als der armenische, in Istanbul lebende Journalist Hrant Dink im Januar 2007 von einem nationalitischen, siebzehn Jahre alten Attentäter niedergestreckt wurde, war auch für Orhan Pamuk das Maß voll: Zuerst sagte er eine Lesereise in Deutschland ab, weil er die Drohungen von Seiten dort lebender Nationalisten ernst nahm; dann verließ er auch die Türkei, wo er gewiss gefährdeter war, und begab sich nach New York ins vorläufige Exil, das er von früheren Aufenthalten kennt. Wieder einmal musste ein türkischer Autor außerhalb der Heimat Schutz vor den eigenen Landsleuten suchen. Dass es am Ende dann doch nicht so schlimm kam und das Exil kein dauerhaftes ist, war vernünftigen Stimmen in der Türkei zu verdanken.

In den nachfolgenden Romanen »Kara Kitap« (»Das Schwarze Buch«), »Yeni Hayat« (»Das Neue Leben«), »Benim Adim Kirmizi« (»Rot sei mein Name«) und »Kâr« (»Schnee«) gelingt es dem Autor auf meisterhafte Weise, mehrere Handlungsstränge miteinander zu verbinden: ein kriminalistisch-investigatives Motiv, eine Liebesgeschichte und die kunstvolle Verflechtung der Erzählung mit den kulturellen, religiösen, gesellschaftlichen und politischen Hintergründen, auf denen sich die Handlung entfaltet. Hinzu kommen natürlich die individuellen Erfahrungen des Autors, vor allem aus seiner Jugend; besonders bei den Liebesgeschichten kann man mit gutem Grund die Meinung vertreten, dass Pamuk hier auch eigene Erlebnisse aus seinen frühen Jahren verarbeitet. Auch die Stadt Istanbul ist – wir deuteten es schon an – mehr als nur farbiges Ambiente; sie ist jene Stadt, in welcher der Schriftsteller arbeitet, lebt und atmet, die ihn zu seinen Geschichten inspiriert, weil er sich mit ihrem einzigartigen Charakter identifiziert. Wegen des typischen Kolorits und wegen des so wichtigen historischen Hintergrunds ist Orhan Pamuk ein besonders türkischer Autor, freilich ganz und gar nicht im Sinne einer unbefragten Harmonisierung oder jenes wohlfeilen Exotismus, den europäische Reiseschriftsteller vom Schlage etwa eines Lamartine, Pierre Loti oder Gerard de Nerval, oft pflegten, wenn sie die Stadt am Bosporus beschrieben. Mit ihnen und ihrer orientalisierenden Literatur ebenso wie mit den Malern und überhaupt europäischen Abbildnern Konstantinopels aus früheren Zeiten hat sich Pamuk ausführlich auseinandergesetzt. Doch man schlägt einen der Romane Pamuks auf und weiß schon auf der ersten Seite, dass es sich um ein türkisches Werk handeln muss. Mit den fremden Autoren, Franzosen vor allem, die in der Vergangenheit in Istanbul und im Türkischen Reich in erster Linie ihre Sehnsüchte und Projektionen im Sinne des Orientalismus suchen und finden wollten, geht Pamuk in seiner Autobiografie verständnisvoll, aber gleichwohl kritisch ins Gericht. Zu würdigen versteht er hingegen all jene Autoren, die in dieser Stadt lebten und vor ihm versuchten, ihr Wesen in ihren Werken einzufangen, etwa Ahmet Hamdi Tanpinar (1901–1962), von dessen Roman »Huzur« (»Harmonie«) Pamuk behauptet, es sei das größte Buch über Istanbul überhaupt. Ausführlich geht er in der Autobiografie auch auf Reşat Ekrem Kocu (1905–1975) ein, dessen vielbändige, ausufernde »Istanbul Ansiklopedisi« mit ihren Bildern und Artikeln zur Jugendlektüre Pamuks gehörte und ihm ein enormes Wissen über Geschichte, Kunst und Kultur seiner Vaterstadt vermittelten, das in die Romane einfließt.

Der Roman »Das Neue Leben« ist eine Art »Road Movie«, in die Welt der Literatur versetzt: Als Schauplatz dient wieder Anatolien, das den Autor und auch Fremde auf abstoßende Weise Faszinierende. Die Reise ist Suche des Helden im wörtlichen wie im übertragenen Sinn, eine Allegorie des Lebens. »Das Schwarze Buch« bietet ein faszinierendes Spiel voller Rätsel und Andeutungen, eine Suche nach der verschwundenen Geliebten voller Beziehungen zur islamischen Liebesmystik und ihrer poetischen Bildersprache, wie sie in Anatolien von einem Mevlâna Celâlettin Rumi und dem Derwischdichter Yunus Emre, der im 14. Jahrhundert lebte, entwickelt worden ist. Das Werk »Rot sei mein Name« spielt im Milieu der osmanisch-persischen Miniaturmaler im 18. Jahrhundert, in deren Reihen ein Mord geschieht. Dieser Roman ist nach Pamuks eigenen Worten besonders stark von Thomas Manns Roman »Doktor Faustus« beeinflusst. Die Rolle, die darin der Musik zukommt, spielt in diesem Roman, der auch eine Liebesgeschichte um die schöne Seküre enthält, die Malerei mit ihrem Formen- und Farbenspiel. Da spürt man auch das besondere Talent des Autors für diese einstmals von ihm favorisierte Kunst. Seküre ist übrigens auch der Vorname von Orhan Pamuks Mutter.

Welches Verständnis des Romans leitet Orhan Pamuk beim Schreiben? Der Dichter wurde in seiner Jugend, wie er hervorhebt, vor allem durch den Vater mit dieser Literaturgattung bekannt gemacht. Noch heute glaubt Pamuk, dass die vierhundert Jahre alte Erfindung des Romans – neben der klassischen Orchestermusik, der großen Symphonik im weitesten Sinne – zu den großartigsten und einmaligen Innovationen der europäisch-westlichen Kultur gehört. Über die »Optionen des Erzählens« im Roman sagte er in seiner Dankesrede in der Paulskirche: »Die andere Seite (des Romans) ist das, was mich in die Straßen von Frankfurt und Kars geführt hat: nämlich die Möglichkeit, die Geschichte eines anderen als unsere eigene Geschichte zu erzählen. So versuchen wir mittels von Romanen erst die Grenzen anderer zu verschieben und dann unsere eigenen. Die Anderen werden zu »uns«, wir zu den »Anderen« … So kann der Roman auch viel eher die Wirklichkeit beschreiben als politische Analysen und andere, eher abstrakte Gebilde der Wirklichkeitsbetrachtung, die oft zu einseitig oder zu sehr von Interessen geleitet sind. Aus den großen Werken Dostojewskijs, Tolstojs oder Balzacs erfahren wir, nach Pamuks Worten, Authentischeres über das Russland der Zaren oder über das Frankreich des bürgerlichen Zeitalters als durch viele gelehrte historische Rekonstruktionen.

Wie zur Illustration dieser These liest sich denn auch Pamuks bisher komplexester Roman: »Schnee«. Auch in ihm sind alle bisher aufgezählten Ingredienzien vorhanden: die Liebesgeschichte zwischen dem Helden Kerim, abgekürzt immer Ka genannt, und der Geliebten Ipek, seine investigatorische Aufgabe sowie der Kulturkampf der Türkei, in dessen Auseinandersetzungen er hineingerät. Ka, der eine Zeit lang im Frankfurter Bahnhofsviertel gelebt hat, das er entsprechend gut kennt, wird von der Zeitung »Cumhuriyet« (»Die Republik«) beauftragt, im Osten Anatoliens, in der Stadt Kars, zu recherchieren. »Cumhuriyet«, das muss man wissen, ist bis heute das Leibblatt der strengen Kemalisten. In Kars so heißt es, komme es zu Selbstmorden von Frauen und Mädchen, die man zwinge, das Kopftuch abzunehmen. Das Kopftuch gilt in der heutigen Türkei den Modernisten als Symbol und Ausweis von *irtica* (reaktionärer, religiöser Gesinnung). Lehrerinnen, Professorinnen, aber auch Studentinnen dürfen auf dem Campus das Kopftuch von Staats wegen nicht tragen, die Türkei folgt hier in ihrer Auffassung von der Laizität (*laiklik*) dem Vorbild der Französischen Republik. Erst seit Kurzem hat eine Verfassungsänderung in der Kopftuchfrage zu einer Lockerung der harschen Bestimmungen durch den Gesetzgeber geführt.

In Kars nun, einer Stadt, die in der Vergangenheit mehrfach zwischen der Türkei und Russland die Zugehörigkeit wechselte und bis zum Ersten Weltkrieg ein Zentrum auch der armenischen Kultur war, trifft der Held Ka auf eine Türkei en miniature, in der sich islamische Fundamentalisten und kemalistische Säkularisten, Mitarbeiter des Sicherheitsdienstes MIT sowie Offiziere der Armee, Angehörige religiöser Orden und Künstler, die zwischen allen Stühlen sitzen, in einem explosiven Beziehungsgeflecht gegenüberstehen und gleichzeitig in ihren Handlungen und Gedanken irgendwie miteinander verwoben sind. Natürlich gerät auch Ka zwischen die Frontlinien, denn ein Mord muss aufgeklärt werden, und die Hintergründe der Selbstmorde gilt es aufzuhellen. Ka begegnet dem islamistischen Terroristen Lapislazuli, doch auch einem Scheich der Nurcu- und Nakşbendi-Derwische; beide repräsentieren nicht gerade die Ideale, an die Ka glaubt, doch vermag er die Argumentation des Islamisten bis zu einem gewissen Grade sogar nachzuempfinden. In Gegenwart des Scheichs wird er, der Agnostiker, für wenige Augenblicke sogar von der Größe und Allmacht Gottes überwältigt, wie ihn überhaupt die Konfrontation mit dem Kosmos von Kars zum Spiegel der Ereignisse macht. Unter anderem zeigt sich das in neunzehn Gedichten, die Ka aus unterschiedlichen Anlässen verfasst und die der Leser niemals kennenlernt. Ganz beiläufig erfährt man durch den Chronisten auch, dass Ka Jahre später im Frankfurter Bahnhofsviertel ermordet aufgefunden wird – auch seine Pläne und Fantasien, die er in Bezug auf seine Geliebte Ipek entwarf, haben sich am Ende zerschlagen. Die aufwühlenden Ereignisse in Kars sind Episode geblieben.

Allerdings sagen sie, entsprechend Pamuks Auffassung vom Roman, mehr über die heutige Türkei aus als lange soziologische Traktate. Der Schriftsteller zeigt, wie sich eine unbewältigte Last der Geschichte, ungeklärte Fragen der Identität und ein gravierender Mangel an Toleranz zu einer explosiven Mischung zusammenballen. Bis heute zum Beispiel steht gerade die Stadt und Provinz Kars für das unbewältigte Armenier-Thema. Und bis heute auch hat die Republik Armenien territorialen Ansprüchen auf jene Regionen, die sie »Westarmenien« nennt, nicht entsagt. Ein wahrer Berg von Hindernissen steht einer Normalisierung der Verhältnisse im Wege. Dies aufzuzeigen und die Toleranz zu fördern, ist das Hauptanliegen Pamuks. Obwohl er sich nicht als politischer Autor versteht, ja sogar auf seinem »Elfenbeinturm« als Künstler beharrt, wird er damit eminent politisch, denn mit der Toleranz hapert es noch erheblich in der Türkei, die als Vollmitglied in der Europäischen Union ihren zukünftigen Platz im Gefüge der modernen Welt sieht. In diesem Kampf ist Pamuk auch bereit, sich mit der bis heute gängigen und gültigen Staatsräson anzulegen, die in der Bürokratie und in den Intellektuellen nichts anderes sieht als Transmissionsriemen ihrer selbst. Im späten Osmanentum wie in der Republik hatten die Intellektuellen, wie wir vor allem in der Tanzimat-Epoche schon gesehen haben, die grundsätzliche Aufgabe, den von oben verordneten Fortschritt, die Modernisierung und Verweltlichung der Gesellschaft, des Staates und seiner Institutionen, kompromisslos unter das Volk zu bringen, zunächst die Reformen der letzten Sultane, dann Atatürks Aufbruch und die dazugehörende Ideologie, die in den »sechs Pfeilen« (»alti ok«) der Republik zum Ausdruck kam. Leute wie Pamuk nun begreifen sich als Aufklärer, die sich freilich nicht länger vom Staat einseitig instrumentalisieren lassen wollen. So vertritt unser Autor zum Beispiel die Auffassung, dass man die »Kopftuchfrage« ein wenig gelassener und toleranter angehen sollte als bisher, wo der strenge Laizismus – den man auf anderen Feldern überdies nicht mehr streng beachtet, wenn es einem politisch gerade nutzt – zur Verhärtung der Fronten zwischen den »Weltlichen«

und den »Frommen« beigetragen hat. Auch bricht nicht gleich die Welt, respektive die Ordnung des Staates zusammen, wenn ein Politiker einmal Koranverse zitiert, auch wenn das an der Stelle offiziell unerwünscht ist.

Erst recht in den Nesseln gesetzt hat sich Orhan Pamuk, als er öffentlich bekannte, dass die Türken eine Million Armenier und 30000 Kurden umgebracht hätten und damit einen Aufschrei der Empörung hervorrief. Die Sache kam, wie wir schon sagten, bis vor den Staatsanwalt, obzwar der Autor dann doch nicht angeklagt wurde. Dabei ging es ihm keineswegs darum, wie man ihm von Seiten der Nationalisten unterstellte, Aufmerksamkeit im Westen zu erregen und dort – etwa um des Nobelpreises willen – das entsprechende Aufsehen zu erregen; er möchte vielmehr, dass die Türken beginnen, etwas weniger Mythos und etwas mehr Wahrheit, historische Wahrheit über diese komplexen, tatsächlich nicht einfach zu bewertenden Ereignisse der Geschichte ans Tageslicht zu bringen. »Der Westen zeichnet immer unsere Verräter aus«, ist ein Satz, der aus diesem Anlass immer wieder zu hören war und doch diesem Schriftsteller, wie auch vielen anderen intellektuellen Kritikern, überhaupt nicht gerecht wird. Pamuk geht es nicht um den Skandal um seiner selbst willen, um bloße Provokation, um die Schlagzeilen (deren hat er mittlerweile genug), sondern auch um einen unverkrampfteren Umgang mit Kritik, selbst wenn man diese als einseitig oder gar ungerecht empfinden mag.

Pamuk strebt, obwohl von ihm bis heute keine theoretische Schrift bekannt ist, welche diese Ideen ausbreitet, politische und gesellschaftliche Verhältnisse an, in denen man dem Kritiker Altäre errichtet, weil man das Schöpferische und Heilsame seines Ansatzes für die Allgemeinheit sieht und ihn nicht beschimpft. Im Grunde ist dies ein Thema aller in Transformation befindlichen Gesellschaften, die sich schwer damit tun, im Kritiker etwas anderes als eine zerstörerische Potenz oder einen »Verräter« zu sehen. Gegenwärtig ist die paradoxe Situation entstanden, dass die eher säkular denkenden Nationalisten der Türkei gegenüber Kritikern weitaus unduldsamer sind als die vormaligen Islamisten, die das Land seit 2002 regieren und offenbar hinzugelernt haben.

Bis zu einer Normalisierung des Verhältnisses müssen türkische Autoren freilich noch eine Menge Arbeit tun; denn hinter einer äußerlich oft beeindruckenden Fassade der Modernität, lauern in der Türkei – häufig in derselben Stadt oder Region – hinderliche Traditionen, von denen sich viele um einer vermeintlichen Kollektivehre willen nur schwer trennen können. Auch ist das Zivilisationsgefälle zwischen dem Westen des Landes und dem anatolischen Osten noch immer sehr groß. Doch was könnte für die Türken und die Türkei ehrenvoller sein, als einen Literaturnobelpreisträger hervorgebracht zu haben? Und für das gesamte Land ist es überdies gut zu wissen, dass es inzwischen auch noch über einige andere Autoren verfügt, die des Nobelpreises ebenfalls würdig wären.

Die Entscheidung des Nobelpreis-Komitees war schon deshalb richtig, weil der Geehrte in seinen Werken tatsächlich auf eine nicht anders als paradigmatisch zu nennende Weise all jene Fragen und Komplexe behandelt, die für das türkische »Volk« wie für die türkische Nation immer noch von überragender Bedeutung sind: das historische Erbe, die gegenwärtige und die künftige Identität. Unter diesem Gesichtspunkt, freilich nur unter diesem, befindet sich die zeitgenössische türkische Literatur trotz aller Modernität und Zeitgemäßheit auch und gerade in formaler Hinsicht, inhaltlich in einem ähnlichen Stadium wie die russische in der zweiten Hälfte des 19. Jahrhunderts und am Beginn des 20. An Dostojewskij knüpft Pamuk, wie wir sahen, ja selber an. Der Aufstieg der russischen Literatur seit Puschkin ereignete sich nicht umsonst als ein stetes Ringen zwischen westlichen (»Westlern«) und beharrenden, slawophilen Kräften im Zeichen einer Suche nach Identität. Diese Suche ist in Russland, nebenbei gesagt, noch immer nicht beendet, wie die gegenwärtige Politik Moskaus deutlich macht, und sie wird auch in der Türkei noch eine ganze Weile andauern. Identität ist leider in jüngster Zeit zu einem Begriff geworden, der oft mehr zudecken als erhellen soll, wenn er nicht ohnehin gedankenlos verwendet wird; Pamuks differenzierte Menschen, Milieus und Geschichtsbilder indessen zeigen deutlich, was im Ernst mit solchen Begriffen gemeint sein kann.

Es gibt ganze Bereiche der modernen Literatur, die in der Türkei, jedenfalls von eigenen Autoren, nicht behandelt werden. Nur Übersetzungen können etwa mit Science-Fiction-Literatur oder Fantasy-Literatur bekannt machen. Fuß gefasst hat hingegen die Kriminalliteratur, mit Autoren wie Ahmet Ümit. Das oft behandelte Thema der Frau, ihrer Stellung in der Gesellschaft, die meistens sehr kritisch gesehen wird, gehört wieder zu den Fragen der Identität eines muslimischen Landes im Prozess einer sich »rückbesinnenden« Verwestlichung. Es wird schon seit vielen Jahren behandelt, auch und gerade von Autorinnen. Die Verleihung des Nobelpreises an Pamuk wird sich mit Sicherheit belebend auf das literarische Leben in der Türkei auswirken und viele Schriftsteller beiderlei Geschlechts ermutigen.

Ausgewählte und benutzte Literatur

Allgemeines

Ahmad,Feroz:Geschichte der Türkei, Essen 2003

Bethge, Hans: das Türkische Liederbuch, Verlag Yin und Yang, Kelkheim 2002

Caner, Beatrix: Türkische Literatur – Klassiker der Moderne, Hildesheim, Zürich, New York 1998

Kabakli, Ahmet: Türk edebiyati tarihi, 4 Cilt, Istanbul 1967

Kappert, Petra: Türkische Literatur, in: Südosteuropa-Handbuch, Band IV, Türkei, Seiten 621–49, Verlag Vandenhoek und Ruprecht, Göttingen 1985 (Eine hervorragende Zusammenfassung der wichtigsten Schulen in Prosa und Dichtung.)

Kocatürk, Mahir Vasfi: Türk edebiyati tarihi, Istanbul 1964

Köprülü, Mehmet Fuad: Türk edebiyati tarihi, Istanbul 1982

Kreiser, K.I., Neumann, Ch. K.: Kleine Geschichte der Türkei, Reclam-Verlag, Stuttgart 2003

Lerch, Wolfgang Günter: Die Laute Osmans. Türkische Literatur im 20. Jahrhundert, Verlag Buch und Media, München 2003 (In der Einführung ist auch kursorisch von der osmanischen Literatur und Dichtung die Rede.)

Nayir, Yaşar Nabi (haz.): Başlangicindan bugüne Türk şiiri 100 şair, Varlik yayinlari, Istanbul 1987

Necatigil, Behçet: Edebiyatimizda isimler sözlüğü, Varlik yayinlari, Istanbul 1991

Necatigil, Behçet: Edebiyatimizda eserler sözlüğü, Varlik yayinlari, Istanbul 1979

Özkirimli, Attila: Türk edebiyati ansiklopedisi, 4 cilt, Istanbul 1983

Özkirimli, Attila: Alevilik-Bektaşilik. Toplumsal bir Başkaldirinin Ideolojisi, Istanbul 1990

Schimmel, Annemarie (Übers.): Aus dem goldenen Becher. Türkische Gedichte aus sieben Jahrhunderten, Önel Verlag, Köln 1993

Türk nesir antolojisi, Varlik yayinlari, Istanbul (ohne Jahr)

Türk hikâye antolojisi, Varlik yayinlari, Istanbul (ohne Jahr)

Zur Turkologie

Benzing, Johannes: Einführung in das Studium der altaischen Philologie und der Turkologie, Harrassowitz, Wiesbaden 1953

Ergin, Muharrem: Orhun abideleri, Istanbul 1988

Gökalp, Ziya: Türkçülügün Esaslari, Reihe Türk Klâsikleri, Istanbul 1990

Menges, Karl H.: The Turkic Languages and Peoples. An Introduction to Turkic Studies, Harrassowitz, Wiesbaden 1968

Philologiae Turcicae Fundamenta, 2. Bände, Harrassowitz, Wiesbaden 1972.

Scharlipp, Wolfgang: Die vorislamischen Türken Zentralasiens, Wissenschaftliche Buchgesellschaft, Darmstadt 1998

Von Gabain, Annemarie: Alttürkische Grammatik, Harrassowitz, Wiesbaden 1990

Zu den einzelnen Kapiteln

Abdülhak, Hamit Tarhan: Bütün tiyatrolari 1–3, Dergah yayinlari, Istanbul

Abdülhak, Hamit Tarhan: Bütün şiirleri 1–3, Dergah yayinlari, Istanbul

Abdülhak, Hamit Tarhan: Hatiralar, Dergah yayinlari, Istanbul

Abdülhak, Hamit Tarhan: Mektuplar, Dergah yayinlari, Istanbul

Barthold, Wilhelm: Turkestan Down to the Mongol Invasion, London 1932

Barthold, Wilhelm: Zwölf Vorlesungen über die Geschichte der Türken Mittelasiens.

Berk, Ilhan: Das Istanbul Kitabi ist 1980 erschienen, das Buch Galata 1985, die Anthologie Pera dann 1990, alle in Istanbul.

Birge, J. K.: The Bektashi Order of Dervishes, London 1937

Cengiz, Halil Erdogan: Divan şiiri antolojisi, 2. basim, Ankara 1983

Dilaçar, A.: 900. yildönümü dolaysiyle Kutadgu Bilig incelemesi (Türk Dil Kurumu Yayinlari), Ankara 1972 (mit umfangreicher Bibliografie)

Faroqhi, Suraiya: Kultur und Alltag im Osmanischen Reich. Vom Mittelalter bis zum Anfang des 20. Jahrhunderts, Verlag C. H. Beck, München 1995

Frankfurt Seyahatnamesi, Türk Edebiyatinin Klâsikleri Dizisi, Istanbul

Gronau, Dietrich: Nazim Hikmet in Selbstzeugnissen und Bilddokumenten, Rowohlt Verlag, Reinbek bei Hamburg 1991 (Dort findet sich eine reichhaltige Bibliografie in türkischer Sprache und auch in anderen Sprachen.)

Haşim, Ahmet: Bütün Şiirleri (haz. Asim Bezirci): Can yayinlari, Istanbul 1985

Hikmet, Nazim: Kuvayi Milliye, Istanbul 1985

Hikmet, Nazim: Das Epos von Scheich Bedrettin, übersetzt und herausgegeben von Yüksel Pazarkaya, Berlin 1982

Inan, Abdülkadir (haz.): Manas, Ankara 1972

Inan, Abdülkadir (haz.): Kitab-i Dede Korkut, Ankara 1962

Kanik, Orhan Veli: Bütün Şiirleri (haz. Asim Bezirci), Can yayinlari, Istanbul 1985

Kanik, Orhan Veli: Fremdartig/Garip, übersetzt von Yüksel Pazarkaya, Dagyeli Verlag, Frankfurt am Main 1985 (zweisprachig).

Kappert, Petra: Das Dede Korkut-Epos in seinem historischen Kontext, Hamburg 2000 (als maschinengeschriebenes Vortragsmanuskript im Besitz des Autors)

Karaosmanoğlu, Yakup Kadri: Nur Baba, Istanbul 1922 (ins Deutsche übertragen von Annemarie Schimmel 1947/1986 unter dem Titel »Flamme und Falter«.)

Kaşgarli, Mahmud: Divan-i lugâtü Türk (Türk Dil Kurumu), Ankara 1990

Kemal, Namik: Vatan yahut Silistre, hazirlayan Şemsettin Kutlu, 4. basim, Ankara 1996

Kreutel, Richard F.: Osmanisch-Türkische Chrestomathie, Harrassowitz, Wiesbaden 1965

Kurdakul, Şükran: Namik Kemal, 2. basim, Istanbul 1991

Nayir, Yaşar N. Ercan, E. (haz.): Tanzimat'tan Günümüze Türk Öykü Antolojisi, Istanbul 2003

Nayir, Yaşar Nabi: Tevfik Fikret. Yaşami, sanati, şiirleri, Varlik yayinlari

Nesin, Aziz: Azizname. Şiirler, Istanbul 1995

Nesin, Aziz: Ein Verrückter auf dem Dach. Meistersatiren aus fünfzig Jahren, Verlag C. H. Beck, München 1996

Pamuk, Orhan: Sämtliche bedeutenden Romane des Nobelpreisträgers, »Beyaz Kale«, »Kara Kitap«, »Yeni Hayat«, »Benim Adim Kirmizi« und »Kâr«, sind inzwischen in deutscher Übersetzung erschienen, auch als Taschenbücher, und zwar im Verlag Carl Hanser, München, sowie bei S. Fischer in Frankfurt am Main. Zuletzt, 2006, wurden auch das autobiografische Buch (Istanbul, Erinnerungen an eine Stadt) im Verlag Carl Hanser, München, sowie die Essay-Sammlung »Der Blick aus meinem Fenster« publiziert.

Schimmel, Annemarie: Wanderungen mit Yunus Emre, Köln 1989

Schimmel, Annemarie: Stern und Blume. Die Bilderwelt der persischen Poesie, Harrassowitz, Wiesbaden 1984

Schmiede, H. Achmed: Kitab-i Dedem Korkut, Destanlarinin Dresden Nüshasi, Ankara 2000.

Schmiede, H. Achmed: Dede Korkut's Buch, aus dem oghusischen Türkisch übersetzt, Hückelhoven 1995

Tanpinar, Ahmet Hamdi: Şiirler, Yapi ve Kredi yayinlari, Istanbul 2002. Auch die erwähnten Prosawerke des Autors sind bei Yapi ve Kredi yayinlari erschienen.

Temir, Ahmet: Türkoloji tarihinde Wilhelm Radloff devri. Hayati, îlmi kişiliği, eserleri, Ankara 1991

Tevfik Fikret: Geçmisten Gelen, Rübab-i şikeste, Haluk'un defteri, Cem yayinlari, Istanbul

Yeşildaġ, Yilmaz: Haci Bektaş Veli. Yaşami ve bütün şiirleri, Istanbul 2000

Ein ambitioniertes Großprojekt in Sachen türkischer Literatur unternimmt der Unionsverlag in Zürich. In seiner »Türkischen Bibliothek«, die auf zwanzig Bände angelegt ist, sind schon etliche Standardwerke in deutschen Übersetzungen erschienen, die in diesem Buch erwähnt werden, so Halit Ziya Uşakligils Roman »Verbotene Lieben«, Sabahattin Alis »Der Teufel in uns«, Leyla Erbils »Eine seltsame Frau«, Ahmet Hamdi Tanpinars »Seelenfrieden« und Yusuf Atilgans »Der Müßiggänger«. Als Herausgeber fungieren Erika Glassen und Jens-Peter Laut. Der in Frankfurt am Main beheimatete kleine Verlag Literarca von Beatrix und Mesut Caner hat ebenfalls eine ganze Reihe von zeitgenössischen Romanen und Erzählungen in Übersetzungen vorgelegt, so zum Beispiel Werke von Bilge Karasu, Demir Özlü, Feyza Hepcilingirler, Erendiz Atasü, Pinar Kür, Elif Şafak und den im Kapitel über die Prosaliteratur erwähnten Roman »Der

Wanderer« (»Gezgin«) von Sadik Yalsizuçanlar. Unter dem Titel »Sommer-regen« publizierte derselbe Verlag Erzählungen von Ahmet Hamdi Tanpi-nar. Außerdem ist in Berlin der früher in Frankfurt am Main beheimatete Verlag Dagyeli wieder gegründet worden, der sich ebenfalls der türkischen Literatur verschrieben hat. Er legt den Schwerpunkt allerdings besonders auf die Literatur der zentralasiatischen Turkvölker, wie Usbeken und Ka-sachen.